[英]理查德·萨斯坎德 著
何广越 译

线上法院与未来司法

北京大学出版社
PEKING UNIVERSITY PRESS

献给罗莎(Rosa)

我美丽的小孙女

愿正义如大水滚滚

> 阿摩司书(Amos),5章24段

　　在法律的门前站着一位守门人。一个乡下人来到了守门人面前,请求入见法律。但是守门人说现在不能放他进去……那个乡下人没有料到会遭遇这等困难;毕竟,他以为,法律应该是每个人随时都可以触及的。

> 弗朗茨·卡夫卡(Franz Kafka)

致　谢

我经常开玩笑说，每隔 4 年我都把同一本书再写一遍。不过这也并非全然戏谑之言，因为在这差不多 40 年间，我想传达的理念是一致的——我们可以也应该找到利用技术的种种方式，去改进法律实践和司法过程。当然，支持改进的技术时常革新，每过一段时间我就要重回书桌，动笔探讨最近又有哪些事变得可行了。随着时间推移，我们的系统日益强大，我也能够更清晰地看到法律领域很可能会**怎样**进化和转型了。

带着这种心得，本书融会了我过往差不多 40 年在技术和法律领域的工作成果。我感谢这一路走来帮助过我的人，不管对我的想法是赞赏还是质疑，若要把他们一一列出，篇幅实在不够。不过，除了要感谢帮助过本书研究项目的朋友们，现在也是一个提及过去这些年间特别支持着我的同道们的好时机。

对司法和法院技术的兴趣发端之时，我还在格拉斯哥大学（University of Glasgow）念法学本科，那是 1978—1982 年。按苏格兰传统学制，本科生能够在最后两年选择一个专修科目，而我选了法学理论，并从汤姆·坎贝尔（Tom Campbell）、大卫·戈德堡（David Goldberg）、格瑞·马尔（Gerry Maher）和艾尔思帕思·艾特沃尔（Elspeth Atwool）的指导中深受启发。正是他们给了我最初的自由去设想一个可能被技术激烈变革的法律世界。在那段时间里，我也研习了哲学，幸得罗宾·唐尼（Robin Downie）教诲。1983—1986年，我是牛津大学（University of Oxford）的博士生，研究方向是法律与人工智能，我得到了几个人的帮助，他们对我的思考有长期影响，尤其是我的导师、计算机与法律领域的开创者柯林·泰珀尔（Colin Tapper），我的主要合作者、生平挚友大卫·戈德（David Gold），以及我的评审老师琼恩·宾（Jon Bing）和尼尔·麦柯米克（Neil MacCormick）（两位都已仙去了）。在贝利尔学院（Balliol College），安瑟尼·肯尼（Anthony Kenny）和约瑟夫·拉兹（Joseph Raz）也给了我很多支持。也是在牛津，我遇见了菲利普·卡普尔（Phillip Capper），他一开始是我的评审老师；后来，1986—1988年，我们一起开发了"潜在损害系统"（Latent Damage System），这是一套早期人工智能系统，本书也会谈到。

在后来的岁月中，很多朋友、合作者和客户让我收获了见解、指导、专业知识和友谊。我印象中有露丝·贝克（Ruth Baker）、琼恩·伯科维奇（Joan Bercovitch）、约翰·毕肖普（John Bi-shop）、布鲁奇·布劳德（Bruch Braude）、乔纳森·

布雷恩（Jonathan Brayne）、西蒙·卡恩（Simon Carne）、奥兰多·科内塔（Orlando Conetta）、安德烈·库伯尔（Andrea Coomber）、斯蒂芬·登耶（Stephen Denyer）、马修·迪里恩佐（Matthew di Rienzo）、内维尔·艾森伯格（Neville Eisenberg）、阿曼达·芬利（Amanda Finlay）、艾尔伯特·弗莱明（Albert Fleming）、弗朗西斯·吉伯（Frances Gibb）、史蒂芬·吉尔斯比（Stephen Gillespie）、卡罗琳·古尔德（Caroline Gould）、安德鲁·桂瑟尔（Andrew Gwyther）、杰弗里·霍维（Geoffrey Howe）、迈克尔·英格拉姆（Michael Ingram）、保罗·利普（Paul Lippe）、伊恩·劳埃德（Ian Lloyd）、伊森·卡什（Ethan Katsh）、皮埃·海因·梅特（Piet Hein Meeter）、克里斯托弗·米拉德（Christopher Millard）、迈克尔·米尔斯（Michael Mills）、伊恩·莫纳汉（Iain Monaghan）、阿拉斯泰尔·莫里森（Alastair Morrison）、马克·奥康纳（Mark O'Conor）、艾伦·帕特森（Alan Paterson）、塔玛拉·奎因（Tamara Quinn）、奥娜·拉宾诺维奇－艾尼（Orna Rabinovich－Einy）、阿维瓦·罗滕贝格（Aviva Rotenberg）、约书亚·罗森伯格（Joshua Rozenberg）、盖尔·斯瓦菲尔德（Gail Swaffield）、马丁·特尔弗（Martin Telfer）、大卫·威尔金斯（David Wilkins）、托尼·威廉姆斯（Tony Williams）和康拉德·杨（Conrad Young）。

从 1998 年起，我忝任英格兰和威尔士首席大法官技术顾问，先后担任了六位首席大法官在技术事务上的个人顾问——他们是宾汉姆（Bingham）、沃尔夫（Woolf）、菲利普斯（Phillips）、佳吉（Judge）、托马斯（Thomas）和伯内特（Burnett）勋爵。这些卓越法官中的每一位，都以各自的方式，慷慨和友善地拨冗给予我宝贵的支持。我对他们感激不尽。

多年来我也和具体负责英格兰和威尔士司法技术的那一小群法官密切合作。他们分成两拨加入。第一拨是本领域的先锋——布莱恩·尼尔（Brian Neill）爵士、亨利·布鲁克（Henry Brooke）爵士、萨维尔（Saville）勋爵。面对相当大的阻力（司法和政治），他们始终不懈地呼吁法院采用技术。他们都是我的优秀导师。布莱恩和亨利刚刚离世，计算机和法律界深表哀悼，让我们欣慰的是，他们亲眼见到了线上法院的萌芽。在很多方面，那都是他们的遗产。第二拨技术派法官大胆寻求在日常司法实务中嵌入各类系统。他们是纽伯格（Neuberger）勋爵、斯坦利·伯顿（Stanley Burton）爵士、安瑟尼·曼恩（Anthony Mann）爵士、艾卓恩·富尔福德（Adrian Fulford）爵士和现在的科林·比尔斯（Colin Birss）爵士。我从他们每个人身上都受教良多。另外要特别感谢伊丽莎白·格洛斯特（Elizabeth Gloster）爵士和杰弗里·沃斯（Geoffrey Vos）爵士，他们持续的鼓励让我深怀感激。

有两位资深公务员需要特别提到——亚历克斯·艾伦（Alex Allan）爵士和伊恩·麦吉（Ian Magee）爵士。他们为很多目前已投入使用的法院技术铺平了道路。

现在回到这本书本身，它经常以我过往的思考为基础，最主要的有《法律的未来》（*The Future of Law*）（1996年）、《律师的终结？》（*The End of Lawyers?*）（2008年）、《专业服务的未来》（*The Future of the Professions*）[2015年，与丹尼尔·萨斯坎德（Daniel Susskind）合著]、《法律人的明天会怎样？》（*Tomorrow's Lawyers*）（2017年第2版），这些著作均由牛津大学出版社出版。本书中讨论结果思维的第4章，是发表在《英国科学院评论》（*British Academy Review*）2018年秋季刊上那篇文章的修订版，第26章的一部分则来自我提交给上议院人工智能特别委员会的人工智能专题陈述（2017年9月6日）。我也提炼了历年来我为司法机关起草的与技术相关的意见书和报告。

尽管我从20世纪90年代就开始书面和口头讨论线上纠纷解决（online dispute resolution，ODR），这个话题到2014年成为我的一个主要关注焦点。时任主簿官（Master of the Rolls）和民事司法委员会（Civil Justice Council，CJC）主席的戴森（Dyson）勋爵，邀请我召集一组专家和官员，准备一份报告去评估采用ODR方法处理小额民事纠纷的前景。这个项目在第9章中有详述。我们小组得出的结论支撑了本书中的不少内容,所以我感谢团队的每一位成员——米克·柯林斯(Mick Collins)、巴勃罗·科尔特斯(Pablo Cortes)、艾卓恩·达里(Adrian Dally)、安德烈·道塞特(Andrea Dowsett)、彼得·法尔(Peter Farr)、保罗·哈里斯(Paul Harris)、茱莉亚·郝诺(Julia Hornle)、马修·拉维(Matthew Lavy)、尼克·马威尼(Nick Mawhinney)、苏·普林斯(Sue Prince)、格雷汉姆·罗斯(Graham Ross)、贝丝·斯尔弗(Beth Silver)、罗杰·史密斯(Roger Smith)、蒂姆·沃利斯(Tim Wallis)和威廉·伍德(William Wood)。在我们准备那份报告的过程中,除戴森勋爵的鼎力支持外,我也特别荣幸地得到了托马斯勋爵(时任首席大法官)和纳塔莉·切尼(Natalie Ceeney,时任法院和裁判庭服务执行长官)的持续指导和有力支持。还要特别提一下麦克尔·布瑞格斯(Michael Briggs)勋爵——当谈到英格兰和威尔士民事法院架构时,他的报告中对线上法院的背书极大地提升了我们报告里的建议的可信度。

当我在准备第16章中的案例研究时,有很多人为我提供了背景信息,我也向他们致以谢意——约翰·艾特金(John Aitkin)法官、凯瑟琳·迪利亚(Catherine D'Elia)、保罗·安布利(Paul Embley)、理查德·古德曼(Richard Goodman)、迪诺·赫莫纳斯（Deno Himonas）大法官、朱西卡·瑞曼纳森（Juthika Ramanathan）、莎侬·萨尔特（Shannon Salter）、陈建伟（KenHwee Tan）、达林·汤姆逊（Darin Thompson）、卡罗琳·谢泼德（Caroline Sheppard）、方旭辉（Michael Fang）和詹姆斯·普雷斯科特（James Prescott）。

有三位阅读和评论了本书初稿的人士，他们不仅资深还极其忙碌，我对他们深表感激——厄尼斯特·莱德（Ernest Ryder）爵士（裁判庭高级主席）、苏珊·艾克兰德霍德（Susan AclandHood）（法院和裁判庭服务执行长官）和黑兹尔·简（Hazel Genn）教授爵士（刚卸任伦敦大学学院法学院院长）。他们的反馈助益之大难以估量。总体而言，他们每一位都以不同的方式为线上法院在英格兰和威尔士落地运行发挥了至关重要的作用。我还要为书名向黑兹尔（Hazel）单独道谢。直到很晚我才发觉设想中的书名（最后也没改），与她2016年年末在格雷律师学院（Gray's Inn）所做的伯肯黑德讲座（Birkenhead Lecture）"撞名"了。要么是英雄所见略同，要么就是我无意中盗用了。无论如何，黑兹尔大方地说她乐意见到标题能被复用。

这是我第七次与牛津大学出版社合作了，仍然一如既往得愉快。我估计与我合作并没有变得越来越容易，所以我要感谢多米尼克·白亚特（Dominic Byatt）、亚历克斯·弗莱克（Alex

Flach）和娜塔莉·佩蒂（Natalie Patey），不仅为他们的专业和勤奋，也为他们的宽容和包涵。

把一本书从初稿变成成品要花一些时间。因此，我完全可以预见，等到这本书送到读者手中时，线上法院的世界又前进了一些。在书里我仅能写到2019年4月前的进展。

我提交终稿那会儿，正在葡萄牙和三位挚友打高尔夫度假，他们是我在格拉斯哥的发小——霍华德·比奇（Howard Beach）、劳埃德·品德尔（Lloyd Pinder）和保罗·罗宾逊（Paul Robinson）。40年前，我们一起在合作社度过了一个夏天，自那时起我们就是一个不可分割的团体了。要说是他们帮我打了最后一杆，似乎也恰如其分。

生活里，我的父亲维尔纳（Werner）和哥哥艾伦（Alan）一直在背后给予我爱和支撑。他们坚定如一的支持对我意味着什么，我对他们说的还不够多。若母亲还在世，也会对本书出版感到欣慰。

我的两个儿子，丹尼尔（Daniel）和杰米（Jamie），各自已成长为优秀的写作者了。他们广泛评论了本书初稿，给了我那种只会来自儿孙辈的坦白和直率的反馈。他们各自和共同的智慧让我感到真是后生可畏。有他们提供的专业帮助，实属幸运。有他们这样亲爱和体贴的儿子，我更是全然得到了眷顾。

我优秀的女儿亚历桑德拉（Alexandra）是我最小的孩

子，但她或许是萨斯坎德家族里最聪明的了，她总能给我们提供有意思的见解。虽然她现在也进入技术世界了，我还是感谢她是我生活中永不消退的快乐源泉。每一天都是。

最后，我必须感谢我的妻子米歇尔（Michelle）。在紧迫的截稿时限前赶工的那种煎熬感也会传给身边人，她已是第十次忍受了。她理解写作中的起起伏伏、我的希望和忧惧，也有欣喜和（更多时候的）沮丧、茫然。她让我循正轨而行，在她之外无人更知我心，为这一切，我将永怀感激。

理查德·萨斯坎德
（Richard Susskind）
于英格兰拉德利特
（Radlett，England）
2019 年 4 月 28 日

目 录

导言 / 1

第一部分 法院与正义

第1章 法院为何重要 / 19

第2章 变革的理由 / 26

第3章 技术进步 / 32

第4章 结果思维 / 46

第5章 现场、远程、网络 / 54

第6章 触达司法 / 64

第7章 依据法律的正义 / 70

第8章 与不正义斗争 / 88

第二部分 法院是服务还是场所?

第9章 愿 景 / 95

第 10 章　架　构 / 112

第 11 章　线上指导 / 121

第 12 章　控制纠纷 / 135

第 13 章　线上裁判 / 142

第 14 章　辅助辩论 / 152

第 15 章　法律与代码 / 158

第 16 章　案例研究 / 164

第三部分　反对的声音

第 17 章　反对意见 / 179

第 18 章　"经济舱"司法 / 188

第 19 章　透　明 / 193

第 20 章　公正审判 / 202

第 21 章　数字化排斥 / 217

第 22 章　诱发争讼 / 224

第 23 章　法学理论诸课题 / 228

第 24 章　公办技术 / 244

第四部分　未　来

第 25 章　新兴技术 / 255

第 26 章　人工智能 / 266

第 27 章　电脑法官 / 281

第 28 章　全球挑战 / 299

附录　关键成功因素清单 / 309

注释 / 311

扩展阅读 / 327

导　言

我常常好奇罗莎·萨斯坎德（Rosa Susskind）以后会如何看待这本书。罗莎是我的第一位孙辈，我满怀珍爱地把本书献词页给她。她出生于2018年年初，来到了一个令人惊叹的技术变革时代。

向前展望，比如到了2039年，那时罗莎都21岁了。我预料我们的世界将是一个非常不同的地方，某些方面对今天的我们来说可能会像外星球般陌生。那时我们的社会将接受技术的改造，有些技术现在已经有了，另一些技术正在涌现，而很多技术现在尚未发明出来。或许罗莎会想要知道，20年前为什么她的爷爷觉得有必要浪费时间写一本书去争论再明显不过的事情——在一个数字社会里，很多法院工作放到线上开展是说得通的。

2039年，罗莎手边的日常设备（不管是什么）就更先进了。那时再回想起来，要说线上法院注定会成为世界各地司法体制不可缺少的组成部分，实属显而易见。但在2019年，当我写下这些文字时，很多律师和法官还持怀疑态度。这促使我要为线上法院正名。我这么做，不是因为担心线上法院到底会不会出现,而是因为我想要加速它们的开发和落地。我希望为这项创新激发出更广泛的热情,我相信将会巨大改善世界各地的司法触达。要知道,改善司法触达之事已经拖了太久。

到了 2039 年,我们一定不必再争辩要不要线上法院,就好像如今我们不再刻意鼓吹线上购物,或者好像——我预计——10 年后不再鼓吹无人驾驶汽车。这并不是说每种情况背后的考虑因素相同。这样类比是为了说明,创新者和早期试验者提出的种种变革好处,人类往往需要时间才能认可。有些人可能会赞同诺贝尔奖得主、物理学家马克斯·普朗克(Max Planck),他曾说:"科学真理胜出,并不靠说服反对者和带他们见到光明,而是因为那些反对者最终消逝,而熟习科学真理的新一代长大成人。"[1]但我觉得没有理由要等一代人才对法院服务进行重大变革。如果我们现在已有能力去实现有意义的改进,那么我们应该立刻自我投身,而不是把工作留给后代。

一些背景

我在 20 世纪 80 年代花了很多时间探索人工智能(artificial intelligence,AI)对法律的影响。当时,大多数律师宣称这种技术在他们的领域永无用武之地。如今,多数大型律师事务所在应用人工智能了。

出版于1996年的《法律的未来》是我第一次系统性地研究信息技术对法律实务和司法过程的冲击。[2]回过头去看,我书里的预测看起来还是放得不够开。例如,当时我坚持认为电子邮件会成为律师和客户之间沟通的主要手段。英格兰和威尔士律师会(Law Society of England and Wales)的官员回应说我应该被禁止公开发言,因为我让法律职业群体的名声受损了。如今这个律师会是律师应用技术的主要倡导者之一。

20世纪90年代,我还宣称网页会成为任何人开展法律研究的首选入口。律师和法官联合起来谴责这种说法,他们说我未能理解法律图书馆的实务和文化意义。

我重提这些旧话是为了提醒那些法律领域内的同仁们,在未来如何将技术应用到法律这件事上,他们以往犯过错。我希望我的读者们能够保持开放的心态。在我看来,下文中讲的关于线上法院的内容,比我在20世纪90年代的电子邮件预测还更有可能成真。

直觉反应

我讲了前面那些话,也是因为线上法院的概念正在法律圈内激起某些情绪,主要是在律师和法官之间。无法回避的事实是,他们很多人没有实际了解过设想中的方案,也没有观察过任何落地的系统。他们对于"线上法院"这个词本身的直觉反应从怀疑到愤怒都有。不管是哪种情绪，前提往往是一样的——线上法院是欠考虑的，应该抵制其部署。这种本能反应往往是我称作"非理性拒绝主义"（irrational rejectionism）的表现，我将其定义为一刀切地否定一种技术，而批评者并未亲身或者直接体验过。对法律人来说，没有证据或体验就否定一项创新提议，明显属于非理性。

4 有些技术专家把法律人对线上法院的否定看作粗暴的保护主义。我觉得这就把法律人看得太自私了。尽管法律人的负面反应有时可能是出于保护传统工作的倾向，但更多时候是根植于对传统法院体系的价值观和程序的坚定信奉之中。他们坚信实现正义的最好办法是请那些身处纠纷之中的人聚集到一个历史悠久的设施之中——一个公开的实体空间，参与的每一个人都可以亲眼看到其他参与者。对线上法院的抵制还可以出于另一种担忧，即引入这种技术只不过是削减司法领域公共开支的新手段罢了。

律师和法官沉浸于传统又受到先例限制，这也有关系。他们的性情往往偏向于保守和规避风险。我在另一本书中的研究表明，在一众专业服务群体中，尤其是技术相关方面，只有神职人员比律师对变革的态度更谨慎。[3]法律人的舒适区在法庭，而不在线上共享协作空间。

因此我们可以理解甚至尊重法律人对激进技术变革的反

感,或许我们甚至可以嘲笑他们的非理性,但是我们不应该被吓退,而是要探索更好的正义实现方式。我们应该从社会和公民的需求出发,不要受制于现有服务提供方的偏见(哪怕本意不坏),他们中有影响力的那些人都已经五六十岁了,对数字技术的进展未必熟悉。法院的未来太重要了,不能仅仅留给目前在法院体系内工作的那些人(令人遗憾的是,其中有些人有时还会操纵这套体系)。如今技术正给我们的社会和工作、生活的方方面面带来重大改变,我们也应该欢迎对我们最重要的社会制度开展创新思考。正如英国法院和裁判庭服务(HM Courts & Tribunals Service)执行长官苏珊·艾克兰德霍德常常提醒我们的:"我们的行事流程不需要像我们的原则那么古老。"[4]

我们的研究对象

首先免不了老生常谈的是定义问题。什么是"线上法院"?因为这还是个新兴领域,评论者和开发者不可避免地还在争论不休。有些人抛出另外的标签。另一些人想要从法律词汇中摈弃这个用语。还有一些人想要定义得滴水不漏,达到放到法院里试炼都能通过的那种水平。

作为一个鼓吹在公办纠纷解决体制内开展激进变革的人,我首先认为"线上法院"这个词是有用的,应该继续用下去,但我确实认识到这个词在很多方面带有挑衅色彩,其外延也有点模糊。话虽如此，但这个词牢牢抓住了法律和司法领域的注意力，在我从事法院技术领域研究快 40 年的生涯中还想不到有另一种创新能做到这样。当人们听到这个词时，每个人（律师也好普通人也罢）都会正确地感知到这个词指向一些法院和法官的工作在线上开展，而不是在实体法庭。或许叫作"线上法院服务"或"线上法院程序"更准确一些，但是"线上法院"这个词还是成了通称。这个词字面上表达的意思基本上与前述两个词差不多，也同样传递了变革拥护者享受到的那种兴奋和领悟到的战栗感。

我认为现阶段就要去严密定义线上法院，既不可能也不可取。虽然如此，就眼前的目的而言，为了至少粗线条地划定我们的大概立场，也为了大体描绘出所设计的东西，那么了解"线上法院"一词使用中的两种大致意思还是有帮助的。一种意思具体一些，另一种则更加宏观。两者都指向的是某种公办、**国家提供**的纠纷管理和解决服务。不管哪种，在 20 世纪 90 年代初期万维网（World Wide Web）出现之前都是不可想象的。

线上法院的具体意思，也是吸引了最热烈争辩的，可以称之为**线上裁判**（online judging）。这涉及人类法官判决案件，但并不发生在实体法庭里，而是通过线上服务提交证据和理由，然后法官也通过线上平台而不是公开法庭作出判决。诉讼程序并不通过一次实时视频、音频或交谈完成。没有远程或者其他形式的开庭。线上裁判并不适用于所有案件，但支持者主张线上裁判很适合很多小额纠纷，而目前法院实难高效处理这类案件。

更加宏观的概念则是指一套利用了技术的系统，能够把服务范围扩展到法院的传统领域之外。在这种模型下，技术可以也应该让法院有能力在产出司法判决结果之外做更多事情。例如，这些**扩展法院**（extended courts）提供工具，可以帮助法院用户理解相关法律以及他们面前有哪些选项。扩展法院还可以指导用户完成法院表格，帮助他们组织论点和整理证据。扩展法院还可以提供各种非司法的和解形式，例如谈判和早期中立评估，但并不是作为公办法院体系的替代品，而是其组成部分。还有不那么吸引眼球的，那些日常的方法和技术——移动应用、智能手机、门户网站、消息收发、视频会议、聊天机器人、实时交谈、网络广播——可以帮助律师之外的普通人更容易地和法院实现交互。这里的"扩展"是一个重大变革，这样设计出来的系统不是为了律师服务，而是主要为了不请律师的诉讼当事人——在英国称为"亲自诉讼人"（litigants-in-person），在美国称为"自我诉讼人"（pro se litigants）。通过使用直观、没有专业术语的系统，法院用户可以自主提交文书、追踪案件状态、与法院工作人员和法官沟通及推进纠纷解决进程。

本书的目标是探讨这两种意义下的线上法院——线上裁判和扩展法院。我并不总是分别讨论这两种意义，因为实践中世界各地涌现的线上法院都是两种意义的混合体。这里我做区分是为了描述线上法院的概念，也是为了激发一些由概念引发出问题的直接想法。我们在认真考虑法官在没有法庭的情况下开展他们的主要工作吗？除了由法官去判决案件，国家真的有责任做得更多吗？

事实上，线上法院已经到来了。例如在英格兰和威尔士、加拿大、美国、中国、新加坡和澳大利亚，可运营的系统已经上线运行了。

在本书靠后的部分，我还试图展望一下未来，跳出第一代线上法院，看看朦胧中逐渐逼近的第二代。当说到第一代时，我是指线上法院中的所有权威命令或判决都是人类法官作出的。对比而言，我还设想了第二代，大体而言借助了人工智能，从而有些（哪怕不是很多）正式命令和判决是由系统而不是人工作出的。意料之中，第二代法院的前景相比第一代引出了激烈得多的辩论。我经常遭到质疑说，我们真的值得花费宝贵时间去探讨用电脑取代法官的想法吗？尽管本书的大多数篇幅其实是聚焦在线上工作的人类法官，但随着机器变得日益强大，势必要引出一系列伦理和社会问题，我确实觉得我们现在就要开始面对其中一些问题，这很重要。

支持线上法院的理由

支持线上法院的理由可以来自很多思路。一种是商业的思路,在目前收紧公共领域开支的大环境下经常受到政治任务青睐。大致来说,这种思路认为投资和引入线上法院将会降低法院服务的成本,给国家和纳税人都省了钱。另一种是社会—技术的思路,经常由法律和法院技术专家提出,他们主张目前的法院体系已陈旧,与数字社会格格不入,亟须升级。还有一种思路聚焦于质量,背后是各类心怀不满的评论者和参与者。他们认为当今法院并不能为它们的用户产出最好的结果,而线上法院将更快捷和更优质地解决纠纷。

我会在下文中谈及每一种思路,但我大声呼吁线上法院的主要动力是改善对法院和法律服务的**触达**。我想要每个人都能更加轻松地了解和维护他们的合法权益。让我深感焦虑的是,对于大多数人来说,即使是在那些宣称先进的法律体制面前,法院体系也依然过于昂贵和迟缓,基本上难以理解。在思考了法院技术的 38 年后,我相信,采用线上法院去大幅改善世界各地的司法触达是最有前景的方式。

因此我所主张的大体上还是一条**道德**的思路,出于我心中秉持的对与善。这根植于一套更深层的信念:所有人类——无论他们的能力、地位、财富,也无论他们在何处生活和工作——都享有也应该被赋予平等尊重和尊严。这种全世界每一位公民都享有的平等权益本身就很重要,无论平等是否会让所有人的生活更加和谐、繁荣或幸福。对于眼前的目的而言,我相信关键在于这种尊重和尊严的权利也应该得到法律的捍卫和维护。为了实现这一点,我们需要所有人都可真实触及高效的法院体系和服务。我们现在还没有实现。任何地方都没有。

我以两种方式呼吁采用线上法院。第一,我请政策制定者、法官和律师在他们各自的法域内客观地看待现行法院体系的缺陷,并认真考虑引入线上裁判和扩展法院体制。不同国家无疑会有不同的反应。有些可能认为这类系统只对小额案件有用。另一些(包括我)则可能会预测,一旦线上法院实际上对小额案件产生良好效果,那么随着时间推移,线上法院还会拓展应用范围,改造更高价值案件的诉讼流程。

第二,我请读者们跳出具体法域当地的困难,去考虑一下更宏观的全球图景。现状令人难以容忍,目前竟然还有过半数的人类生活在法律保护之外[5],他们所在国家中的人民几乎没有机会了解和维护他们的合法权利。对此,很多勤勉的机构寻求推动人道社会的支柱之一的法治,改善司法触达,引入有效的人权体制,打击腐败和犯罪,通过有效的司法制度去推动和平和安全。一般来说,这类努力取决于引入一系列传统的组件——公办和慈善法律资金、法律咨询人员、传统执法和司法体系,以及几个简陋的网站和一些松散的公办法律教育。我认为,想要继续推进这些方法来解决全球司法触达难题,前景黯淡。例如,我无法想象巴西法院中积压的1亿宗案件,靠律师和法官在传统法庭中兜兜转转就能消化完。何况巴西这个国家还算是法治和法院组建相对完善的。[6]许多国家的法院体系还要欠发达很多。

对于全球法律不彰的惨况,我设想线上法院或许是部分化解之道——引入线上裁判可以处置大量纠纷,引入扩展法院则帮助人们了解他们的权利,也指导他们如何使用法院系统。沿着这条思路,线上法院可以赋予许多人更大的力量,也带给他们更多的安全和宁静。

正义的原则

尽管本书的主要目标是支持线上法院,论证其作为改善司法触达的方式,然而我还有一个辅助目标,即提出和应用一套通用原则去支持任何法院体系(无论是传统、线上还是两者的融合)。对于**任何**法院都应该体现的原则和价值观,以及任何法院体系应该带来的结果和益处,如果我们可以或多或少达成一致,那么我们将能更好地把现有体系与本书倡议的系统进行对比。另外,我也想提出一套标准,这样未来的进展和建议也可以对照评价。现实一点说，我不是说我们可以为所有时间、所有地方的所有法院提炼出一套原则。我的关注点在于西方法律传统下的法院体系（既有普通法也有大陆法），一般来说见于民主政体。这些原则中有一些来自宪制理论，另一些来自法律哲学，还有一些来自公共政策思考。当我在后文探讨一系列针对线上法院的反对意见时，也会实际应用这些原则。尽管很多质疑经不住系统考辩，它们背后的深层忧虑确实值得被挖掘出来，并对照我提出的正义原则来思考。如果我们致力于改善司法和正义的触达，那我们应该明确我们所说的"触达"和"正义"所指为何。

范围

我的主要焦点是解决**民事**纠纷的线上法院，尤其是那些小额案件。如果我们能开发出系统去帮助解决轻微冲突，那么这就是一个未来可以广泛部署的线上法院平台了。这也符合广为接受的"颠覆式技术"（disruptive technologies）理论——最好先为简单直接的问题引入系统，一旦市场习惯了这种创新解决方式，再让系统演进到处理更困难的问题。[7]

律师之外的人可能会误解"民事"（civil）这个词。有时候在法律里，"民事"这个词会用来指"民法法系"（civil law）或"大陆法系"，以和"普通法系"（common law）相区分。我谈论的"民事纠纷"并不是指民法法系下的纠纷（尽管我确实在第 23 章谈到了两种法系的差异）。我在本书中讲到"民事法律"时，也不是指作为"罗马法"（Roman Law）同义词的"民法"（Civil Law）。本书不研究古罗马。

我用的"民事纠纷"是指受损害的一方向实施行为的另一方寻求救济而产生的法律争议，争议的行为包括欠债不还、使人受伤、不正当解雇员工、合同违约或过失作为。这意味着我的分析不太关注家事法、行政法（涉及公办机关的纠纷），或刑法，尽管我相信大多数我谈到线上法院的内容也可以适用到这些法律领域。不过我还是得先承认，犯罪行为以及法院体系的处置确实提出了一些额外的难题。

尽管我主要在伦敦工作，也以各种方式担任了英格兰和威尔士当下的主要法院改革项目的顾问，本书并不直接探讨那些项目。诚然线上法院（上文所述的两种意义都有）处于英格兰和威尔士 10 亿英镑改革项目的核心，但本书并不以该项目成功为前提，也无意记载其进展。有别人在做这件事了。[8]

再放大一点，本书也不是对如今运行中的系统的详细实证研究。20 世纪 90 年代初期以来，我担任了世界各地司法机关、政府、律师事务所和企业法务部门的顾问。在思考线上法院未来时，担任顾问角色时观察到的种种挑战和挫败带给我非常多的影响。尤其是担任了英格兰和威尔士首席大法官技术顾问 20

多年，让我看清了当代法院体系的各种优缺点。

未来

常有人说我们无法预测未来。这句老话仿佛给短视和缺乏想象者撑了腰，把一切远见都拒之为无意义的梦呓。我的观点不同。我承认我们当然无法预测那些我所谓"尚未发明"的技术。但也有些人认为，哪怕猜不到具体细节，我们还是可以预判未来世界的大趋势，我认同他们的观点。我们不可避免会漏掉一些重大突破，但哪怕我们只是从当下状况去推测，也会让我们看到一个全然不同的未来，一个有长远眼光的人都不应该回避的未来。

思考未来的另一种方式是考虑我们当下所处状况是否可持续下去。鉴于技术的力量和应用爆发式增长，以及法律和法院服务触达方面的巨大困境，我难以相信我们现在的法院体系、法律制度和法律职业在未来数十年间将会大体维持不变，也不应如此。相反，我认为全然不变或小修小补的是最不可能出现的未来。然而，大多数司法机关和政府的长期战略（如果它们确有战略）恰恰假定了这种小修小补。说实话，法院服务的主流模式是无法持续下去的。在我看来，现行模式已然破产，也昂贵到让人无法承受，所以我们应当深度思考在现状之外还能做些什么。

概览

本书分为四部分。在第一部分,我为后面的讨论打下基础。我会解释为何法院很重要,也会论证为何法院需要变革。我将描述我们正在见证的惊人技术变革,并提出一种"结果思维"的思路,这能帮助我们思考激进变革。我区分了实体法庭、远程庭审(virtual hearing)和线上法院。我也将花几章的篇幅去讨论正义的概念——分析"司法触达"和"依据法律的正义"两个概念,并提出我们主要的聚焦点应该在于解决不正义。

本书第二部分,我将探讨法院到底是一种服务还是一个场所。我提出一种线上法院的通用框架。我将列出线上法院的宏大愿景和标准架构,然后用几章篇幅去讨论线上法院的核心组成部分——线上指导、控制纠纷(而不是解决它们)、法官线上判决和辅助辩论。我还会分析法律和代码的复杂联系,并对已经上线运行的线上法院提供一系列的简短案例研究。

本书第三部分将回应针对线上法院提出的最常见批评。我认为线上法院提供了远不止"经济舱"式的司法服务,而且它们可以比传统法院提供更高(而不是更低)的透明度。我坚持认为线上开展的审判可以是公平的,几乎不会有人遭受数字化排斥,而且线上法院也不会导致轻易兴讼的文化。我也会讨论几个具体的法学理论关注点，并指出公办法院技术项目并没有风险高到应该全盘避免。

在本书的最后一部分，我展望未来，目光将超越帮助解决小额民事诉讼的初代线上法院。我会讨论各种信息技术——远程呈现、增强现实（augmented reality，AR）、虚拟现实（virtual reality，VR）、更先进的线上纠纷解决方法、预测机器和人工智能。接着我将探讨"电脑法官"这个耸人听闻的概念。最有抱负的是，我在本书最后探讨了在全球部署线上法院的可能性，将其作为实现更广泛司法触达的方式。

总结一下，本书研究一种核心公办机关和公共服务的数字化转型。我为法院设计了一套全面彻底、技术加持的变革方案，程度远超很多国家法院和司法体制现代化的碎片化努力。事实上，尽管世界上有了各种各样的改革项目，如今的法院体系——以及我们的法律职业和法学院——根本上仍然是 19 和 20 世纪的体制。它们都已经过时了，不足以应对 21 世纪。激烈变革的时代已经到来。

第一部分

法院与正义

第1章
法院为何重要

现代法院的雏形可以直接追溯到大约900年前就已存在的某些机构。时至今日，法院对民主社会运行具有关键作用，承担着纷繁复杂的工作。它们处置公民之间的争吵、家庭内部的不和、个人和政府之间的冲突，以及企业之间的纠纷。它们判断犯罪嫌疑人有罪还是无罪，它们也解决国家案件的敏感问题。在化解纠纷的过程中，法官在法律清晰时适用法律，不确定时进行释明，随着情况变化在某种程度上还要发展法律，设定判例来影响未来的案件。法院的判决书和社会上其他的决策都不太一样——判决书有约束力、可强制执行，最终由国家强制力支持。

因此，我们的法院给人民的生活带来和平和安全，保障商业世界平稳，震慑和惩罚不良行为，也制衡政府的事务和运作。独立的司法机关日复一日工作，增强了普遍接受的价值观，深化了社会凝聚力。文明国家和市场经济一旦脱离了法院就无法有效运行了。

法院很重要。

因此，虽然一般认为法院履行解决纠纷的公共职能，但实际上法院和司法机关具备的社会、经济和政治功能远不止如此。法院做出了至关重要的宪制和法理贡献，但这些贡献往往被忽视。

宪制意义

从宪制角度说，人们经常说独立的司法机关是构成现代国家的三大分支之一，另两个分支是立法机关和行政机关。经典政治理论讲究三大分支之间的"分权"，这样的话，没有一个机关具备横扫一切的能力，要行使权力就必须受到另一个机关的制衡。以英国为例，独立的司法机关经常就被召唤来对行政机关的决定进行司法审查。在有些国家，比如美国，最高法院可以宣告立法行为因违宪而无效。法官居高俯察政客和公务员，秉持法律良知，随时准备铁腕执法。

法院还有另一方面的宪制意义，与"法治"有关。我用这个词比较谨慎，因为如今这个词可以理解为各种意思。在《法治》(The Rule of Law) 一书中，宾汉姆勋爵解释了他为何在 2006 年用相同的标题发表了公开演讲：

> 恰恰因为这个词整天被人们提起，我反而不太确定这个词到底是什么意思了。我也不确定那些用这个词的人们都知道他们想表达什么，或知道他们在表达同一件事。[1]

我很喜欢这段话,因为当人们充满热情、经常字正腔圆地谈论法治时,我确实会琢磨他们到底具体在指什么。得益于宾汉姆勋爵和其他作者的论述[2],当我讲到"法治"时,我认为要满足下面五个要件才能构成有效的定义。

第一,法治要求法律应当平等地适用于每个人,无论是公务员还是普通人,也无论公民的性别、宗教信仰、种族和民族。第二,法律应当产生自权威立法机关,而且法律应该是可查阅、可理解、连贯一致、相对稳定、不溯及既往的,并普遍被公民和官员所遵守。第三,国家应该提供可触达的、独立的法院服务,其基础是由法官践行正当程序,通过适用和执行法律来解决人与人之间的权责纠纷。第四,国家的权力受到法律限制,政府有义务保护公民合法权利,事实上也做到了。第五,国家应该认可和遵守其国际法律义务。

如果所有国家都能满足这五点,那我们的世界会是安全得多、幸福得多的乐土。

法院和法官对法治具有两方面的核心意义。第一,任何国家和社群,如果缺乏独立的公共纠纷解决服务,都不能说实现了法治。第二,独立司法机关本身就是公共符号,日常提醒人们法治的重要性。通过不断适用、遵守和执行法律,法院就成了法律权威和约束力的象征。

很多事情都会损害法治。在有些独裁国家,我们看到过明显违反法治的现象——任意制定规则、制度化歧视、不受法律约束的官员、私设裁判所、随意监禁、频繁违反国际条约义务。

还有一些违反法治精神的情况就不那么直白了。法院体系陈旧、脱离现实、昂贵、迟缓、难以理解，同样会削弱公民对司法过程的信心。这样，法治可能就退化成了虚无缥缈、不接地气的美好愿望。除非人们感受到法院和法官对社会秩序的核心作用——比如判决赔偿损失、强制执行合同、给犯罪嫌疑人定罪、处理离婚请求等——否则法治都会面临贬值的风险。同样，如果公民不能经常看到法院实施法律对公民和立法者的同等权威，那么法治也不再彰显了。

替代性纠纷解决（alternative dispute resolution，ADR），例如私营调解服务，也可能构成法院和法治的挑战。如黑兹尔·简所言，ADR 服务往往"源自民事法院**失灵**"，而且这种替代性服务是"公民绕过司法体制的方式，因为公众已经失去信心"。[3] 类似评价也适用于私营的线上纠纷解决（ODR，参见第 5 章）。这些民间方案对法治有双重威胁。如果人们习惯偏好私营服务多过法院，那我们的处境可能就危险了，因为统治我们的更多不是法律，而是委曲求全、难以预测的社会规则和市场本身（这些并非是旨在直接和公开维护正义的）。对于 ODR，我们也可以借用黑兹尔·简评论调解的话，即 ODR 的最终目标"并不是为了**公平地**解决（about *just* settlement），而是**只要**解决了就行（*just about* settlement）"[4]。这样的结果令人担忧，法院在日常纠纷解决中缺席，其作为法律权威和普适的象征也就缺席了。

法理功能

再来谈谈我所谓法院的法理功能。我用这个词是指法院的造法功能，当然在普通法系地区尤其如此。在法律哲学中，关于法院造法功能的实然和应然边界争论已久。有些人认为法官的工作仅仅是解释和适用法律，另一些人则认为如果在某个问题上法律尚不清楚或不明确，那么法官一定有职责要阐明法律。还有一些人则坚持法官可以也应当有更广泛的权力和职责来发展新的法律规则。上述立场之间，还有不少其他值得认真对待的观点。不过即使采用最严格的司法裁量概念，大多数法官、律师和评论者也会认同法院在发展法律规范上发挥着核心作用——笼统地说，当法官在具体案件中作出裁决时，他们有时（取决于法院层级）也设定了先例，这些先例对以后的法院有约束力或者说服力。通过一种奇妙也往往未经规划的演进方式，一套成文立法之外的权威性法律通过法官们的手笔延展出来。罗纳德·德沃金（Ronald Dworkin）把这个过程（起源于英国，后输出到世界很多地方）类比成一群作家集体撰写"系

列小说"的创作活动,每位作家都贡献了一个章节:

> 系列小说中的每一位作家都要解读在他之前已经写好的章节,再动笔撰写新的一章。新章节完成后会和旧章节整合在一起,传递给下一位作家……每位作家都力求整合手头掌握的材料,再加上自己的创作,让整部小说浑然一体……作家必须尽力让整部小说读起来仿佛出自于单一手笔,而非经过多人创作而成(尽管事实如此)。[5]

依此看来,法官所造之法(判例法)不断演进着。这是法院的一项核心功能,至少在普通法系地区是如此。

纠纷为何产生

有人可能会提出更加基础的问题:纠纷最初到底为何会产生,纠纷在某种程度上是不是人类社会不可避免、必需的特征?纠纷严格来说或许不是社会必需的,但有极具说服力的实证研究表明,只要人类集聚到社群或者组织中,就会趋向于产生争执。即使是在和平年代的文明社群,我们也会看到利益重叠、公开角力、直接竞争,这些也都会把人们带到从轻微到极端的各种冲突中。由于人类的宽容心和掌握的自然资源都有限,意志力也往往不够强,产生纠纷势所难免。[6]假设有一个反常的社会,里面的居民之间从来不产生纠纷,也就不再需要法律和法院。这种社会所要求的人际协调程度是难以想象的。亚里士多德可以启示我们,他曾观察到:"当人们是朋友时,他们就无需正义。"⁷那反过来说,如果人们之间仅是点头之交、公事公办、素不相识或竞争对手,那我们可以预见争执和冲突是在所难免了。

纠纷的产生也离不开法律本身的特性。法律和法规的用语会不清晰——例如有些常见法律用语(如"合理")本身就意义模糊,另一些日常词语(如"车辆")的法律解读可能也是开放的,因此借用一个经典的例子,禁止"车辆"进入公园的法规,是不是也禁止了滑板,甚至禁止了作为庆典活动一部分的游行卡车,恐怕结论并非一目了然。⁸同时,对于判例法的解读也不容易,因为并不存在单一、标准的方法来判断一份判决书中哪些部分构成了案件成立的确切规则或原则。在这些法律不确定的方面,我们往往需要法官来阐明。

不过,就算人类有冲突的趋向,就算法律有不确定的特性,也不意味着我们应该不假思索地拥护现有司法体系下的纠纷解决体制——法院、律师、程序规则、大楼。我们应该认识到,这套体制是从印刷时代的社会环境中演化出来的。但到了数字时代,当传统司法体系已经陈旧不堪时,我们应该敞开心扉来考虑根本性变革了。

第 2 章
变革的理由

27 当今世界，能访问互联网的人数已经比能触达司法（access to justice）的更多。根据经济合作与发展组织（OECD）的调查，仅46%的人口在法律的保护之下[1]，而能以某种方式接入互联网的活跃用户则已超过50%[2]。每年，据说10亿人需要"基本司法关怀"，但是"在很多国家，将近30%面临问题的人们压根就不采取法律行动"[3]。至于对法律和法院服务的公共开支，一项世界主流法律援助研究发现，在研究涉及的106个国家中，大约三分之一"还没有制定法律援助方面的明确法律"，而且"大多数国家中民事案件中的法律援助需求基本上无法满足"[4]。同时，一些国家的法院正在艰苦奋战，积压的案件多到难以置信——例如巴西有1亿宗可查待办案件，印度则有3 000万宗。即使在那些司法体制被描述为"发达"的地方，法院体系的资源短缺，解决民事纠纷不可避免的旷日持久、费用昂贵，整个过程对于普通人来说也难以搞懂。总体来说，需要变革是不言而喻的——程度虽有不同，全世界的法院体系对大多数的人们来说都是难以触达的。

英格兰和威尔士

我们用英格兰和威尔士来做个案例研究。这里的法院体系是广受敬仰的,在很多方面都可称是国际典范。我们有非常独立的杰出司法机关,我们有世界级的律师群体。我们的普通法体制对国家的法律和秩序发挥了核心作用,还影响到了世界很多国家和地区的发展。我们的商事法院被认为是全球卓越的裁判机构,而英国刑事审判的公平性也被交口称赞。我们的法律职业群体是国家经济发展的重要贡献者。[5]同时,我们历史上知名法官、法学家、大律师辈出,还有一整套悠久和宝贵的传统。

然而,我们体制的很多方面都出问题了。大多数法官和律师会认同黑兹尔·简的观察,即我们法院的资源短缺、"处境堪忧",有些公共区域甚至到了"脏乱差"的地步。[6]对于身体有残疾的人士,要在这些法院大楼待一天将非常困难。与此同时,尽管如今法律法规空前繁复,公共法律援助在过去5年中还是被砍掉了20%。[7]对比过去,"80%的家庭在20世纪80年代都有资格获得法律援助。到了2008年,这个数字降到了29%"[8]。对于大多数潜在诉讼当事人——公民、组织等——我们的法院体系显然已变得太昂贵、太迟缓。法院的运作方式除了律师没人搞得懂。对于日常法律问题,法院的用语和程序都太过复杂和陈旧了,哪怕过去几十年已经有过几轮改革。有钱雇佣法律顾问的当事人明显就比没钱的更有优势。法官裁判的案件往往用不到这么高水平的知识和经验(我给法官做技术领域培训时常常听到他们这么说)。

如今太多日常活动都已经通过互联网和高科技来实现和升级了,而法院体系的运行依然埋没于书面工作和日常行政事务之中,越来越与数字时代格格不入。我们这套构建于中世纪、经过19世纪激进改革的法院体系,在刚刚成年的这代人面前显得穿越感十足。如今年轻人在线社交和工作,那套昂贵、迟缓、难以理解和对抗性十足的技艺看起来老掉牙了。再想想大约3%~5%的在线交易会产生争议,2015年全球就有了7亿起电子商务纠纷[9],同时别忘了英国是全球第三大电商市场。[10] 保守推断就能估算出数以千万计的在线冲突已经绕开了英格兰和威尔士的法院体系,可见现有系统已经不适合解决很多21世纪的纠纷了。

失效的法院体系之下的立法基础也不牢靠。法律大多来自于立法机关及其附属机构,但它们并没有义务提醒公民新法生效了或旧法修改了。就算普通人能找到看起来相关的正式法律文件并试图用来解决现实问题,那些法律、法规、判例报告的语言对于未经法律训练的人来说根本无法理解,而要搞清楚一条法律或一个判例是否有效或有约束力几乎是不可能的。[11]

这些缺陷带来了深远冲击。正义常常不能实现。权利不能被充分理解，也就不可避免地得不到保护。公民被排斥在法律保护之外，感到脱离社会。然后，公众对体制的信心削弱，律师和法官也灰心丧气。当仅有少数人触达并享受优秀法院服务的时候，整套体制的可靠度就岌岌可危了，伤及了法治的根基。

或许正如对吉福斯（Jeeves）来说，伯迪·伍斯特（Bertie Wooster）所看到的情况简直糟透了。尽管我依然认同上一章中的观点，即文明民主政体和市场经济的有效运行离不开独立的法院，这一点与大多数人的真实生活体验难以和谐一致。从宏观上来看，大多数公民基本上都生活和工作在法律设定、法院保障的大框架之下，但在日常微观层面，普通人身上只有暗淡的法律光芒，和法律的关联并不深。即使法律援助预算能覆盖更多人，他们往往也不够熟悉法律，想不到需要咨询专业法律意见。有人明确感受到被法律排除在外，有人浑然不觉需要法律，大多数人都处在这两种状态之间。同时，那些能搞懂法律和用得起律师和法院服务的幸运儿则获得了巨大的生存优势。因此，英格兰和威尔士的司法体制需要改革的理由看起来无比充分，尽管这套体制经常被奉为典范。

眼光放到全球，全世界超过一半的人们生存在法律保护之外，这显然是让人无法忍受的事实。传统法院和律师在未来或许仍然必要，但单靠他们是远不足以解决问题的。

需要什么样的变革？

有两大类的变革可以实施到法院体系。第一类是法院体系的演化和递增，涉及改良现有系统，一方面引入提升效率的手段，另一方面申请更多的国家资金支持。一般来说，大多数法官和律师都倾向于这种方式。他们翻来覆去说基本司法体制实际运行和效果都不错，显然司法体系还可以强化管理，而且当今法院资源短缺的事情捅出来也有损颜面。从这种观点出发，恢复良好服务水平的方法是通过注资来改善流程，实现一系列小幅策略性的调整和提升，并将低效的人工流程自动化。

第二类法院体系的变革则比较激进，要求迅速扬弃现有体制（哪怕不是全部也是很大一部分），而不是逐步改良。如果技术发挥作用，那就应该带来转型的效果，而不仅是把传统流程自动化。无论法律职业内外，这种观点已经得到越来越多活跃人士的支持，他们力主激进变革，疾呼当今司法体制已衰败或失灵，无法挽回。

这些渐进派和激进派代表了观点的两极，也有各自的话语体系。渐进派鼓吹我们应该"小步前进"。他们认为改革更多是一项脚踏实地的工作，而不要想着好高骛远地闹革命。而激进派则不仅仅满足于那些他们认为仅是短期追求容易实现的目标和立竿见影的效果，认为渐进方式最多也就是"省钱省事"（mess for less）一些罢了，把新技术强行植入陈旧流程上起到的效果比涂脂抹粉好不了多少。这两派争论不休，大多数法院行业技术专家的立场处于两派的中间地带。

先表明立场，我的观点确实更接近激进的一侧。我预计转型是一个持续的过程，但我还算不上火力全开、推倒重来的革命者。

第 3 章
技术进步

很多律师和法官聊到技术的时候都会不安。他们抱怨技术专家讲话难懂,但却没意识到法律专家才是满口行业"黑话"的始作俑者。这里的难点之一是讨论技术可以有不同的层次。比方说,有些人聊技术的时候其实是在讨论他们使用的特定系统,比如演示文稿(PowerPoint)和推特(Twitter)之类的套装软件和移动应用。本书不关心应用软件。还有人则在谈更加广泛、赋能型的技术,例如人工智能、机器人、自然语言处理,以及区块链。后面我会聊到不少赋能型技术,因为如果不理解这些技术的影响力,也就无法理解法院服务可能会如何变革。

还有一种关于技术的对话层次是关注功能和任务(系统实际上能干什么),以及由此带来的好处(成本下降、生产率上升之类),本书很多内容也会在这个高度上展开讨论。本书还会在战略层面讨论技术,审视特定技术的全方位长远影响。

自动化与转型

技术可以两大类方式来影响法院的运作,与第 2 章谈到的两类变革紧密相关。一方面，系统可以用来改进、升级、流水线化、优化和加速传统工作方式。这是大多数法官和律师考虑技术时所想到的（多数其他专业人员也差不多）。他们反思法院中存在的日常、反复和往往陈旧的任务和活动,（正确地）设想可以引入某些系统来提升效率、改善情况。这第一大类的法院技术可以归结为一种流程优化。我称之为"自动化"。这是把新技术植入旧的工作方式中。这种思路统治了过去50余年来法院科技的理论和实践。

另一方面，技术可以扮演全然不同的角色。技术可以取代和革除传统工作习惯并带来激进变革——从头办新事，而不是旧事新办。我称此为一种特定的"转型"。[1]这种思路下，我们利用技术来实现那些以往做不到甚至想不到的任务和服务。转型类技术带来的冲击影响深远。网络银行就是一个日常生活中的例子。再比如在线数字音乐服务。这些服务都不是从旧业态小修小补而来的，而是彻底干掉了旧方式。转型带来了"颠覆"，而自动化维持了传统模式。[2]

尽管自动化让人因熟悉而心安，然而技术世界的绝对主流清楚指向了转型。有不少很明显的例子，比如交通业无人驾驶汽车出现、制造业部署机器人、金融业引入算法自动交易和区块链、专业服务行业增加使用人工智能，以及政府对"大数据"日益浓厚的兴趣。[3]就我们目前的讨论而言，把这些技术的

35 具体细节先放一边,更重要的是我们要看到技术在给社会方方面面带来根本性变革,而不是仅仅把过去的做法自动化。

本书所倡议的线上法院也是转型的典型例子,而不是自动化。我们设想的那些技术不会仅仅维持现有法院系统或将其流水线化,不会把新技术植入旧流程中。相反,这些技术会转型、颠覆并带来激进变革,让我们能以几年前做不到甚至想不到的方式来提供法院服务。

我刚开始涉足法律科技领域的前 10 年(从 20 世纪 80 年代初期到 90 年代初期),还没有任何人考虑过线上法院和线上纠纷解决,因为那时候连网页服务都还没有。尽管满腔热情的法律技术人员用早期微型个人计算机和小型计算机来辛苦钻研,有些计算机甚至还能互相连接,当时的现实情况却是大家都是孤岛,各自为政。那段时间里,倾向于动手的那些人谈论、著述或开发支持法院运行的信息,而那些放眼未来的人则开始畅想——主要靠着发扬科幻精神——是否人工智能可能会替代法官,如果能的话,究竟是不是件好事。

有人似乎觉得带来转型的技术一定更先进和复杂,而自动化技术则要简单不少。有这种错觉不奇怪,但必须要纠正。事实上,很多世界上最精密和先进的系统也无非只是把高度复杂的现存流程自动化而已。航空订票和排期系统就是一个例子。同时,有些影响力极大的转型在技术上并非前沿(比如银行电子柜员机和电子提款机）。本书介绍的第一代线上法院也属此类。线上法院当然高度依赖于互联网和万维网强大的技术基础设施（线上法院没有这些肯定无法运行），但很多这些基础设施之上的基本系统从技术上看并不前沿。不过，正如本书第四部分所设想的，未来几代更加先进的系统会基于机器学习、人工智能和其他技术，如今也已初露端倪。这些给行业带来的冲击很可能会激烈得多。

技术发展

要理解线上法院的前世今生，对技术世界主要发展有一个概观很重要。所有技术专业人员都用各自的方式来解释我们身处的非凡时代，我们见证的重大和快速技术进步超过了人类任何其他时期。在《专业服务的未来》一书中，我首次以个人偏爱的方式介绍了技术（我特指**数字**技术）。该书中，我们提出技术重大进步可以概括为四个标题。[4]

第一，如大家普遍感知，技术正以指数级速度前进。我理解这种趋势始于"摩尔定律"（Moore's Law），这条定律并非法律（law），而是英特尔联合创始人戈登·摩尔（Gordon Moore）1965年预言的规律。简单来说，他预测计算机的处理能力每2年左右会翻番。起初质疑者说这种增长速度最多也就持续几年，但至今这种翻倍速度已经持续了30多年。计算机科学家、材料科学家和行业分析师都说处理能力在可预见的未来还会持续增长（尽管使用硅材料的话不会无限上涨）。在名著《奇点临近》（*Singularity is Near*）中，雷·库兹韦尔（Ray Kurzweil）探讨了摩尔定律持续成立，未来将会如何。根据库兹韦尔的判断，到了2050年，一台普通桌面电脑具备的处理能力就会超过地球上所有人脑处理能力的总和。[5]你可以说我异想天开，但在我看来，如果我们可以预见有一天普通桌面电脑的计算能力超过了全体人类，那我们现在反思一下法院工作方式的某些方面，应该不过分吧。

另外也请注意一下，这种处理能力的指数增长也在很多其他技术领域有类似体现（从一块芯片上晶体管数量，到硬盘容量、计算机内存、网络带宽等）。比如说数码相机中使用的那张小小的存储卡。2005年的时候，一张主流的存储卡可以存128兆字节（megabyte）。不到10年之后的2014年，主流存储卡已经可以存128千兆字节（gigabyte）了，也就是说不到10年涨了超过1 000倍。我撰写本书时，第一张万亿字节（terabyte）的存储卡刚刚出现在市场上。技术前进永不停歇。数据总量增长也是如此。2010年，谷歌的前主席埃里克·施密特（Eric Schmidt）说我们每两天创造的信息量就相当于人类文明兴起到2003年之间的总和。依此推断，到了21世纪20年代初期，我们差不多每小时都能创造这么多信息量了。

基础技术的爆炸式发展也推动了第二大趋势，即我们的系统正变得"越来越强大"。这可能是我们应该掌握的最根本要点，对专业服务工作和公共服务的未来影响深远。难得有哪一天，我们不会受到某种新的创造、技术、进展、突破或移动应用的冲击。各类系统能做的事情越来越多。以法律实务为例，我们如今已有系统可以起草文件、开展尽职调查、从诉讼材料中筛选最相关的文档、预测交易和争议的结果、提供法律指导，系统的效果还往往比初级律师要强。全球各地现在有超过2 000家法律科技创业企业（仅5年之前还不到200家），其中很多家都聚焦在如何拓宽系统能完成的法律工作上。再往大了说，有些创业者的抱负是重塑法律服务，就好像亚马逊重塑了图书销售市场一样。

另外，我们可以看到机器在稳步发展出新能力，有些能力不久前我们还觉得独属于人类，比如能解决难题和回答问题的系统；能进行精神运动或手动任务的系统（机器人技术的领域）；能作画、写诗、作曲的系统；或能探测和表达情绪的系统。例如，有一种系统可以分析人类微笑表情，并识别微笑是假装的还是真实的，机器的准确率比人类还高（这个例子来自情感计算领域）。正如我在第26章中解释的，当我讨论人工智能时，我们必须小心，不能假设这些系统的运行原理和人类差不多。这些确实全然不同。

系统越来越强大的一部分后果就是丹尼尔·萨斯坎德所称的"任务侵占",也就是说机器正在涉足越来越多的人类工作。[6]不过不仅如此,随着基础技术的爆炸式发展——尤其是不断增长的处理能力、应对大量数据的能力,甚至日益精密复杂的算法——新涌现的系统将能够承担人类完全无法应付的任务。这方面的例子就是被称为区块链的技术——"一种开放、分布式的账本,通过可验证和永久化的方式,可以有效记录双方之间的交易"[7]。这种广受关注的技术并不是把某种现存人工流程自动化。尽管有人可能认为这种技术只不过是取代了以往注册和登记之类的系统,区块链带来了太多的新功能,将其当作某种传统人工任务和流程的替代品就错了。类似的例子还有虚拟现实(参见第 25 章),在这种技术实现的网络环境之中,我们可以社交、玩游戏、做生意等。虚拟现实并不是替换掉了某些长期存在的人类服务或工作,这种技术提供全然不同的崭新体验。

第三大技术趋势是各类系统正逐渐变得无处不在。这里我并不仅指手持设备、平板电脑和笔记本电脑之类占据我们主要部分的设备,也包括"物联网"(internet of things),这是指日常物品因带有芯片而可以直接被人控制并通过互联网连接彼此。到 2020 年,预计超过 250 亿—500 亿设备将会通过这种方式互联;逐渐地,99%的物件都会连入网络。[8]建筑、建筑部件、内部设施也都会连接在一起。法院也不例外。我们也会看到这些物体会自带越来越多的传感器，抓取图像，录制声音，并监测、测量和扫描我们身边世界中的很多其他的情况。这些芯片和传感器也会植入人体，一开始出于药用目的，但逐渐也会增强我们的能力。假以时日，所有这些进展会让我们改观，认识到计算和技术不仅仅会发生在带屏幕的光亮金属设备中。人类也会日渐和机器融合到一起。

第四大技术趋势是人类成员的互联越来越紧密。互联有很多方面。利用从电子邮件到远程呈现（telepresence）等技术，人类现在可以彼此**沟通**的方式对我们祖先来说不仅做不到更是想不到。同时，当我们想要**研究**任何能想到的话题，万维网都是我们的第一站。万维网也提供了很多平台，例如脸书（Facebook，有超过22.5亿用户）使得用户可以在线**社交**。通过互联网彼此连接的人们也倾向于在线**分享**——照片、视频、演示稿等［例如油管（YouTube），有13亿用户］，每天有50亿视频被观看）。用户们也越来越喜欢在线**建立社区**，无论是公开的［如领英（LinkedIn），有超过5亿用户］还是私密的（在医疗领域，Sermo是一个封闭的社交网络，拥有超过80万医生；而另一个网站PatiensLikeMe则有60万病人）。[9]

同样日益常见的是用户在线**合作**。比如维基百科（Wikipedia），号称"任何人都可以编辑的免费百科全书"。大约 30 万编辑者参与了编写维基百科,平均每秒钟超过 1.8 次编辑。维基百科社区一共贡献了 4 000 万篇条目,使用的语言超过 290 种。秉持类似精神的还有称作开源软件的现象。例如 Linux 是最常用的操作系统之一,由来自 1 400 多家公司的 15 000 余位开发者大规模协作而成。[10]

还有一种人们在线互联的新方式是参与**众包**(crowdsource),指从网络中招募成员来从事分散的工作或为特定目的筹集资金。大量网络用户也会在线**交易**。网络购物现在占英国零售金额的大约 18%。eBay 已经成了一种全球现象——2018 年第四季度,这个平台上大约有 1.8 亿活跃买家,偶尔光顾和常来的用户都有。一些相关网站认可用户之间可以竞争,也鼓励他们这么做,并对他们进行排名。

简而言之,当 40 亿人类都连上网,新的行为和活动就层出不穷了。人们采用与前数字时代完全不同的方式来沟通和查找信息。另外,他们也可以社交、分享、写作、建立社区、众包、竞争和交易,无论方式还是规模都是非数字世界中无法实现的。

没有终点线

尽管这四方面的发展都堪称卓越,最让我保持兴奋和活跃的是一眼望去看不到终点线。无论在硅谷、中国还是韩国,没有人鸣金收兵，敢说"大功告成"。也没有人说我们可以暂停步伐、小憩片刻，更遑论暂缓数年。技术世界中好像没人看起来想说"差不多得了"。"差不多"就是还远未达目标。事实上，技术变革的步伐仍在加速。这从目前技术投入的规模就能看出来，无论是资本还是智力，投入都巨大且不断增长。看到这一点，那么恐怕最不可能出现的未来就是技术突破止步不前了，我们如今看到的技术水平竟代表了技术创新的终点（尽管至少一位知名学者认为就是如此）。[11] 在我看来，更有可能发生的反倒是到了比如 2030 年，届时我们的日常生活（包括我们的法院）已经转型了，动力来自于我称作"尚未发明"的技术。现在我当然证明不了这个具体预言，但我们的轨迹、我们的大方向，都指向激进变革而不是停滞不前。无论是整体技术还是法院技术，我们还在爬坡初期，或者借用雷·库兹韦尔的话说，还在指数曲线的"拐点"（knee）那儿呢。[12]

信息基础架构

再换一个角度来思考一下法律和法院服务。这两者的核心都是法律信息（从成文法、案例报告，到证据材料和律师头脑中的知识）。现在我们来思考一下信息。在我所称的社会"信息基础架构"（information sub-structure）中，我们正观察到一些转变。我最初在 1996 年出版的《法律的未来》一书中提出"信息基础架构"的概念,指的是抓取、分享和传播信息的主要方式。[13]我赞同一些人类学家的观点,他们说人类已经过了四个主要的信息基础架构阶段:口头时代,沟通几乎全部通过口头语言;书写时代;然后印刷时代;而当今世界沟通在很大程度上通过技术手段实现。(未来很可能有第五个——或许是超人类主义的时代,那时人类、技术、机器人、纳米技术、基因技术融为一体。)

我认为当今社会正处于从第三阶段向第四阶段过渡的末期,从印刷时代进入数字时代。从法律角度来看,重点是一个社会的信息基础架构在很大程度上决定了社会会有多少法律、法律有多复杂、法律改变有多快。信息基础架构还决定了谁有知识方面和职责方面的能力来发表法律意见和管理法律。如果我们研究法律在社会内演化的方式,我们就可以从信息基础架构转变角度来理解法律的某些演进。那从最核心来看,法律和法院工作都是基于信息的。我们身处在一个我们正在极大提升信息处理能力的时代。如果有人宣称法官和法院的工作不大可能原地踏步下去,算不得耸人听闻。现有的法院是另一个时代的产物。

回到1996年,我基于上述想法而预测了"法律范式的转换"。[14]这里我是指很多甚至大多数关于法律服务和法律过程的基本假设将会遭到技术和互联网的根本挑战。那时我作出了一个 20 年的预测。尽管我不该给自己的作业打分,但我还是斗胆自陈:那时我描述的发展方向,现在看来还颇为准确,尽管现状在时间上大概比我预测的晚了 5 年左右。

我理解技术带来的激进变革会引发不安,有时甚至带来更深的忧虑。关切的家长和失望的学生经常来问,我会如何看待(在提问者看来)传统律师和法官工作可能危机四伏的世界。我没这么悲观。我认为深处这个史无前例的时代是幸事,此时年轻、有抱负的法律人,同他们的前辈一道,可以在塑造未来的法律职业和法院体系中发挥核心作用。我甚至觉得,每一位律师和法官都有义务参与其中。

偏见

律师和法官的对话和书面材料中常常表现出一些偏见,不认识到这些偏见就无法透彻讨论为他们所用的技术。这里我选择三种偏见,贯穿了线上法院相关的辩论。第一种是"现状偏见",也就是倾向于排斥改变,偏好延续现状。专业服务人员都有保守的共性,法律人只会更保守。[15]这种偏见的表现之一就是法律人擅长的顾左右而言他式的诡辩。他们认同改变是必要的,也看到一些改进现有流程的空间,但他们强烈反对任何大幅转型。用第 2 章的话说,他们是渐进派而非激进派。另外,法律人也经常会说他所在的具体从业领域因为某些原因不属于变革范围。往往这种诡辩还通过另一类法律人熟练的论辩方式来强化,即突出"疑难杂症"。例如,有律师为了质疑线上法院的想法,就翻出知名侵权法判例,如唐纳修诉史蒂文森案(*Donoghue v. Stevenson*)。他们问线上法院究竟会如何审理这样的案件?简单的回答是,第一代线上法院还是由人类来作出判决的,所以那里的初审法官很可能处理案件的方式跟现在没太大分别。不过这里的偏见是不愿承认很多日常案件中的挑战可能确实应该用新方式来处理,批评者只关注非常规的事情。这种偏见会误导听众、分散重点,因此应该遭到质疑。我认为这类偏见的根源是缺乏理解他人需求的能力。

第二种常见偏见是本书导言部分提到的"非理性拒绝主义"。我把这种偏见定义为武断排斥某个系统,尽管批评者其实没有直接个人体验。尽管法律人既没见过真实运行的线上法院,也没认真思考过相关方案,他们往往仍敢当即否定而毫无愧意。他们懒得考虑线上法院可能实际解决的具体问题,立刻跳跃到司法触达这样的笼统话语;各种质疑和异议提起来源源不断,一看到可落地运行的系统就立马跳出来反对——恐怕连屏幕上的演示都懒得看。有时这种偏见根植于对未知的恐惧,或者来自于法官和律师一定最懂怎么改革法院的错觉。或许有时候反对者的真实直觉告诉他们眼前的方案不可能或者不理想。但是,不愿对新技术保持开放心态无疑是进步的一个重要阻碍。

第三种偏见是"技术短视症",这是指缺乏眼光预见未来系统的能力会大幅超越当今,也看不到几乎不可避免的技术进步可能带来的影响。这种偏见基本上是缺乏想象力所致。这是用现有系统的短板来设想未来。这也是低估了未来系统的能力,因为他们只用今天的技术来评估未来。我希望在本书中尽力战胜这种偏见。我的目标是说服大家不要用现有的系统来判断司法的未来。我们不要眼望过去,倒退着走进未来。

第4章
结果思维

2017年,我受邀在有2 000位左右神经外科医生的集会上谈谈未来。我开口的第一句话就是病人们并不是真的想要神经外科医生,病人想要的是健康。对于某些特定的健康问题,我承认神经外科医生出手治疗无疑是目前最好的解决方案。我接着说,这种情况未必永远如此,因为如果我们站在未来(比如说50年之后)回望现在,很可能会觉得现在侵入病人头颅的方式太原始了。当时我这么说是想挑战在场的一些人,他们觉得未来的方向只是机器人神经外科手术,而我觉得手术方式定然不是长远之计——如今神经外科医生倾注心力的健康问题逐渐可以通过非侵入式的方法来解决。

我的发言是为了鼓励一种被我称为"结果思维"的思考方式。本书的目标之一就在于规划未来法院服务时,我要践行并鼓励读者使用结果思维。

结果思维可以用来思考所有专业服务和专业人员的未来。比如说建筑师吧。人们并不总是想要这些专家,他们真正想要的——正如维特鲁威(Vitruvius)在公元前1世纪就认识到了——是耐用、宜居和美观的建筑。纳税人也不想要税务师。他们想要把财务信息以合规的形式提交给税务部门。超过5千万美国人如今已使用在线工具来提交纳税申报表。几乎没有人抱怨现在跟他们的税务顾问互动太少了。再比如，2017年我在一群英国陆军将军面前演讲，我演讲的主题是"人民不想要士兵；他们想要安全"。这种观点在各色行业都成立。病人并不想要心理治疗师。一般来说，他们想要心灵的安宁。你应该了解我的思路了。

我有个已经反复讲了30来年的段子，也跟上面这些观点是同一个道理。有个电动机械的生产厂告诉新员工，工厂卖的是"小孔"而不是电钻，因为顾客们真正想要的只是小孔而已。

对于所有专业服务人员而言，此处令人尴尬的事实是客户并不是真的想要他们。客户想要的是专业人员带来的结果。这些结果有两个维度——实际成果（任务完成）和情感效果（妥善的感受，譬如安心或信心）。[1]当这些结果可以用新方式可靠地实现，且新方式还明显比原来更便宜、优质、快速或方便，那么可以预料市场将会转向新方式了。

这个道理对于律师和法院意味着什么呢？顺着想下去，诉讼当事人并不是真的想要法院、法官、律师、程序规则等。如果有选择，他们更想压根儿无需面对任何法律问题。[2]或者更想让他们的纠纷公平、彻底解决。或者他们可能想要清白。或者想要有人听他们倾诉,理解他们的不幸遭遇。或者只是想要对方的歉意。

很多律师和专业人员抗拒这种结果导向的思维方式。他们坚持认为客户必定、永远需要可信的顾问——能体会他人感受的人类专家顾问。但这是把手段当作了结果,把我们**怎么办**和我们提供了**什么服务**混为一谈。他们假定我们目前的工作方式中有一些内在有价值甚至不可或缺的东西。这是固执于当下的流程,而无视更广大的"**终极目的**"(telos,希腊文,指目的或目标)。因此我才提出质疑。我并不否认很多专业服务人员(比如外科医生、护士、牙医、兽医、内科医生)的工作往往值得敬佩、温暖人心,也对社会有益。我也不否认这些专业服务人员认为他们的工作令人满足和上进,赋予他们人生意义和价值。

然而,这里我质疑的是:当面对其他客户更倾向于别的选择时,各类专业服务人员的原有工作方式本身所具有的价值,是不是达到了不计代价也要维持下去的程度?换句话说,我自己的立场更倾向于病人而不是医生、客户而不是律师、学生而不是老师。亚当·斯密(Adam Smith)的观点也与我不谋而合。在《国富论》(*Wealth of Nations*)中,他说:"消费是一切生产的唯一结局和目的;生产者的利益应该得到考虑,但也仅止步于促进生产者利益所必需。"[3] 一语中的。

我们来做个思想实验。假设药物科学家开发出了一种便宜的疫苗，广泛使用之后可以预防所有癌症。我们会不会觉得应当限制投放这种疫苗，仅仅为了维持肿瘤学家的生计和自尊？我举这个极端的例子，恰恰是因为今天肿瘤学家对我们生活的巨大贡献。到了那时，我估计我们还是会作出决定，为了公众健康和经济效益——也就是为了**结果**——我们宁可审慎地淘汰肿瘤学家这个工种。为了保住医生的工作而放任疾病延续，这是说不过去的。

视野再放大一点，没有任何明显的理由表明很多现在的专业服务人员不会被日益强大的系统取代而光辉不再，就好像退出历史的铁匠、蜡烛油商、绸布商等很多职业。到今天人们仍然需要交通、照明和丝绸，但是我们已有了新方式来满足这些需求。

当面对饭碗被挑战的风险时，很多专业服务人员从"**任务思维**"（task-based thinking）中获得安慰。他们分析现在的工作方式，拆分成一套任务模块，认定其中有一些任务可以交由机器完成，而另一些在他们看来超出了最先进的系统可预见的能力范围。当他们看到他们目前的任务中有相当一部分无法被机器取代，他们就感到安全了。他们这种基于任务的合理化分析，也可见于多数来自学者和咨询公司关于未来工作的分析报告，其中观点也见诸日常主流媒体。在我看来，这种任务思维是有严重缺陷的。

我们来看一下法律和法院的工作。评论者和实务人员经常坚持很多律师的工作超出了技术能解决的范围。例如他们认为诉讼律师的工作不能被机器所替代,也并非全然没有道理。机器人如何能够在法官面前作为辩护人出庭呢?当然,我们离实现这一步还遥遥无期。但是讨论并非就此终结,因为这些传统主义者尝试提出和解答的问题就错了。他们错误地关注了现有的工作方式,而没有关注诉讼律师提供的结果还能有其他实现的途径。

现在让我们来思考一下,法院有些工作是不是可以不用亲身集聚到法庭、当庭辩论,而是提交电子证据和理由给法官。这种想法下的法院——至少在第一代——判决书还是由人类法官通过电子方式作出的。法院工作的产出(即有约束力的判决书)没有变化,但是实现结果的方法转型了,口头辩论和律师出庭被从流程中**去除**了。这么看的话,就算机器不能取代出庭律师,不能在实体法庭发表触动人心的结辩陈词,好像也关系不大。口头辩护工作能不能被取代这个问题变得无关紧要了。其实,大多数替代我们人类的系统都不是像人类一样工作的。

当我们考虑未来的工作这个更大的话题时,核心问题并非机器是否能承担人类的工作。真正的问题是今天人类的劳动**结果**是否在技术的支持下也可以用不同的方式实现。基于任务的方式来分析机器的影响,往往依赖的是劳动经济学家对于常规和非常规工作的陈旧区分,这会极大地低估人类工作可被人工智能替代的程度。

虽然说了这么多,我也认识到结果思维至少有三大局限。第一,可以想见(至少在原则上)确有一部分工作方式和流程本身具备内在价值和重要性,值得保留。我虽然还想不到很强有力的例子,但在这一点上我保持开放,请传统主义者来论证。有些律师说在这个意义上,实体法庭本身就具有内在价值——正如本书表明的立场,我不同意这个笼统的判断。

我这种结果主义(哲学家可能会这么描述)的第二个局限是任何提供所需结果的新型流程必须可持续。如果新系统注定不能持久,那么扬弃提供类似结果的旧方式也就失去意义了。换句话说,我们可能需要保留旧系统的某些部分(人员和流程)来支持新系统。(具体到法院应如何处理,我在第7章引入"持续正义"理念时会展开讨论。)

第三,我们应该认识到客户**想要**的结果可能不是他们真正**需要**或者他们的社群可能需要的。坦白地说,外行的消费者未必知道什么对他们最好,甚至专业消费者也不见得总知道。这方面史蒂夫·乔布斯(Steve Jobs)曾指出他观察到:"消费者并不知道他们想要什么,直到我们拿给他们看。"[4]这句话内涵丰富。例如,不能指望消费者、用户和客户掌握人工智能和其他先进技术的发展。他们对于需求的认知受限于他们认为可以实现的范围。

不过,这三点局限并不足以改变我看待法官和律师的主要观点,即人们实际上并不想要法官和律师。他们只想要法官和律师带来的结果。在数字时代,我们面临的挑战是深入思考我们的**终极目的**,追寻新方式来实现人们设定已久的结果。长远来看,我们在追求结果的过程中会日益需要新系统——而不是传统机构和顾问。

结果和法院

本书在后面的讨论中,我会频繁应用结果思维。这种思路帮助我论证线上法院,鼓励我聚焦法院体系应该带来的效益,而不是单纯为了保全传统做法和流程。我也以结果思维为透视镜,仔细分析当今司法体制的诸多特点(如现场开庭)。这让我能关注这些特点背后的深层目的,而不是目前表面上的流程。

那什么是法官的**终极目的**?什么是法院用户需求的结果?什么是法院的社会和政治目标?什么是法院的宪制和法理功能?其中一些问题已经在第1章谈到了,从讨论中也可以看出,这些问题当然没有简单普适的答案。有些法官说,他们的角色是解决纠纷、澄清法律和阐发法律。另一些则谈到推动更高的社会理想，如触达司法和法治。法院的用户则往往仅想要权威、终局地解决具体问题，或者如前文提到的，他们想要一个公开的致歉。还有些人只是想要生活继续过下去。极小一部分人寻求有约束力的判例。至于法院的社会目标，政策制定者认为法律可为人类事务带来确定性，提升社会凝聚力，输出社会正义。对于法院的政治功能，法院被认为可推动法治，限制政府行政机关和立法机关潜在滥用职权或犯错。那正义呢？法官的职责不也是要确保正义按照法律来实现吗？当然是这样，我在第7章会深入分析这一点。

就目前而言，我们可以说暂时还不能找到唯一的、压倒其他的结果来期待法院实现。围绕法院有一堆结果需要考虑。这当然不是说结果思维就没用了。相反，这个思维方式旨在提升我们对结果的关注度，在思考变革时努力确保考虑到了各种后果，在评价旧流程时也要避免为了保全而保全。

所有这些问题中最具挑战性的是：我们现有的法院体系中到底有没有哪些特征具备内在价值或重要性，即使不同方式可以产生更好的结果，我们也不应该废弃这些现有特征？比方说，我们该不该以"现场出席的人性"（humanity of physical presence）或者"法律的威严"（majesty of law）（参见第20章）的名义，坚持维护传统的现场庭审，即使线上法院可以大幅、可靠地改善司法触达？

第5章
现场、远程、网络

现代法院体系可以直接追溯到大约 900 年前就已经存在的某些机构。当然时间上还有早得多的法院［例如公元前 1 世纪时称作"公议会"（Sanhedrin）的犹太教法院］，古代也确实有人履行裁决的角色，在如今看来具有司法性质（例如在亚里士多德的作品中出现的人物，再如古典罗马法的裁判官和法学家）。但是当今英格兰和威尔士的法官更多的是直接从他们 12 世纪的原型发展而来，那时法院官员开始被赋予向君主提供纠纷处理建议的职责。亨利二世（1154—1189）把程序正式化了，他组织了由 12 位当地爵士参与的会议来解决土地所有权的争议，从而构建了现代司法体制的雏形。

时至今日，情况已发生了很大变化，尽管现在很多法院流程甚至法院建筑本身自从 19 世纪以来就没怎么改变了。不过从 12 世纪起，在书写时代以及后来的印刷时代（参见第 3 章），司法职能就有三大核心组成要素——人（称作法官）、遵循正式程序、坐堂（称作法院）。很难设想法院运行还能怎么变。法院下一阶段的进化会受到法律和法院技术的深度影响，因此在数字时代，第四个要素会被引入——网络环境——这既会支持也会冲击传统的法院设定。

从词源学上看，"法院"（court）一词，在法文、拉丁文和古希腊文里都是指一块圈起来的空间或场地。虽然我们从实体法庭发展到远程开庭和线上法院，我们也不必扬弃这种旧义。与下文讨论相呼应，线上法院也确实可以理解为实现司法正义的一处安全网络空间。

实体法庭

大多数人其实从来没到访过实体法庭，不过在他们头脑中对于法院这个地方的样子和感觉很可能经常设想成一幅还算清晰、相当浪漫化的图景。基本上从电视剧和电影中获得了印象，大众认知法院是高大、老式的房间，饰以高档深色木料，法官安坐在居中的高台之上，座椅装饰精美，可能包裹着柔软、奢华的酒红色皮革。法官背后的墙上高悬着醒目徽章，以彰显其明察秋毫。房间四周会有一排排摆放整齐的法律书籍。在这个精美的剧场中，律师和法官是主演。他们被设想为带着假发、穿着袍服（至少在英国），代表他们的客户陈述和答辩，用普通人无法理解的语言，就好像他们听不懂手术台上外科医生之间的对话。在这里，在这庄严肃穆的氛围中，司法完成了，正义实现了。

确实有很多法院就如上段描绘的那样高大上,尤其是世界各地的高级别法院。不过借着现代化的名义或出于缩减公共开支的目的,现实情况往往要平淡不少——光泽不再的镀铬设施,浅色的层压板材桌椅,随意放置的显示器和线缆,材质粗糙、拼接不齐的地砖,墙面看起来是不甚整洁的灰白色,律师和法官们穿着平凡的上班装束忙碌其中。

不管怎样,浪漫也好,平淡也罢,对于法院的日常印象总归绕不开在一个房间里来完成严肃的法律工作——法院确然是一个场所。

还有些人会更激进,他们说法院必须作为一个场所而存在。在巨著《代表正义》(Representing Justice)中,作者雷丝尼克(Resnik)和柯迪斯(Curtis)对于法院建筑的敬畏尊崇之心有时快到了形而上的程度——法院不仅是正义的符号,还似乎成了正义的组成部分;没有了法院,正义是不可想象的,哪怕逻辑上不是不可能的。[1]律师和法官可能不至于把法院推得这么高,但从情感上和心理上,他们也往往难以想象严肃的司法工作可以在实体法庭之外的其他地方开展。

远程开庭

在法院科技应用的早期,万维网尚未诞生,20世纪80年代的一项重大进步是通过视频来连线多个庭审室。那时带宽有限、视频压缩技术也很原始，视频质量并不高。视频连接经常断开，延迟也很严重，所以视频另一端的参与人图像会像木偶剧一样跳动，口型和声音极少同步。实际上，很难从屏幕上识别出任何面部表情，因为用户形象只出现在屏幕上很小的一角。尽管如此，在像澳大利亚这样的国家，没有视频连线就意味着一个不重要的出庭也不得不长途跋涉，视频开庭的价值就很大了。

自那时起，视频和相关技术已经有了令人惊叹的进步。最先进复杂的系统，比如沉浸式远程呈现，创造出了惊人的虚拟现场聚集体验（参见第 25 章）。即使更加朴素的系统，只靠笔记本电脑和手持设备上的基本软件（如 Skype 和 Facetime）就可以达成高效交互。从技术上看，居于远程呈现和手机视频通话之间的各类系统已经在世界各地的法院广泛部署（2017 年我到访中国时，听说那里刚刚在几个月之间部署了 2 万套视频会议系统到各地法院）。

视频技术在法院有两种相当不同的用途。第一种是在现场开庭时，某些参与人通过视频方式参加庭审。这种场景下一定有一个实体法庭，法官、至少一部分诉讼参与人、律师在现场，同时有些人远程参与。这种形式或多或少已经存在几十年了。专家证人经常在世界另一端通过视频作证，而脆弱的证人也可以通过视频陈述，免于受现场人员和环境惊吓。采用这种形式的一些远程刑事聆讯也很常见。比如保释聆讯常常通过法院和监狱之间的视频连线来完成。再强调一下，这仍然是发生在传统实体法庭的老式庭审——这里的远程元素是犯罪嫌疑人通过法庭内的大屏幕来出庭，以节省费用（运送、监管等），很多犯罪嫌疑人也说这样更方便、少折腾。大多数观察者都认可对合适的案子应该采用远程开庭。当然也不乏反对者[2]，我会在第三部分讨论他们的一些顾虑。本章只是先把概念提出来。

第二种远程开庭则要罕见许多。这种情况下并没有一个大家通过视频连入的现场。相反，所有参与方（包括法官、律师、书记员、证人、纠纷当事人等）都通过视频交互。虚拟庭审有各种各样的实现技巧。一种方式是所有用户在任何时间都可以看到、听到其他人说话。另一类系统中，法官永远可见，高居屏幕上方，仿佛俯瞰一切的神明。[3] 比较先进的系统，全体用户都可以呈现，排列顺序可能有点像电视知识竞赛节目"大学挑战赛"（University Challenge）。再先进点儿的系统则会把连线参与方都以类似实体法庭的形态安排出来。通过沉浸式远程呈现技术，各参与方可以真实感觉到他们仿佛就聚集在同一场所。展望未来，我们可以很容易想到这种虚拟法庭可以通过三维渲染，开庭也可以逐步通过某种虚拟现实（参见第25章）完成。所有这些第二大类远程开庭设定的共性在于没有实体房间来开展辩论、交换证据、传达判决。尽管如此，法院的用户可能仍然能感觉到有一个"场所"。

用过视频连线技术的律师和法官可能会抱怨这类系统的实际效果，但请记住背后的技术正在高速进步。如果从现在开始朝前看，那么当下最好的系统（采用了沉浸式远程呈现）也只处在发展历程中最差的阶段。这里我又要提醒别犯技术短视症了——不要仅凭现有技术水平来否定这些系统未来的潜力。大概也就10年左右，我们很可能最起码都已经用上增强现实系统了，甚至可能是三维全息服务了（参见第25章）。

线上法院

正如我在本书导言部分所说的，人们目前认知的"线上法院"概念可以分为两种。第一种我称之为**线上裁判**。这涉及法官来决断案件，但当事人并不聚集到一个实体法庭中。证据和理由通过某种网络平台呈交给法官，然后法官也通过网络平台（而非实体法庭或远程法庭）出具裁决。法院程序**并非**通过视频连线开庭、电话会议或即时通信完成。没有开庭环节。相反，案件流程和处理类似发送和接收邮件及附件的方式，会在一段时间内完成。

用技术专家的话来说，在实体法庭和远程开庭中的沟通是**同步**的，而线上裁判则采取了**异步**的交互形式。[4]这意味着，对于前者来说,所有参与方必须在同一时间加入。相比之下,后者的体验类似电子邮件和短信,参与方不必即时响应——发送论点、证据和裁决都无需发送者和接收者实体或远程同时会集。

法院从同步到异步的设定转换并不仅仅是一小步流程优化。这涉及并需要做出激进变革。同步到异步的跨越幅度远超从现场开庭到远程开庭。尽管远程开庭已经遭人非议了,但现场开庭和远程开庭仍属传统法庭的大范式之下。线上法院则代表了一种全新的理念。即使是初代线上法院仍由人类法官审理案件,线上裁判也夺走了很多人尊奉的东西——公开审理、法院出庭、人类之间的直接互动。另外,线上裁判也很可能让法院服务更加便于触达和廉价,也符合成长在互联网下新生代的调性。

线上法院的第二个含义则更加宽泛一些。我将其称为"**扩展法院**",意思是技术赋能我们提供的法院服务,比传统法院广泛得多。这些新扩展出来的服务包括帮助用户理解、实现权责的工具,协助诉讼当事人管理证据、组织论点的设施,以及为司法之外的纠纷解决方式提供建议并推动纠纷解决。

线上纠纷解决

与线上法院有重合的一个学术和实务领域是线上纠纷解

决，更多地将之缩写为 ODR。ODR 运动作为替代性纠纷解决的一支，兴起于 20 世纪 90 年代。ODR 早期被认为是电子 ADR 的一种形式，和其他一些技术归于同一大类，如电子调解（e-mediation）、电子谈判（e-negotiation）和电子仲裁（e-arbitration）。不再需要人们聚集，当面来进行调解、谈判等，一系列的技术发展出来在线解决各类非正式的争议——从消费者纠纷到电子商务问题，从自然人之间的争吵到自然人与政府间的冲突。

ODR 运动的主要目标并非开发系统来支持人类调解员和谈判员。他们的野心更大，追求开发出系统来帮助当事人之间直接化解纠纷，无需再诉诸传统法院体系。我一直以来都很认可这个领域的发展前景。

尽管 ADR 的支持者可能会不同意，但我觉得客观来说，ADR 并没有完全实现早期承诺的事情。传统 ADR 的缺点之一是当事双方和中立方（比如调解员）还是需要费时费力地会聚到一室之内，跟传统法院体系类似，这还是一个同步的流程。对普通人而言，似乎体验上也跟法院有点像，都依赖专业人员和标准程序。或许正因为 ADR 和法院服务的差异性还不够大，ADR 未能赢得人们期待的效果。律师之外的普通人可能搞不清法官和调解员、调查官或仲裁员之间的差别。相比之下，通过网络异步开展的 ODR 和传统法院服务的差别就相当大了。

但是，上文所述的这种ODR并非公立法院体系的一部分，而依然是ADR的变种。不过，线上法院的支持者提出，为ODR发展出来的某些技术实际上可用于法院体系（参见第9章）。

如今人们往往把"线上法院"和"ODR"两个概念当作同义词混用。可以理解这两个概念有相近之处，但不加区分则会让人困惑。线上法院一定属于公办机构，但ODR这个词可有广义和狭义之分。广义上ODR泛指任何基本上通过网络进行的纠纷解决过程。所以从广义上说，ODR包括线上法院的纠纷解决过程，线上法院采用了ODR技术。狭义上ODR把ODR等同于电子ADR（e-ADR），仍属国家公办法院体系之外的另一种机制。

为避免混淆，我提到ODR时一般限制为狭义，即民营、电子ADR。本书也遵循这种用法——ODR属于民营，而线上法院属于公办服务。

融合

实践中，未来法院的服务将是实体法庭、远程开庭和线上法院或多或少融合在一起的形式。从案件管理来说，常规办法将是把纠纷拆解或分化为不同组成部分，每个部分分配最合适（高效且公正）的流程。[5]这样，一宗案件中，部分工作是通过网络线上完成的，有些是在实体法庭完成，剩下的靠虚拟庭审。随着时间推进，我预计越来越多要素会线上完成。如第 9 章所论，法院工作的默认假定就会从实体空间转向网络。

从用语上说，"线上法院"从长远来说或许就是个过渡概念而已。当法院服务中的网络服务和传统法庭活动无缝融合之后，法院用户可能会觉得没必要再特意强调法院服务的"网络"特性了。不过短期内，创建一个明确的"线上法院"概念还是有实践和表述上的价值的，用来指：一种处理合适案件的网络服务；一种适用简易规则的法院；基于技术重新建构起来的法院，而不是把技术植入现存法院流程；设计目标是便于律师之外的普通人使用。假以时日，我相信越来越多的工作会分配给线上法院，人们会对使用线上法院习以为常，不以为奇。随着线上法院工作量逐步增长，很多传统法院的过时做法就会被淘汰。通过这种方式，线上法院将逐步实现网络和实体法院服务的彻底融合，成为真正适合 21 世纪的法院服务。

第6章
触达司法

65　　有两个表达经常在有关法院和法官的讨论中出现。第一个是"触达司法",第二个是"依据法律的正义"(justice according to the law)。就好像人们说出"母性"(motherhood)和"苹果卷"(apfelstrudel)这些词一样,这些词仿佛代表着理想状态,其好处是不言而喻的。但是稍加追问,就会发现这些概念的范围和含义远非不言自明。这两个表达作为辞令而言是很漂亮的,在关于社会和法律改革的讨论中常常用来增强论点的力量或光彩。但如果我们要讲清楚线上法院和未来司法,我们处理这些基础理念时必须更加清晰。因此,我在本章将探讨和延展"触达司法"的概念,我的观点是,在这个话题上很多文献和辩论都过于狭隘了。到下一章我们再讨论"依据法律的正义"的理念,我也会提出比一般认识更加丰富的解读。

触达司法

　　本书开头的部分,我引用了一段弗朗茨·卡夫卡的作品。多年来,这段话一直萦绕在我心头、引我深思。卡夫卡有饱受煎熬的心灵，也受过律师训练（很可能正是煎熬所致）。他在描写官僚、威权、排挤方面无人能及。我引用的这段话所在的小故事收入了《乡村医生》（*A Country Doctor*），这个故事被卡夫卡的名著《审判》（*The Trial*）中的人物约瑟夫·K（Joseph K）和监狱神父详尽分析了。故事讲述了一位高深莫测的守门人，没有什么明确原因，就是拒绝一位乡下人进入法律的大门。这位几番受挫的乡下人原本并没有预见到会有困难。他很确信："法律应该是每个人随时都可以触及的。"[1]

说得好。

正因如此，过去20多年，谈论改善"触达司法"在政策制定者、消费者保护推动者、法律改革者、评论家之间颇为流行。尽管没人否认改善触达是好事，但到底实践中要做什么却根本不清楚。随着热度上升，"触达司法"在20世纪90年代中期在英国被提上日程，当时沃尔夫勋爵的重要报告就以此为题。[2]当时沃尔夫聚焦法院诉讼如何能更加费用低廉、投入合理，从而改善人们触达司法的状况，这个思路也延续到后来的很多理论和政策工作中。

如果任何变革能让我们的法院和其他纠纷解决方式更加高效和易于触达，我当然热烈拥护。但我不认为只靠优化现有纠纷解决方式能构建成完全令人满意的司法体制。如果**解决**纠纷是追求正义的全部或者绝大部分，那我认为就错失了不少我们原本应当期待法律体制实现的效果。视角应该要放宽。

更广阔的视角

许多年来,我都在主张触达司法的概念应该包含四个不同层次。[3]第一,当然是正义解决本身。这是法律的核心服务,也是所有法律和司法体系的关键组成部分。任何可靠的司法体制都会提供某种形式的权威**纠纷解决**机制,一套守护人们合法权利的机制。

第二,我们也应该有更好的**纠纷控制**方式。一旦纠纷露头,我们就应该想着把纠纷扼杀在萌芽状态。做不到这一点,那我们应该尽量确保司法体系对纠纷的响应是合乎比例的,符合诉讼当事人的最佳利益。很遗憾,无论是法律职业还是法院都深埋着制度化激励,倾向于鼓励升级纠纷而非控制纠纷。因为律师收费和衡量服务的主流模式应然还是按小时计费,律师从商业利益出发会希望纠纷持续而非终结。同时,一旦进入法院体系,法官出于维护法律程序和对抗制度的考虑,一般(但非绝对)会尽量容忍双方争斗,让案件顺着法律程序推进,而不是鼓励双方私下务实解决。法院体系有一点颇为自欺欺人,也就是大多数法官和专业诉讼律师会强烈建议他们的朋友和家庭不要卷入诉讼。哪怕这种情况已经持续多年,也并不足以让人自我安慰。看看美国法官勒恩德·汉德(Learned Hand)在1926年(差不多一个世纪之前)怎么说:

"我不得不说,让我自己去诉讼的话,我的恐惧应该会超过疾病和死亡之外的几乎任何东西。"[4]事实上,我们的体制也经常强化和加剧纠纷,而非让争议保持在与其性质和价值相匹配的强度和规模上。这个问题让我提出了触达司法的第二层含义——我们的体制应该像重视纠纷解决一样来重视纠纷控制。

我提出关于触达司法的第三层含义是**纠纷避免**。这是受到了医学界的启发,他们普遍认为预防优于治疗。免疫和接种在人们生活中太常见了,人们因此免于种种病痛折磨。我觉得法律领域也应该要有这种思考方式。我相信大多数人宁愿全然避免法律问题,而不是找一堆律师来处理。大多数人更想要在悬崖顶端围好栅栏,而不是在悬崖之下停好救护车(不管救护车有多么响应及时、设备齐全)。既然如此,那么触达司法就不只是纠纷解决和纠纷控制的问题,纠纷避免也很重要。如果律师们出于训练和经验,有能力识别和避免法律障碍,那么在一个正义的社会(这个社会里的法律认识和见解是均匀分布的资源——参见下章中讨论的分配正义),我们也想要律师之外的人们具备类似能力。疫苗接种的好处全社会都可以享受,而不仅仅是医生和他们的亲人。

放到法律领域,纠纷避免基本上会要求引入传送法律专业知识的新方式,让所有人都唾手可得,超越以往可触达的范围。当人民可以更便捷、廉价、广泛地触达法律指导,我们就走向了分配上更加正义的社会，就好像疫苗带着我们走向更健康的社群。同时很可能还有一个效果——人们对法律懂得更多，更广泛触达法律救济手段，大概也会促动（nudge）那些不老实的人（比如有些房东）行事更加守法、诚信，或者至少让他们更难违法行事、剥削他人。过去，这些人敢于无视法律、任意妄为而安然无恙，是因为他们知道受害者难有动力采取法律行动，苦于法律复杂和法院收费太昂贵或高不可攀。

类比医学还能提示我们发现触达司法概念的第四层含义——**法律状态改善**。最近数十年人体健康状况改善的研究可以给我们提供有益借鉴。如今健康专家建议我们每周进行有氧运动三到四次，每次至少半小时，并不仅仅因为这么做会降低中风、冠心病之类的风险，同时也会让我们自我感觉更好。健康状态改善的核心理念不在于预防具体疾病，而在于改善人们整体生理和心理的健康状态。与此类似，我认为法律也可以帮助我们改善整体状态，而不仅仅是避免或解决法律问题。在大学里学习过法理学的读者们会记得赫伯特·哈特（Herbert Hart）的经典著作《法律的概念》（*The Concept of Law*），书中他区分了"施加义务"和"赋予权利"的规则。[5]这是非常重要的分类。哈特指出包括律师在内的大多数人，当他们想到法律，往往是把法律当作施加义务——法律要求如何、人们有义务如何、法律禁止如何。但其实有太多法律实际上是帮助成事的，法律赋予人们力量。法律允许我们订立遗嘱、结婚、与人订约。法律带来各种好处，尽管方式可能不同于人们的一般理解。法律状态改善的目标是帮助人们及时了解法律可以带来的很多好处、进步和优势，并相应行事，就算当时还没发觉具体问题或困难。人们经常并不完全了解他们的法定权利，还有些合法权益只有他们事先知情才能享受，这种情况难谓理想。在我看来，实现了分配正义的体制不会让人们再处于这种不利境地。相比之下，我期待有朝一日，我们也将以社区法律服务为基础来改善人们的法律状态，类似政府大力建设的社区医疗项目（不过社区法律服务将主要通过网络提供）。第四个层次上提供的触达司法，意味着触达法律创造的种种机会。

总结一下我的论证思路：当我探讨改善司法触达时，我指的事情远不止触达更快速、更廉价、冲突不那么尖锐的纠纷解决机制。我是在讨论引入技术来深入赋能社会全体成员——控制已产生的纠纷，也要避免纠纷的产生，还要让人们更多地了解法律赋予的好处。当今，即使非常有能力的人一旦身陷法律流程也会感到深深无力。未来，我们应该想要公民能够自行处置和管理他们自身的法律问题。

触达司法就先谈这么多。那么"依据法律的正义"呢？这个概念又涉及哪些问题？

第 7 章
依据法律的正义

在推动和质疑线上法院的理念时,论辩双方往往都会诉诸正义的概念。支持者通常说线上法院将改善司法触达,而批评者则警告正义将无法实现。鉴于围绕线上法院的辩论中"正义"一词出场次数太多了,澄清一下这个概念到底在说什么就很重要了。

如果你既非哲学家也非政治理论家,你可能会觉得正义是个挺明了的概念。实际上这个词的使用有很多不同甚至冲突的方式,有时即使人们秉承相同的正义观,他们对正义到底表现为什么也有全然不同的见解。

什么是正义?

在试图探求正义是什么时,大多数哲学和法理学的学生会被鼓励从古希腊哲学家柏拉图开始,阅读他的名著《理想国》。这本书以一系列对话的形式写成,主角是苏格拉底(以柏拉图的老师之名)。苏格拉底这个人孜孜不倦地追问、追问、再追问,经常把听他说话的人惹烦。他在追寻着真理。大概来说，正义的概念是他在《理想国》开头部分专注讨论的问题。书里说，有些人谈了正义是什么，但苏格拉底系统性地把这些倒霉辩论者的努力都彻底摧毁了。如果要初步尝试描述正义的特征，那就是"正确的事情是让每个人都各得其所"[1]。但当我们试图思考人们到底怎样才算各得其所、评价标准是什么时，引出的问题就很微妙了。

两千年来，这些问题困扰着思想家们，到现在我们也还没有确切的答案。不过我们总算在理解正义的概念上有了不少进步。当代思想家如约翰·罗尔斯（John Rawls）和阿马蒂亚·森（Amartya Sen）给了我们很大启发，我利用这两位和其他人的见解来梳理出"依据法律的正义"可能是什么意思。话虽如此，我不敢宣称已经接近可以回答"正义是什么"这个历史悠久的问题，但我确实想要论证为何线上法院将帮助人们接触正义，而不是把他们拒之门外。

当律师和法官自信地谈论"法律之下的正义"或"依据法律的正义"时，他们的主张是不是法律提供了一种正义，似乎不同于正义在日常生活中的理解？如果我们接纳这些表述，那么我们如何去理解一条不正义的法律，或者法院作出的不正义判决？戴维林（Devlin）勋爵说得很好：

> 英国法官的首要……职责是依据法律来实施正义。这条诫命中，短语"依据法律"到底是起限定作用，还是仅

仅为了让"正义"这个词看起来更加丰满,不然单独一个词太单薄,以至于不能让人印象深刻?[2]

"正义"的复杂性之一恰恰在于,这个词不管是在法律语言,还是道德和政治对话中,都至关重要。

正义的原则

现在我的行动计划是提出一套原则,这些原则在我看来揭示了"依据法律的正义"的特征。我相信这些原则应该适用于所有法院体系(当然包括西方法律传统下的法院),无论是实体、远程、线上法院,还是这些形态的复合体。这些是我从各种资源中提炼出来的,主要来源是法律和政治理论、司法判决和公共政策思想。如我在导言中所述,这些原则也源于我个人秉承的信念,即每个人都应该得到也应被赋予平等的尊重和尊严;这应被视为神圣不可侵犯的,由法律强制执行。

下文分析法院体系时并不始终严格区分正义的法院体系和个案的正义裁决。在实践中,当谈到正义的法律体系时,我们一般是指两者都同时实现了。图 7.1 总结了正义的各种概念,我认为这些加在一起就实现了"依据法律的正义"。在本章剩下的篇幅中,我将展开讨论每一个正义原则。

实质正义（公正判决）

程序正义（正当程序）

公开正义（透明）

分配正义（普遍触达）

比例正义（适度平衡）

执行正义（国家支持）

持续正义（资源充分）

图7.1　"依据法律的正义"的概念

实质正义（公正判决）

当我谈到法院体系应该实现实质正义，那么大体上说，我指的是法院的判决和结果应该是公正的。这第一条原则可能看起来不证自明，不会引起争议。然而认真分析就会发现，用公正去理解实质正义的理念远非直截了当。

要认定一个司法裁决是公正的，最起码这个裁决要遵循、践行了实际生效的法律。仅当以成文法和判例法所要求为依据，我们接受的审判才是公正的。对我们的日常行为而言，法律大体上是确定和可预测的就很重要。正义要求法官适用法律条文，而不是法官或其他人认为法律应该怎么规定。我们依赖法官以现行法律体现的内容来保护我们的合法权利。

或许有人觉得实质正义没太多其他好讨论的了——一份判决只要符合现行法律就是实质正义的。我认为并非如此。比方说，当我想到纳粹时代的法官，我就不能接受他们的很多判决被说成是实质正义的。因为裁判依据的法律本身邪恶,那么衍生出来的判决也就在道德上令人憎恶,哪怕判决符合法律规定。我并不想说这些法律就根本不算法律;但我确实想主张这些判决并非实质正义的。[3]

更普遍地说,这意味着维护了法律只是一份判决符合实质正义的必要条件而非充分条件。我们也应该坚持要求我们的司法体制提供的结果本身就要**正义**。当然论证到这一步又引出了几个新问题。首先,我们又绕回了"什么是正义"的问题。仅仅把"实质正义"这样的词替换成常见的"公正",并不能直接加深我们的理解。前面的思考推着我们追问公正又涉及什么。大多数人发现他们难以给出公正的确切特征,尽管很多人会说看到具体情况就会判断是否公正了,尤其当见到反面——不公正的情况。这种直觉式的公正感似乎只是基于我们个人道德上的信念(什么是对与错、好与坏),以及一整套的情感和心理现象,其中有些我们可以认识到,但还有很多无疑是人们尚未感知的。

这里的一大难题是,对于公正包括或要求什么,很多情况下人们都会产生强烈分歧。柏拉图2 000多年前就已进入这个困境。如今,传统和社交媒体对一些司法判决是否公正也异议纷呈——例如责任、损害、监护、赡养费、定罪、刑期。就算是讲理的人也经常对于法院判决存在公正或其他问题各执一词,更别说不讲理的人了。比方说,有些人就坚持认为惩罚应该与犯罪相匹配,而另外一些人就反对这种报复主义,他们认为错事做两次也不会变成对的。

那有没有什么权威方法来确定一个法官的判决是否是公正的呢?哲学家(具体说是元伦理学家)会告诉我们这取决于——粗略来说——你是否是客观主义者(信仰道德真理)、相对主义者(认为对与错的概念会根据时代和地点而变化)或主观主义者(认为并不存在绝对的道德真理)。[4]

当今相对主义比较盛行。讲道理和不讲道理的人确实经常对司法判决是否公正产生分歧,这是难以否认的现实情况。有些人甚至可能会不认同我说很多纳粹法官的判决在道德上是令人憎恶的。那么我如何才能讲清什么是对或错,道德上能不能接受?我们能按多数人的意见来认定吗?哲学家会坚持认为是与非是不能靠投票来认定的——即使99%的人认为一个判决不公正,这也不意味着判决确实从客观确定意义上是不公正的。

不过哲学家还会指出,即使不存在道德真理,我们仍然可能会强烈倾向于某种伦理决策理论胜过其他。例如,有人会说我们应该根据结果来判断判决的好坏,而另一些人会说我们应该关注一份判决的内在价值。这里就众说纷纭了。

当我们考虑怎么判断法官以及他们是否公正时,又暗藏了另一种区分——有些判决中法院适用的法律是清楚的,而另一些判决涉及更大的司法裁量（也可能一个案件中两种情况都有）。因此，不公正可能来自法律本身就让人不能接受（比如我举的纳粹的例子），也可能来自司法决策过程中的缺陷。

讨论了这么多，我们该如何看待呢？首先，我们应该谨慎对待任何法院体系必须实现实质正义的武断说法，仿佛这是不言而喻的。人们在很多道德问题上意见不一。同样，当法律人、活动家和评论家武断宣称某个具体判决公正与否，我们也应该警惕。因为别人对此可能也有值得尊重的观点。尽管如此，我们应该整体上希望我们的法律和司法判决与社会共同的价值观和道德感产生共鸣。

总结一下，我目前的观点是实质正义这样得到实现：法院判决适用了现存法律，反映了大众普遍的是非观，但同时形式上也保护了少数群体利益（最好是通过人权体制）。没有什么能保证普遍的、不容置疑的公正，但我们应该想要一套体制，其产出的结果被该体制内的人们——尤其是诉讼当事人、证人和受害者——普遍认为是公正的。

程序正义（正当程序）

正义的第二条原则关心特定法院判决达成的程序过程，而不关心实质结果。往往有人宣称发生了不正义，他们质疑的是程序正义。一旦一份判决的处理方式存在某些缺陷和不公，那这份判决会被认为不正义。这一点也把我们带回了结果思维及其两个组成部分（如第 4 章所述）——实际成果（任务完成）和情感效果（妥善的感受）。具体到法院判决而言，诉讼参与人想要公正判决（实质正义的结果）和程序公平的感受。

关于程序正义，我们也需要拆解一下以澄清内涵。第一个方面，这个概念也被称为"形式正义"，其特征经常体现在一些口号中，比如"同案同判"。如果在看起来相同的情况下，人们却得到不同的对待，那巨大的不正义感就会产生。在形式正义之下，我们珍视前后一致和平等待人，还有行为结果的可预见性和确定性。

程序正义的第二个方面也称为"自然正义"。这里我是把这个词当作法律术语来用的，经常体现在两个拉丁文格言中："兼听两造之言"（audi alteram partem），这要求所有诉讼当事人应该有机会陈述和辩解他们的案件，以及"任何人不得在涉己案件中充当法官"（nemo iudex in causa sua）。这是程序正义的两大基础，也符合大多数人的正义感。一个案件中的当事人应该有机会发言、解释其立场，而不遭封口和无视；而法官不应该被找来裁决与他们自身利益相关的案件——这些都是让人觉得理所应当的。

后者可以普遍化为程序正义的第三个方面——法官应当诚实、中立、独立和不持偏见。再有，他们工作的法院体系应该本身是独立的，支持法院运行的程序和流程也应平衡而无偏见,包括给法官分配具体案件的方法、法官的任命(考虑背景多样性和正直品格)、程序规则和法院运行流程。程序正义还要求司法决策过程不受官员(无论是部长还是公务员、中央还是地方)、媒体、利益团体、政党、朋友和同事的影响。

程序正义的第四也是最后一个方面有时被称作"矫正正义",用了亚里士多德的正义观。正如理查德·波斯纳(Richard Posner)解释的,这涉及:

> 审查案件本身而不是当事人。正因如此,正义神像被象征性地塑造为蒙眼女神——之所以蒙上眼睛,是因为她并不看当事人和律师的个体特点。[5]

对亚里士多德正义观的这种解读不算主流,但想要传达的观点足够清楚。这是在大声疾呼消除偏见。

总结一下,程序正义是指司法和法院过程的公正性,大体上相当于美国所称的"正当程序"(due process)和加拿大、新西兰所称的"基础正义"(fundamental justice)。如本章所述的程序正义四要素得以实现,那应该可以让诉讼当事人感受到他们得到了公正对待,以及整套体制是公正的。[6]人们非常关心程序正义。正如汤姆·泰勒(Tom Tyler)解释的,他们想要讲述自身遭遇的机会;他们需要感受到裁判者是中立、真诚、热心和可信的;他们想要得到认真对待和尊重;对他们来说,权利得到尊重是很重要的。[7]对于那些在法院输掉官司的人来说,这些条件尤其重要。他们也许不喜欢最终结果,但是我们应该想让他们感到程序是公正的。

公开正义(透明)

现在来谈正义的第三条原则,即公开正义,要求法院工作在多层次上都应透明。这需要在法院体系上开一扇通透的窗。法院是影响深远的公共机构,被赋予重大职权。法院的运行应该能被看见、理解和问责。我们反对法院私密或遮遮掩掩地开展工作。我们大声呼吁揭开神秘的面纱。

整个法院体系的运行都应公开接受监督,个案的审理和宣判也一样。这样反过来还能建立和增强对法院体系及其背后法治理念的信任和信心。

对于法院体系整体而言,关于法院流程、程序和运行的信息应该要公开可查;法院的工作量和案件量、纠纷类型、争议金额、时间进度、案件结果等数据都应该公布。除了个别新闻限制,媒体应该可以报道法院程序,让一般大众知情。法院名单应该公布,我们也应该能够判断法院服务占公共预算的成本。

对个案而言,透明原则要求任何庭审之前应该有事先通知,关于相关流程和程序、纠纷的性质和内容以及当事各方的身份信息也应公开可查询。公开的信息里应该有审理过程的一些记录,法官决策过程的一些说明,案件管理决定的一些细节,以及最终判决的实质结果。传统上,除了个别例外情况,所有庭审都应该在公开场所进行。通过这种方式,正义实现的过程可以被看到,当事人当众被证清白或被谴责。

还有一些关于公开正义的有力观点,认为公开正义也要求关于法院的信息和数据,以及法院审理过程本身,应该让律师之外的人们也能理解。如果人们可以触达某种程序,但是程序本身让人难懂,那就失去意义了。

公开正义还要求对获得授权从事审判的人员(主要是法官)提供一些透明度。不同的法域对任命(和免除)法官有不同的法律和实践。例如在美国,众议院必须通过高度公开的流程来批准最高法院法官的提名。相比起来,英国最高法院法官则由一个委员会提名,委员会成员既有法官也有其他人,委员会的实际运行基本上还是不对外公开的。

从表面上看,公开正义的立场似乎是坚不可摧的。不过,我们也不应该认为公开是高于一切的规则,压倒其他一切考量。比如在大多数法域,当法院处理国家安全事务时,或当儿童权益面临重大威胁时,我们都愿意在透明度上作出让步。我们也同意某些情况下新闻报道会受限,比如为了确保性侵受害者匿名。还有如上文谈到的,有些法域也认可不对外公开法官任命过程。

我在第19章会展开讨论一下所谓线上法院不够透明的说

法，那时会再谈到公开正义问题。

分配正义（普遍触达）

当人们要求更广泛地触达司法时，他们指向了第四条原则，即分配正义。麦克尔·桑德尔（Michael Sandel）在其《正义》（*Justice*）一书中，提出了很好的讨论起点：

> 要问一个社会是不是正义，就要问这个社会如何分配我们珍视的东西——收入和财富、义务和权利、权力和机会、公职和荣誉。一个正义的社会能以正确的方式分配这些东西；这个社会给每个人应得的。[8]

我认为正义本身就是我们应该珍视的，在一个正义的社会，触达正义是每个人都应得的。分配正义要求法院服务是所有人可触达、可理解的；触达法律和法院服务是社会中平均分布的权益；权利和义务是平等分配的；有权有钱的人们和相对弱势的群体都受制于同样的法律；司法服务让所有人都能负担得起，无论他们以何为生。没有任何一类用户应该被置于劣势地位，无论是残疾人、请不起律师的当事人还是不用科技产品的人，所有这些人都有权获得正义的结果和发声的机会。

简单来说，分配正义原则很大程度上说的就是触达司法。在大多数司法体制中，一般来说分配正义是**得到实施最少**的一条正义原则。

比例正义（适度平衡）

正义的第五条原则是比例正义。这个提法没有出现在经典正义文献中，但在近数十年中引发了相当关注。例如在英格兰和威尔士，比例问题是沃尔夫勋爵 20 世纪 90 年代中期触达司法调查的核心话题之一。[9] 这里的基本思路是，尽管法院体系的优先任务一定是实现正义（如前文所述），我们也必须认识到法院提供公共服务受制于种种现实条件。

比例原则首先要求我们应该确保法院处理个案的成本与纠纷的性质和价值相匹配。也就是说，小额或者社会影响轻微的案件应该被迅速处理完毕。迟到的正义是削弱了的正义。同时，这类案件也不应该适用只有律师和法官理解的高度复杂程序。相对直截了当的法律问题应该按相应简洁的流程来处理。

再有，尽管我们的体制是对抗式的，但这不应意味着所有纠纷都按激烈冲突的模式来解决。不应该鼓励不必要地升级纠纷，尤其是小型案件。在全套完整程序之外应该还有合理的替代方式。仅当解决纠纷必须用到法官的经验和知识时，再请法官介入，作为不得已的最后一步。

那么总结一下，比例正义要求任何案件的费用、速度、复杂性、对抗程度应该实际上与案件的实质和规模相称。再说直白点儿，别用大铁锤去砸核桃，搞不好还砸不中。要不就像已故爵士布莱恩·尼尔（Brian Neill）曾说的："你不需要开着劳斯莱斯去拖洒水车。"

很多法官和政策制定者似乎假定比例原则是一条无可争辩甚至高于其他的正义原则，但这条原则也并非毫无问题。说到底，很多支持这条原则的理由，用哲学家的说法，在性质上属于**功利主义**。支持者们主张，适用本条原则后，司法体制可获得的整体利益更大。但是和其他功利主义观点一样，个人就被置之不顾了，我们要小心别损害了单个诉讼参与人的权利。例如，我们出于比例正义考虑，可以设计一套小型案件的证据交换系统，这套系统不鼓励穷尽审阅全部文档。但具体到个案中，那些被忽略掉的缝隙里可能隐藏着重要的文档，或许就会导致实质不正义。

执行正义（国家支持）

司法决策在社会中是挺独特的。这种决策是基于法律而不是个人偏好、道德、妥协倾向、商业便利，或者随意拍脑袋决定。法官的判决有约束力，可由国家强制力执行。法院拥有非同一般的职能，可以合法剥夺他人金钱、产权、自由，甚至在有些国家还包括生命。法院判决的权威性和可执行力或许是判决最显著的特点。

当谈到第六条执行正义原则时，我是指判决的影响力。大体上说，司法判决对纠纷一锤定音，然后纠纷各方的生活各自继续。判决博得人们的尊重，得到社会无声的支持。尤其是在刑事案件中，无视法院判决可能导致非常具体的后果，包括被拘捕、处罚，甚至被监禁。

法院判决的执行力给法律装上了利齿。下一章我会讨论，在知晓某种权利和行使、执行权利之间还存在鸿沟。权利得到强制执行的可能性往往就决定了权利得到满足的可能性。没有执行正义，法律就面临着仅能给人们提供相当微弱保护的风险。

持续正义（资源充分）

最后一条正义原则更关注整体上的法院和法律体制，而不是个案中的正义或不正义。这条原则要求法院稳定、安全、预算充足、技术上与法院所在社会整体程度一致。

法院应该是安全港，坚固而可靠；一旦需要，人们和机构都可以有信心投靠。纠纷各方应该强烈地感受到法律保护，感受到他们的事务正得到精心处置，适当的时候也会保密。法院的现代化应当尊重延续性，把有意义和有效的传统保存下去（不过我认为只用保存一部分）。不管法院用户期待什么结果，无论政治和体制要求什么，我们都很难想象缺乏这些特点的法院会是运行稳健和广受好评的。

同样，难以想象一套真正可持续的法院体系在技术上落后于法院所在的社会。如果法院体系的基础还停留在印刷时代，主要依赖纸质材料和面谈，那很快就会脱离数字时代人们的日常生活。这种不协调不仅会削弱人们对司法体制的信心，还会引发模拟和数字流程冲撞带来的低效，这种情况大家都有体会。

不过，上面讲的稳定、坚固和技术升级也要花钱，而我们看到，近年来全球各地用于法院和司法体系的公共开支都在持续下降，这实在让人担忧。政策制定者应该清楚，一套可持续的法院体系几乎不可能不花钱。毫无疑问，国库需要平衡各种各样的开支，但难说其他需求应优先于维持一套可持续的司法体系。如第1章所述，这套司法体系是文明民主和市场经济的基石。

尽管如此，呼唤可持续的正义不应理解为必须大幅增加公共开支。如果我们理解传统体制已有明显低效之处，或已产生了不适度、难谓合理的费用，那么投入更多的钱定然不是解决问题之道。

或许重点是，一套可持续的体系应该是**可规模化**的，这意味着其流程必须有能力处理相当大数量的案件。在英格兰，很多支持高额商业诉讼的流程被同样用在小得多的诉讼中。我们借用比例原则的观点，在小额案件中广泛聘用律师、采用令人费解的程序规则、迫使当事人为出庭暂停工作多日，都是难谓合理的。目前的系统是无法规模化的。我们当然需要更大的投入，但目的是为了引入适度、可规模化的体制，从而改善司法触达,而不是为了给传统做法续命。

不过这也有风险。技术创新(当然还有预算削减)可能会让法院体系在经济上不堪重负。跟我在第 4 章谈结果思维时一样,我在讨论这种思维的局限时指出,如果取而代之的新系统注定不能持久,那么扬弃旧方式就没有意义。我们很可能需要保存一部分旧体系(比方说某些司法任务和程序,包括司法机关有义务监督线上法院),以确保新体系可持续下去。同样,我们也要时刻观察变化可能带来的更深远的冲击。例如,有些可能会威胁我们普通法和判例制度的存续的司法现代化,就显然应当谨慎和虚心对待(参见第 23 章)。

权衡不同原则

学术讨论法律哲学和决策制定可行的公共政策之间有着重大不同。哲学家可以永不停歇地分析和澄清概念,找出不一致和混淆之处,再引入新概念和分类。律师在参与正义相关讨论时的套路也差不多。但如果你身在前线,如果你是政治家或者政策制定者,只靠理论研讨或泛泛而谈是玩不转的。必须要选择,必须要决策。人们希望这些选择和决策既符合原则要求,同时也要符合实际。这样一来,往往就挑出来一个不令人满意的方案,只不过比另一个更差的稍强一些。

具体到线上法院的情况,政策制定者思考如何给司法体制带去令人期待的根本变革时,不能简单拿着本章列出的七条正义原则来机械套用。事实上,这七条原则彼此重合和呼应,关系十分复杂微妙。对司法体制提出的种种呼吁中,我们都可以看到几条甚至全部正义原则的身影。但最难的是有时这些原则指向不同方向。例如,比例正义通常就要和公开正义冲突——考虑某些具体案件类型的性质和价值(比方说关于微波炉质量问题的纠纷),那么有时透明的成本(误工一天去参加公开庭审)可能看起来就过分了。

对于政策制定者而言,这里让人纠结的任务是如何在改革方案中权衡相关正义原则。只要思考之后进行了平衡,往往都问题不大。我推出正义原则之中,没有一条原则是永远高于其他原则的,这也让事情难上加难;不同社会采取平衡的方式完全可以百花齐放。

第8章
与不正义斗争

我们已经分析了"依据法律的正义"的组成部分,本章的任务将是转移重点,敦促寻求有益变革的政策制定者和活动家们在追求正义的时候同等关注**减少不正义**。我不是想要放弃或者削弱对正义的追求,但我担心如果追求正义是我们的唯一方向,会带来两个风险。第一个风险是我们未能实现很多哲学家和法律人谈到正义时所指的正义安排和制度。第二个风险是,如果我们的眼光只放在收获一些正义的笼统愿景上,我们可能根本就无法实现有意义的变革。

相比之下,我们可以立即实际着手减少**不正义**。对比追求正义和消除不正义,我仍然看到两种截然不同的方法之间的张力,一边是哲学家和法律人谈论正义的宏大话语,另一边是政策制定者更加务实地探讨如何采取措施来减少不正义。

这种重点关注不正义现象的转移体现在日常公共讨论中。正如汤姆·坎贝尔指出:

> 有种关于正义的观念有一定道理,他们认为恰恰是非正义或受害的感觉占据了我们正义理念的核心,这也解释

了正义具有的巨大情感驱动力。正义通常是控诉者、有时甚至是复仇者使用的语言。[1]

这种看法引人深思。具体到司法工作的语境，戴维林勋爵也写下过类似的内容，他曾观察到"法官向社会提供的服务是消除不正义的感觉"[2]。

超验正义和对比正义

探讨不正义的理念，不妨从《正义的理念》（The Idea of Justice）入手，作者是诺贝尔经济学奖得主阿马蒂亚·森。在该书一开始，森就指出了一种思路方面的差异，他认为这种差异"值得高度关注，但实际上还远远不够"。确实，他称这种差异为"深远重大"，我很同意。谈及18世纪和19世纪欧洲启蒙运动中哲学思想的重要贡献，他归纳出一种称为"超验制度主义"的思路，支持者有霍布斯、卢梭、康德和洛克。这种方式集中探求"完美正义"，而非"正义与不正义的相对比较"。这一派也基本主要追寻"完美正义的制度"。相对而言，森还看到了第二种思路"聚焦实现的对比"。这一派的支持者并不"把他们的分析局限在从超验方面追寻一个完美正义的社会"，而是"对比已经存在或可能实际产生的不同社会"。这一派的支持者有亚当·斯密、边沁、马克思和密尔，这些人"往往主要感兴趣的是从他们所见世界里**消除明显的不正义**"[3]。

我知道森用的术语有点抽象难懂，不过在分析和追寻正义方面，我认同他倾向于**对比**而不是**超验**的思维框架。关于完美的正义、完美正义的法院到底是什么样子，我作为学者也喜欢这些形而上学和哲学思辨。然而，当具体到社会必须作出选择时，当一种政策安排必须胜过另一种时，当有人提议一种旧事物可以被新事物取代时，那些纯超验的讨论提供不了什么实际指导。

研讨线上法院时，我的首要动力是在社会中"消除明显的不正义"。因此，沿用上一章的语境，驱使我前进的愿景是为了减少实质不正义、程序不正义、公开不正义等，主要并不是为了确保这些正义概念的某种完美形式。

大多数线上法院的批评者是浪漫的超验主义者，而不是务实的对比主义者。当直面线上法院的提议时，批评者马上列出线上裁判和扩展法院的缺点，想要显示这些缺点如何不满足某些理想化、完美的法院体系模型。长期以来，我一直观察他们对演示新奇技术的反应。他们一开始的反应都一样，会说："行吧，你这个系统当然实现不了这个或那个。"全然不顾其实现有模式也一样解决不了这些问题。他们选择不把设想中的新事物和当今的实际情况相比，而是拿去跟某些想象出来的理想体系比较。一旦发现了不足，他们就会倾向于否定整个线上法院。这就是超验主义顽固症。对此，对比主义者必须提醒批评者：新方案体系**整体上**改善了大家的状况。超验主义者往往阻挡前进的道路。以正义之名，他们错失了减少不正义的机会。

伏尔泰（Voltaire）

18世纪法国哲学家伏尔泰曾观察到"完美是优秀的敌人"，就是说人们往往因为提议不够完美，就干脆不愿做出积极改变了。换句话说，如果我们想要进步，我们应该寻求改进而不是追求完美。某些理想化、浪漫化的正义形式所带来的诱惑阻碍了脚踏实地前进。我并不反对设定高远的愿景，除非愿景反过来劝阻或妨碍了有益进步。或许伏尔泰应该说"完美是变好的敌人"。

因此，具体到线上法院的情况，批评者应该慎重地把线上法院和某些理想化但过于昂贵、不可持续的传统法院服务相比。当他们激烈反对线上法院时，却经常忘记很多现有体制的缺陷。要比较的话，线上法院也应该和司法现状相比——法院服务过于昂贵、效率低下、外行人难搞懂，这样就排挤掉了无数有合理需求的潜在诉讼当事人。换句话说，我们的关注焦点应该同样放在消除不正义的实际措施，而不是默认接受现状。

最后，超验主义也是现状偏见（参见第3章）的一种高级版本。虽然为了反对线上法院，哲学家们钻了牛角尖，法律人也编织了华丽观点，我相信我们还是应该把眼光放在最后的成果上——拥抱技术，小步前进，以期消除种种明显的不正义。

我们来到了本书第一部分的末尾，以聚焦消除不正义为背景，请让我总结一下我的立场中的主要观点。我们的法院是不可或缺的机构，其日常工作对我们的社会和经济生活至关重要。但环顾世界，法院体系都已陈旧不堪，令人担忧。法院服务费用昂贵、程序缓慢，律师之外无人能懂。如今是技术突飞猛进的时代，我们应该探索法院当下的这些缺陷可能通过现有或新兴的技术来改善。我们部署技术的目标不应仅把传统流程自动化或流水线化，而应使法院以全新方式来提供我们想要的结果。这应该会让我们超越实体法庭和远程开庭（视频会议庭审），到达异步线上裁判模式，并提供一系列服务来帮助法院用户理解他们的法律处境，如果可行可取就早日化解纠纷。我们的抱负不应止步于改进了的、更易触达的纠纷解决。我们的司法体制也应该鼓励控制和避免纠纷，并赋能和促进人们的法律健康状态。我们应该遵循所述的七条正义原则，确保我们提供可触达、透明、资源充足、适度平衡的法院体系，基于国家强制力支持，产出公正的判决和程序。

第二部分

法院是服务还是场所？

第 9 章
愿　景

"没有落地执行的愿景就仅是幻想。"不太确定这句格言最初是谁说的,不过通常归功于发明灯泡的那位托马斯·爱迪生(Thomas Edison)。这句话的远见极为宝贵。我们可以喋喋不休地谈论想象中的新世界,但除非我们知道如何建设出来,否则都是白日做梦。因此在本书的第二部分,先讨论我对线上法院的愿景,然后提出这类系统的架构。如果有人想要落地实施可运行的系统,我希望这种方式能提供实践上的指导。

我在本章分享的愿景发源于 2014 年到 2015 年间我与他人的合作。我将介绍这个愿景产生的缘起,然后继续发扬初期思路。愿景的背后是一个基础问题:法院到底是一种服务还是一个场所?当人们和组织机构陷入纠纷,寻求国家帮助来化解争议,他们必须要聚集到实体法庭吗?本章介绍的愿景给出了否定的答案。

愿景的历史

2015 年 2 月,时任主簿官(英格兰和威尔士最高级别的民事法官）的戴森勋爵发布了一份主题是线上纠纷解决的报告，将其称为"我们民事司法体制历史上激动人心的里程碑"。这份报告题为《小额民事诉讼的线上纠纷解决》(*Online Dispute Resolution for Low Value Civil Claims*)，汇报对象是英格兰和威尔士的民事司法委员会，起草者是该委员会下属的在线纠纷解决咨询组，我忝任组长。[1] 咨询组由时任民事司法委员会主席的戴森勋爵于 2014 年 4 月设立，我们的任务是针对标的额小于 25 000 英镑的民事诉讼，探索各种线上解决方法的潜力和局限。

从一开始，我们就意识到我们在打一场扭转思维模式的仗。尽管欧盟委员会的线上纠纷解决条例（编号 524/2013）在不久之前已经生效了（2013 年 7 月），依然没几个律师听说过线上纠纷解决，就算听说过的也往往带着怀疑的眼光。

在初期的讨论中，我们就预见到咨询组的意见可能被看作威胁诉讼律师的工作。我们依然坚定，不会因此动摇我们追寻更好的纠纷解决方式的决心。法院的目的并非养活律师或法官，或赋予他们人生意义。

因此，我们在报告开头就呼吁："要愿意认识到，未来管理和解决民事纠纷可能需要采取与传统体制下截然不同的方法。"[2] 我们明确写道，这份报告只是呼吁进行更多的探讨，还不能画出蓝图。尽管如此，我相信是我们首次提出了一个翻天覆地的愿景，设想在全世界的司法体制中全面引入线上法院。

我们设想的出发点是人人皆知的情况：传统法院体系太昂贵、太迟缓也太复杂，尤其是对于不请律师的小额诉讼当事人。报告发布时，戴森勋爵的说法让人记忆犹新，他说："任何系统，如果用户指南就要 2 000 页，那一定有问题。"他指的是英格兰和威尔士的民事法院体系，以及指导这套体系运行的不计其数的规则。

起初对咨询组大方向的预期是，我们会推荐采用线上纠纷解决作为替代性纠纷解决的数字形式，找出最适合的方法来把案件从法院分流出去，转入某种民营 ODR 服务来化解。世界上已有一些 ODR 的成功案例，让人们觉得 ODR 有希望让公办法院超负荷的案件量降下去。不过，我们很早就提出了截然不同的想法——如果不把案子从法院转移到羽翼未丰的 ODR 行业，我们何不借鉴一些 ODR 的方法，将其引入法院中去？这跃迁了一大步，但有何不可呢？如果 ODR 被人寄予厚望，我们为什么不拥抱这些技术来拓宽和改进法院服务，从而增强对公办法院和法治的信心？我们想要饱受批评的法院和 ODR 的创业家能分享一些创新的功绩。

因此，在我们初步的大胆创想中，我们放任自己描绘了一种大不一样的未来。我们设想了一套电子法院系统，使用起来就和使用亚马逊网站一样简单；这种法院服务可以让绝大多数人都用得起，可以方便不便到现场庭审的残疾人参与；而且整套系统会让成长在互联网时代的人的感受更加自然、符合直觉。我们还希望让不适合的案件不再进入实体法庭，从而节省费用；也满足那些尚未满足的法律需求，从而优化司法触达。我们设想的这套系统可以做到公平、快速、高效并适度。但我们也慎重考虑了必要的保障措施，尤其是从线上法院上诉到传统程序的适当权利。

带来启发的系统

我们的想法并非凭空而来，早期研究和思考阶段发现的相关服务经验给了我们启发和鼓励。在我们的报告中，我们一共提供了 12 个小案例研究。其中吸引我们更多注意力的前沿案例是 eBay 平台上的纠纷解决系统。据了解，每年该系统处理的交易纠纷高达惊人的 6 000 万宗，其线上纠纷解决系统采用了两种形式——无第三方介入的结构化线上谈判，以及 eBay 员工主导的线上裁决流程（最后生成有合同约束力的结果）。[3] 我们的报告发布之后，社交媒体上对我们参照 eBay 平台产生了相当多的热议。质疑者应该可以放心，我们并没有建议英格兰和威尔士的法院体系或者任何公办司法服务应当雇佣 eBay 裁判者。我们对 eBay 的真正兴趣在于现有技术平台可以线上处理海量纠纷，参与方似乎也愿意在传统法律和法院程序之外寻求解决方案。

另外,当时加拿大不列颠哥伦比亚省将要启动一种线上服务,称为"民事纠纷裁判庭"(Civil Resolution Tribunal,CRT),这方面的消息也让我们印象深刻。CRT 是线上裁判庭,计划于 2016 年 7 月启动,其运行依据是 2012 年《民事纠纷裁判庭法》(*Civil Resolution Tribunal Act* 2012)。严格来说,加拿大的这套服务并非设计来给法院体系用的,与我们思考的英格兰和威尔士法院改革有所不同,但加拿大的方案确实也属于公办性质,而非民营电子替代性纠纷解决方案。他们想要提供政府公办的小额(25 000 加元以下)纠纷解决系统,适用于损害赔偿、借贷、个人财产侵害,以及某些公寓纠纷。这套方案预计采用一套分阶段的流程。第一阶段帮助用户了解其争议有哪些解决方式。第二阶段通过线上平台协商。然后第三阶段,一位案件管理员会尝试通过线上或电话调解。如调解不成则进入第四阶段,一位审判员会与双方接洽——通过线上、电话或视频连线——然后作出有约束力的判决。这个方案后来成功落地实施了,第 16 章还会有对此更加深入的讨论。

英国金融监察机构(The UK Financial Ombudsman Service,FOS)发展出的创新服务也让我们觉得意义重大。FOS 是 2000 年依成文法设立,作为金融服务领域强制采用的 ADR 机构。其职能是以非诉讼手段解决消费者与银行、建房互助协会以及其他金融服务企业之间的纠纷。由 FOS 调处的纠纷金额和复杂性与我们咨询组负责研究的小额民事诉讼差不多。FOS 处理纠纷的一些数据打动了我们——在上一年（2013—2014 年），FOS 化解了 518 778 起纠纷，其中 487 749 起没有麻烦调查官（准司法裁决者），仅靠案件官（当时被叫作"审判员"，这个头衔有些令人误解）非正式地快速化解了。至于调查官介入的 31 029 起纠纷，只有不到 20 起必须会面解决。FOS 的工作多少肯定了我们某些早期的直觉判断——大量案件可以以较低的单案费用处理掉，很多案件可以非正式程序处理完毕而无需司法处置，以及非常重要的一点，现场开庭绝非不可或缺。

还有一项服务也丰富了我们的报告内容，即"解决器"（Resolver）。这是一套来自英国的线上系统，帮助消费者发起和解决与供应商和零售商的纠纷。利用线上表格，再借助一些模板文本，用户就可以起草投诉书并通过电子邮件直接发送给（当时）2 000 家大型机构的投诉部门。解决器提供的平台让消费者和企业可以通过结构化的方式讨论争议。这个平台让我们印象深刻的是，他们仅采用了相当简单的方法，就可以帮助普通人有条理地准备好投诉内容。

我们的建议

把 ODR 方法带进法院的想法让我们激动，ODR 的成功也鼓舞了我们。故而我们的主要建议是：英格兰和威尔士法院和裁判庭服务（HM Courts & Tribunals Service in England and Wales，HMCTS）应该建立一套新的基于互联网的法院服务，我们称其为"英国线上法院"[4]。我们提议的是一种分三层的法院服务，用于解决小额民事诉讼。第一层会提供我们称之为"线上评估"的服务。这会帮助遇到问题的用户将损害分类，理解他们的权利和义务，指导他们采用可行的选择和救济方式。用第6章的语言来说，这将会助益"纠纷避免"。

第二层我们称之为"线上调处"。在这个阶段，真人调处员会为纠纷得出快速、合理的结论，而无需法官介入。调处员主要通过互联网与各方联系，他们审阅书面材料和当事人陈述，以调解和谈判的方式来帮助当事人解决问题。必要时，他们也会采用电话会议设备。调处员的关键职责之一就是防止纠纷升级，若不能成功，则将案件提交给线上法官或者传统法官（根据情况而定）。此外，也借鉴以往许多ODR工作的思路，调处阶段会提供一些自动化的谈判工具。这个层次会提供"纠纷控制"。

第三层则会有法官加入，但是在线上开展工作，无需实体法庭。他们都是司法机关具备完全审判资格的法官，他们会根据电子提交的书面材料来裁判合适的案件（或案件的一部分）。电子审理是结构化的在线诉请过程的一部分，要求用户通过互联网提交证据和理由。同样，这里也支持采用电话会议，以后也可以视频连线。不过，无论在哪个阶段，线上法官都可以决定把案件转为传统庭审。这个第三层会提供"纠纷解决"。

我们还认识到，如果想让线上法院发挥作用、高效工作，还需要配合一套全新、简化的民事程序规则，将不少规则执行嵌入系统本身。要想新系统易于触达、便于理解，那就不可能依赖现有的一大堆规则。

基于这套线上法院的模型，我们设想可以产生两大进步。第一，线上法院会带来更广泛的司法触达，更多人可以享受到一套更能承受、便于使用的服务。第二，无论是诉讼当事人的个案费用还是法院体系整体预算，线上法院都可以大幅削减开支——需要法官介入的案件更少了，很多法官介入的案件费用也下降了（因为免去了现场庭审）。对于纠纷当事人来说，线上法院提供了一种其他很多人不享有的纠纷解决途径；对于请不起律师或者请得起但宁可不请的当事人，线上法院这条路更方便、更廉价，也更快速。

我们的初心一直是线上法院会足够易用，不请律师来代理的当事人也能够搞懂并维护他们的权益。有时候律师的费用相比涉案金额而言高得不成比例，那么线上法院就特别有吸引力了。尽管如此，我们从来也没设想过把律师排除在线上法院方案之外，这显然不妥。另外，我们也明确坚持线上法院未必适合处理所有案件，所以传统法院体系也还会存续多年。

除了有些人确有正当理由"不能"自行使用线上法院（参见第 21 章），我们认为，落入线上法院范围内的案件都必须由其审理。这里我区分了"不能"和"不愿"。我们知道有些人可能偏偏喜欢传统庭审，但是对于落入线上法院管辖范围的案件，我们想不到什么普遍的理由允许当事人不选择线上法院。

反响

我们知道提出来的这些东西不容易做到。有法官却无需法庭，有正义却无需律师。这些想法本身就够惊人了。不过一开始反响就很鼓舞人心。媒体表现出了强烈兴趣，做了不少积极报道，当然我们也知道媒体报道本身不能代表对报告的确切肯定。社交媒体上的讨论也是认同我们的——不过这也不一定能说明什么。

法院和法律行业内，对报告的反响整体还算正面。HMCTS 说报告"重要并令人深思"，看上去决心要继续推进（实际上也这么做了）。英格兰和威尔士律师会，即事务律师（solicitor）职业协会，称报告"提出了激动人心且有趣的方案，显然值得进一步详细考虑"。而代表出庭律师（barrister）的出庭律师理事会（Bar Council）则更加谨慎一些，提醒说"我们必须小心，不要创设一套过分简化的系统"。他们接着说，"如果想要解决复杂纠纷的人们被塞进一套系统,这套系统设计出来是为了快速产出结果,而代价是牺牲全面审查相关事实",那正义就无法实现了。[5]

这个顾虑也得到了一些事务律师的支持。但是,我们从未说过复杂纠纷应该用我们提出的线上法院来解决。如果这类复杂纠纷被提到了线上调处员或者法官那里,我们那时的设想是案件会被移送到传统法院体系。正如我们反复重申的,线上法院并不适于处理所有案件。

我们一般不会被法律界内传出的批评吓倒。我们预期律师和政策制定者们可能会觉得线上法院是异想天开或者(与现实)格格不入的,因为他们几乎都不是长在互联网下的一代,而我们相信未来法院也并不是为他们考虑的。对今后的人们来说,线上社交和工作很平常,他们会把线上法院看作完全自然的机制,这种设定或许比传统法院的效果更好、更便捷。

我们的报告发布后不久,题为《在紧缩年代实现正义》(*Delivering Justice in an Age of Austerity*)的公报就背书了我们的线上法院提议,公报的发布者是英国法律改革组织"JUSTICE"工作组。[6]公报的起草组长是前上诉法院法官斯坦利·伯顿,虽然我也是起草小组成员之一,但我几乎没做任何说服工作,大家就已经认同是时候对法院做一些技术变革了。

当我们发表那份民事司法委员会报告时,我们也知道有很多英格兰和威尔士的高级法官支持我们。除了戴森勋爵一直主持工作,我也几乎每天都得到托马斯勋爵(时任首席大法官)不知疲倦的关怀。我们也提出,成功引入线上法院服务离不开有力的政治背书。终于到了 2015 年 6 月,时任司法大臣的迈克尔·戈夫(Michael Gove)公开致辞表达了支持。[7] 那一周特别美好,因为前一天托马斯勋爵刚刚在一个重要演讲中认可了我们的想法。[8]

质疑者们说我们方案的最大绊脚石是预算,政府绝不会为了一个法院大型技术改革项目而投入大量资金。2015 年 11 月的动向让质疑者大吃一惊,英国财政部的预算审查报告宣布英国政府竟会投入"超过 7 亿英镑来让法院进入现代化和全面数字化"[9]。说实话连我都觉得惊喜。在推特上,我写道:"为这一天的到来,我等了 34 年。"终于,无数次因缺乏资金而失败之后,有了升级法院体系的严肃承诺,哪怕这 7 亿英镑中只有一小部分钱会分给线上法院。

到下个月(2015 年 12 月),布瑞格斯勋爵又做出巨大推动。他时任上诉法院法官,现在已经是最高法院法官。布瑞格斯勋爵在他关于民事法院结构的阶段报告中,明确认可并发展了我们咨询组提出的线上法院概念。[10] 到了 2016 年 7 月,他更进一步,在影响广泛的最终报告中坚持力推线上法院,也干脆利落地回应了律师和其他人在报告征求意见阶段提出的诸多反对意见。[11]

对于要在英格兰和威尔士发展和部署线上法院的提议,最终正式的盖章认可来自题为《转型我们的司法体制》(Transforming Our Justice System)的声明,该声明由司法大臣、首席大法官和裁判庭高级主席联合发布。[12]在这份文件中,以及我动笔时正在推进的10亿英镑法院改革项目中,我们咨询组的最初愿景总体上都得到了遵循。

那么简单地说,核心愿景是通过一套全新的方式来提供公办法院服务,用以解决小额民事纠纷;这套简化了的服务将会廉价、快速、易懂,让律师之外的普通人也能自行处理案件,过程中无须亲身到实体法庭里,而是通过电子方式与人类法官沟通。还有,当事人会得到各类工具,帮助他们评估和组织论点;案件会首先由调处员处理,他会鼓励当事人自行化解纠纷而无须法官介入。

尽管我们的关注焦点是小额民事案件,我们也说了有些建议可以延伸到合适的裁判庭、家事、刑事工作中。自报告发布后,裁判庭和家事法官[13]中的先驱也已认可了我们的建议,事实上,线上法院最前沿的一些进展正在这些领域中发生。另一方面,仍有人对技术变革在刑事法庭的适用范围存有疑虑,这可以理解。确实,当人们本能地忧虑线上法院理念时,他们往往想到的是刑事案件。有些人觉得有个实体场所来组织审判很重要——借用丹宁勋爵（Lord Denning）在不同语境中的表达——这样才能让全社会一起"断然谴责"那些犯罪。[14]正如我在导言中所说的，刑事案件超出了本书的讨论范围，但我的直觉是针对轻微犯罪，本书讨论的系统和方法也大有用武之地。我诚邀大家一起来系统化地探讨这种可能性。

在民事司法委员会的报告中，我们并未触及大型商业纠纷，因为这类案件超出了我们的研究范围。不过自那以后我也认识到，长期来看，线上方法对更加复杂和高额的案件也会被证明是可适用且极有帮助的。尽管大型律师事务所的诉讼律师在翻阅本书时，大概会坚信书里讲的跟大型商业纠纷解决没太大关系，但我认为最起码法院的工作会被拆解——大型案件的常规部分将会在线上处理，其他部分则还是和现在差不多，在实体法庭现场解决（例如确有必要进行面对面互动时）。这种情况如今已经在大型仲裁中出现了，例如通过电子邮件来传达当事人提交的仲裁申请和仲裁员作出的某些决定。

更宏伟的愿景：跨越权利和执行的鸿沟

自从着手准备民事司法委员会的报告，为了让更多法律社群成员为线上法院的设计出谋划策，我们在2017年7月发起了一场共创活动[15]，并于2018年12月在伦敦举办了第一届国际线上法院论坛。[16]两次活动都异常火爆，显示了世界各地对引入线上法院的真诚热情。这些活动也让我更加坚信自己的观点,即大多数发达司法体系未来必将转变,法院处理的纠纷应该到场解决的预设将被推翻——默认情况下,案件都会逐步转为线上处理,除非有压倒性的理由让当事人到实体法庭去。这类理由须基于正义原则(如我在第 7 章中提出的那些),或基于避免重大不正义,而非法官、律师和诉讼当事人的私人偏好。一旦线上法院部署完毕,那么我相信,考虑到分配正义和比例正义原则,大多数案件一般都会被要求采用线上而不是传统方式来解决。

过去一年左右的时间里,我得出了一个看起来可能有点宏大的结论,即线上法院也许还能成为全球范围内一些触达司法问题的重要解决基础。我在第 2 章中就提到了这个问题,全球仅有 46% 的人口生活在法律保护之下,每年有 10 亿人需要"基本司法关怀",其中只有 30% 采取了法律措施。1996 年的时候,我就在《法律的未来》一书中提出,改进触达法律和司法的方法之一就是提供线上法律服务。[17]那时我既想到了原始材料(例如成文法和判例法),也想到了衍生材料——法律指导或评论。这个想法随着时间推进愈发坚定,如今已成为世界各地不少优秀项目的核心,让法律变得更易触达,也帮助人们了解他们的权利。各种各样的系统和服务以"公共法律教育"或"法律赋能"之名涌现——比如网站、短信提醒、法律流程可视指引、分类鉴别系统、网络广播等。[18]

不过,我现在认识到在线法律指导能提供的帮助终究有限,哪怕再好用、设计得再好。事实上,一方面是知晓某人的权利,另一方面是能够采取措施保护权利并获得结果,两者之间依然存在着鸿沟。这就是触达司法问题的核心缺口。

就算身处发达国家和地区的人们也会时不时碰到这个问题。例如,一旦需要对付那些自以为是的保险公司、航空公司、大型商店或移动运营商,哪怕是非常有能力的个人也会发现仅仅知晓自身有哪些权利是不够的。要赢得真正进展(如获得赔偿)看起来必须具备立即发起法律程序的真实能力和意愿,而这些程序的背后是由国家确保的强制执行力。实际生活中,人们这么做就意味着必须聘请律师。自古以来,权利和执行之间的鸿沟就是靠法律专业人员跨越的。即使那些资源丰富和全心投入的个人,勉力搞清楚他们的法律处境,如不聘请律师的话,仍会难以把他们的明确权利转化为最终解决方案。在发达法律体系下,人们需要律师来把权利翻译为实务结果。律师们知道体系如何运作,律师入场就对逃避和顽固的另一方发出了明确信号。这里律师立时带来了重大价值。他们参与纠纷就仿佛亮出了武器,目前任何网站或者先进技术都没有这种效力。线上法律指导系统可以提供有关权利和流程的介绍,但这有点像医疗诊断系统,可以告诉用户问题是什么,但是无法提供后续医药或手术治疗。如果人们没有采取真实的行动，那么仅仅帮助他们知晓了自身的法律处境也只是镜花水月罢了。

至于那些提供法律意见的志愿者，他们往往能够提供不错的建议，但他们并非法律从业人员。仅当律师发送正式函件或者发起法律程序时，人们才会严肃对待。但大多数人请不起律师，而且就算有人不缺钱，如果他遇到的法律问题很轻微，那么请律师也一样是不相称的。

我的愿景和期许是线上法院可以帮助人们跨越从知晓法律到保护权利的鸿沟。在线法院会以某些方式来传达法律的强制力和压迫感，以往这专属于律师。线上法院是纽带，连接法律知识和救济措施。这里有两层意思。一方面，这会帮助那些权利受侵害但得不到保护的人。即使不请律师的人们，线上法院也应该赋予他们以往请了律师才享有的制度优势。另一方面可能也同等重要，判决得到国家更直接强制执行的前景也会激励负有义务的一方实际履行。以往他们能得到法律的庇护，因为法律的主要效果是把采取法律行动的沉重负担压在弱势方身上了。或许现在可以公平竞赛了，很多双方之间的不平等也消除了——有钱人和穷人、请律师和不请律师的人、有能力借助法院体系和被排除在法院之外的人。这么看的话，对于一些全球性的分配不公问题，线上法院都提供了解法。

在英格兰和威尔士，我们已多年见证了这种跨越鸿沟的方式，即起初被称为"线上追款"（Money Claim Online）的服务。该系统由英格兰和威尔士司法部于 2002 年设立，这种线上服务（或者用本书语言来讲，是一种早期"扩展法院"服务）设计之初是帮助没有法律经验的用户收回欠款，无须填写复杂的表格或踏足郡法院。其理念是允许追款人线上发起收款、追踪收款状态，符合条件时还可要求判决和执行。一旦追款人线上填写完追索请求，被告就会收到法院的官方通知。这种通知本身就能敦促很多人严肃对待、结清欠款，不然他们就会继续违约或拖延。以这种方式，国家强制力的大伞覆盖到了更多地方。这种形式完全可以延伸到追款之外，例如可以帮助那些遭受辞退或清退、被剥夺国家福利或受到歧视的人们。公办法院体系就应该干这些。这才是触达司法。

第10章
架　构

我经常提醒我的律师事务所客户："你不能给一辆前进中的汽车换轮胎。"我这么说的时候，往往是看到了律师事务所负责人脸上烦闷的表情，因为他们需要沉思如何应对可能很快到来的大规模技术变革。我几乎每天都要遇见一些资深法律人，他们认识到转型是有必要的，但又无法判断如何从现有的业务模式无缝过渡到新世界——尤其是现有模式虽然收益不错，人员、流程上却早已繁复不堪。如果老天能让他们按下暂停键，花几年空闲时间来建立新模式，他们多半不会拒绝。但是他们无法想象在他们常称道的"现实世界"里，如何在保持现有业务平稳进行的同时，或者更直白点说，如何在榨出旧经营模式最后一点收益的同时，还能根本性地变革业务模式。

不久之前，有位美国顶级律师事务所的诉讼合伙人，他听过我一次演讲，给我发了一条短视频链接。这段视频特别精彩，一辆卡车居然只靠两个轮子摇摇晃晃地开，而更加疯狂的是车上几个人居然还在给车换轮胎。我想这位律师朋友应该是想反驳我，如果真有些人有本事给前进中的汽车换轮胎，那可能也意味着我讲的其他一些关于法律未来的事情也可以安然忽略了。这些观点的对错暂且不论，但在我看来，靠两个轮子开车的杂技动作实在算不得什么稳妥的商业方案。

变革的挑战

世界各地的法院都面临着相同的挑战。法院既要引入各种各样的技术革新，还不能打断现有的日常工作。上面讲的换轮胎难题，一旦解决不善，往往会导致律师事务所和法院负责人在拥抱技术方面作出妥协，仅仅把技术工具用到旧有工作方式上。用第 3 章的话说，这种情况意味着技术只实现了**自动化**的效果，而没有实现**转型**。也就是说，各类系统把传统工作方法流程化和便捷化了，但没有实现彻底不同的工作方式，也没有达到用户追求的效果。那么，最终的结果也只是流程上的些许改进，而非全面变革。这让参与其中的人们不可谓不失望。激进重大变革的承诺并没有兑现。

还是借用汽车这个比喻，我对于换轮胎难题的解决方案是打造一款全新车型。对于律师事务所来说，这可能意味着设立新型法律科技业务主体，在英国体系内叫作"替代性商业结构"（alternative business structure，ABS）。[1] 对于法院来说，我的解决方案意味着设计并引入线上法院。无论是律师事务所还是法院，核心思想都一样：从一张白纸开始（系统或工作方式方面没有历史包袱），从头建立指导原则，从市场和公众期待的结果出发来设计，引入一整套新的规范和工作方式（而不是旧方式的小修小补），利用技术来提供服务并实现非数字环境下做不到的事情，稳步启动之后再逐步把越来越多的工作从旧车搬到新车上。假以时日，旧车就会用得越来越少，甚至因为无用而遭淘汰了。

113 本着这种精神，我在本章会搭建一套相当抽象形式化的架构，用以探讨线上法院。我无意提出一整套具体措施来取代传统法院体系，也不会描述任何规划中或者已存在的某个系统。我会勾勒出一套新颖的框架，勾勒和提出公办性质、政府供应的纠纷解决机制，发挥现有技术力量，并展望未来技术进步。上一章中描绘的愿景和第 6 章对触达司法的分析，都是本章所述架构的基础。

四阶层模型

我为线上法院设计的形式架构，一开始可以参照第 6 章所述触达司法的"更广阔"模型来理解，然后再把我提议的线上法院和我们现有的诸多方式对比——实体法庭中的传统法院服务、远程庭审、替代性纠纷解决/线上纠纷解决。

触达司法概念可呈现为一套四阶层模型，如图 10.1 所示。

采用第 6 章的术语，第一阶层表示法律状态改善；第二，纠纷避免；第三，纠纷控制；然后第四阶层表示权威性的纠纷解决。

法律状态改善
纠纷避免
纠纷控制
纠纷解决

图 10.1　触达司法的四个阶层

如果我们参照这个模式来分析传统法院服务——如图 10.2 所示——我们可以立刻看出来这种古老的权威公办纠纷解决方式几乎只占据了最底下的一个阶层，略有触及上一阶层。在最底下一层，人类法官在机构中工作，我们称这种机构为法院。法官也会鼓励当事人采取法院之外的替代解决方式，例如推荐当事人调解，或者尝试在案件管理会议中晓以常理，在这个意义上传统法院体系可以稍稍上升到纠纷控制的层次。不过事实上，这种上升只是边缘工作，并非对抗制体系的核心。传统法院不参与避免纠纷或改善法律状态。

远程庭审，如图 10.3 所示，在整体架构上也占据差不多的位置。如我们在第 5 章所定义的，远程庭审是指部分或全部参与方通过某种形式的视频会议出席。因此，远程庭审仍然基本上是纠纷解决工作，偶尔会涉及纠纷控制但相对次要。

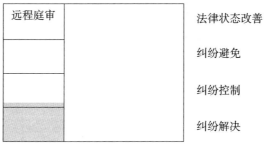

图 10.2 传统法院

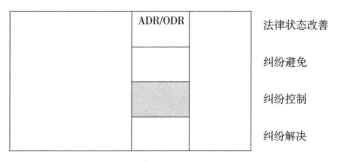

图 10.3 远程庭审

我们也同样可以采用这个模型来分析替代性纠纷解决和线上纠纷解决。如第 5 章所讨论的，ADR 包括调解、调处、谈判和早期中立评估等方法。相比传统法院，人们认为这些方法更加优秀、快速、廉价、方便，也不那么公开。（第 5 章所述的狭义）ODR 服务是提供电子化服务的 ADR 机制。例如，谈判或调解不通过面对面会议，而是由某种线上工具支持开展。如图 10.4，ADR 和 ODR 服务都占据模型中纠纷控制的一层。如果解决成功，这些机制就能控制住纠纷，防止他们进入权威司法解决程序。与传统法院类似，ADR 和 ODR 不涉及纠纷避免（从定义来说，ADR 和 ODR 启动时纠纷就已经产生了）。这些机制也不参与改善法律状态。

图 10.4　ADR/ODR

三层次线上法院

图 10.5 显示了线上法院的范畴———一种可分为三个层次的服务，占据了框架中纠纷控制和纠纷解决两个阶层，以及纠纷避免阶层的一部分。这个三层次架构遵循了我们 2015 年 2 月提出的报告中民事司法委员会采用的方法，布瑞格斯勋爵也在他的报告中认可并进一步发展了这一结构。我不是说这个结构已经不可改变、不可挑战。我介绍这个模型仅是将其作为理解线上法院性质和范围的系统化方式之一。

具体来说，线上法院的第三层服务对应纠纷解决，由法官通过权威判决来提供**裁决**。[2]用第 5 章的话来说，这就是"线上裁判"，即线上法院两大核心职能之一。

线上法院第三层次服务的第一代中，裁决是由人类法官作

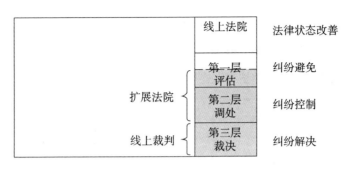

图 10.5 线上法院

出的,但并不经过传统实体法庭。论点和证据通过某种线上服务来提交,法官也不在公开法庭中而是通过线上平台作出判决。如第 5 章解释,相较实体和远程法庭中的沟通和交互是同步进行的,线上法院的裁判过程采用了异步参与形式。这些系统的第二代大体上也可以设想出来,我将在第 26 和 27 章讨论,那时裁决将会由某种形式的人工智能作出。现在看起来可能有点异想天开。再过 20 年左右,对于合适的案件采用人工智能处理很可能就很普遍了,尤其是那些传统法院服务不能覆盖的场景。

第二层次服务对应纠纷控制,提供**调处**服务,帮助控制纠纷,抑制传统法律和法院程序往往会导致的纠纷升级。人类调处员(我现在更喜欢称作"案件官")在这类系统的初代中扮演核心角色,例如他们通过线上平台进行谈判或调解。这些案件官的目标是无须人们聚集到一室之内就达成某种司法之外的和解。这里的关键点是,这种服务并不是公办法院体系的替代品，而是法院体系的内在组成部分。等发展到第二代线上法院，很多调处服务本身就会通过技术实现，采用线上谈判、机器学习系统等工具（第 25、26 章）。

线上法院的第一层次服务占据了框架中纠纷避免阶层的一部分，但非全部。这一格所指并非解决或控制纠纷，而是从源头预防纠纷产生。秉承这个目标，在线法院的第一层服务提供线上**评估**，帮助用户对他们的问题分门别类，理解适用的相关法律，对于他们的选择和救济提供指导。我现在更倾向于使用"评估"（assessment）一词而不是"评价"（evaluation），因为后者隐含着令人误解的道德指向。图 10.5 上的虚线标记出了两种服务的边界：国家在法院体系内提供的服务，和其他人（从慈善机构、教育机构到民营服务商）提供的辅助服务。不会只有国家为受侵害者提供线上帮助。还有人甚至说国家完全不应该介入这个领域。但这样的话就否定了"扩展法院"的可能性，即线上法院的第二个核心职能（如图 10.5 所示）。这里的中心思想是技术使我们可以提供更宽广的法院服务。对于那些接受了这种公办服务新角色的人，虚线上下的服务及其提供者之间的相互关系会带来有趣的新挑战，尤其是国家要不要将其系统与虚线上的服务系统集成。这个问题会在下一章具体讨论。

总结一下，图 10.6 比较了纠纷管理和解决的四种不同方式，清晰地展示了线上法院能覆盖的范围比其他三种要广得多。如第 5 章所指出的，三种公办服务（传统实体法庭、远程庭审和线上法院）彼此的区别会逐渐模糊，因为法院服务最终会成为三者合而为一的整体。

传统法院	远程庭审	ADR/ODR	线上法院	
				法律状态改善
			▨	纠纷避免
		▨	▨	纠纷控制
▨	▨			纠纷解决

图 10.6　四种方式对比

在后面的四章中，我主要集中讨论第一代系统，更加深入地讨论线上法院架构的每一个要素。那几章的讨论主要会从立论者而不是辩护者的角度出发。

第 11 章
线上指导

如果要线上法院成规模地有效工作，那么不请律师的用户需要工具来帮助他们评估他们的合法权利和可供选择的方案。本章中，我将介绍一些这样的工具，并讨论我们可以如何设计和部署。本章的主要焦点是线上法院的第一层服务，章末再聊一点儿题外话。

第一层架构

线上法院的第一层，如第 10 章介绍，提供"线上评估"服务，希望当一些问题得到分析和理解之后，纠纷可以免于发生。这一层是线上法院的起点，理想情况下应该提供两套系统来帮助用户从法律角度评估他们的情况——一套系统评估侵害的性质，一套系统提供实体法律指导。借用布瑞格斯勋爵在他分析线上法院的报告中使用并流行起来的词，前面这些系统可以提供一种初期形式的"分类鉴别"（triage）效果。[1]

侵害评估系统应该帮助用户梳理和归类他们的问题。系统协助用户把遭受的侵害转化为可识别、司法可裁判的问题。[2]这里所谓"侵害"是指需要纠正的坏事,而"司法可裁判的问题"则是针对法律提供了救济的事实情况进行更加体系化的表达。同样,这部分系统也可以帮助用户识别出他们遇到的问题根本不是一个可通过司法裁判的问题。

法官们告诉我,不请律师的当事人经常提着装满了一大堆零散文件的塑料袋就来法院了,他们觉得这些文件就是他们案件的关键材料。他们不具备法律或文书工作技能,往往不知道怎么组织书面材料和论点,无法对利益攸关的焦点问题分门别类。这里的挑战是怎么把一大袋子散装文件(字面意思或比喻都行)转化为范围清晰、意义明确的法律焦点问题,并指出当事人有哪些解决渠道。对于很多法律实务和理论人员来说,这第一步是最根本的,绝非无足轻重。甚至可以说这一步是法律分析方法的核心。怎么才能让机器来完成呢?这里的建议并不是说下文介绍的方法加在一起就构成了一套通用法律问题分类工具,能够处理最疑难的案件。而是从实践来说,我们假定了大多数小额纠纷并不涉及新颖或复杂的法律问题,对其中大多数问题的归类并不会引发争议。

秉承同样思路,第二套系统提供法律指导、支持和诊断。这部分服务帮助人们形成法律观点——理解他们的法律权利和义务,协助他们判断自身情况可能有哪些有利因素,以及是否有必要继续下去。即使当事人手上已经有了核心法律焦点问题的概要总结，他们也不大可能已经充分知悉相关规范（法律、法规、判例法、习惯做法）或理解了他们的权利和义务，以及他们可选择的救济。法律指导系统弥补了这个缺口。

设计思维

然而，如果线上法院的用户并非律师，他们一定需要引导才能使用系统。传统法院和线上法院的关键区别之一就是前者基本上就是法律人设计给法律人用的，而后者是给没有法律训练的人们直接使用的服务。质疑者认为指望不是律师的普通人能轻松使用这些系统属于异想天开。他们中有两派观点，一派律师认为实体法律和法院程序对于未经法律训练的头脑来说太困难了。另一派说大多数用户缺乏信心、能力、技术手段和一般读写水平来有效使用线上法院。回答两派怀疑论的关键都在于**设计**。从日益受欢迎并大获成功的"设计思维"领域，我们可以学到很多——借助这种思维，方法、方式、流程和技术都可以满足法院用户的具体需求。正如蒂姆·布朗（Tim Brown）和罗杰·马丁（Roger Martin）所言，设计思维并不仅限于设计出"物件"本身（即线上法院），也要延伸到设计"融入"（intervention），即"引入和整合到现存环境中"。他们接着说："一位老道的设计师能认识到他的任务首先是建立用户对新平台的认可，然后才是添加新的功能。"[3]

设计思维让我们领悟到开发系统远远不止于"用户使用便利"而已,尽管使用便利依然相当重要。这种思维更提醒了我们关注这些系统的具体内容和实质,以及如何融合进用户的生活。设计思维带领我们开发出的系统可以:指引用户在复杂法律领域通行;以大幅精简的规则取代庞杂的法院程序,很多将对用户隐藏;把流程拆解为不令人生畏、便于管理的模块;不仅用文字和用户互动,也要利用动画、图形、视频、流程图和其他视觉指引。斯坦福法律设计实验室(Stanford Legal Design Lab)站在本领域的前沿,他们的不少成果都是开源的。[4]通过这些方法,法院用户在法院系统中经历的每一步操作都将得到支持。对于不请律师的当事人,如今他们还要面临自行准备案件并前往实体法庭的巨大挑战,但线上系统将提供截然不同的体验。[5]

同时,我们也别忘了还有律师。让他们也一律使用普通用户的界面是不负责任的。比较完备的线上法院应该为律师提供另一条通道,跳过原本意在教育普通用户的那部分系统;尽管话说回来,参照法律领域之外的经验(比如医学),已有极其有力的观点指出哪怕经验丰富的从业人员,也可以从使用基础核验清单中得益。[6]无论如何,设计思维也同样应该用来为更加高阶的法律用户开发交互界面。

工具和方法

可用来实现线上侵害评估和法律指导系统的最先进工具可以追溯到 20 世纪 80 年代，名为基于规则的专家系统（rule-based expert system）。这种技术支撑起了如今大多数文档自动化系统，以及广泛使用、收费高达数百万美金的企业税务合规系统。我会在第 26 章中详细讨论这些。现在，让我们先想象一套庞大的决策树或流程图，它们代表了复杂的法律或法律程序领域。这么做的基本思路是让并非专家的普通人也能轻易借助这些树状图和流程图来认清方向，把复杂事务拆解为可操作的模块，带领用户走出那个原本难以言说的迷宫。

采用下文所述的一种或者多种工具，侵害评估系统将首先寻求解决一些相当基础的问题，比如：你的问题涉及（1）你遭受了人身损害；（2）别人欠你的钱；（3）你对一项产品或服务不满；（4）合同产生的问题是什么？问题的另一方是：（1）自然人；（2）企业；（3）公办机构？问题发生的时间？问题发生的地点？一眼望去，这些问题看起来过于简化了（比如第三个问题没有区分侵权行为发生的时间和受害人知晓侵权行为的时间）。

不管什么样的方式，我们都需要把一大塑料袋的"证据"呈现为更加连贯和结构化的法律问题。20 世纪 80 年代末期,菲利普·卡普尔和我在开发"潜在损害系统"过程中,积累了设计和搭建这类系统的详细方法论。[7]如今我们完全具备这样的技术来帮助法院用户,不依赖额外人工协助,就可以通过表面陈述来识别当事人是否遇到了法律问题、问题的性质、潜在的救济,以及可供他们选择的方式(如法院、裁判庭或是调查官)。基础工作已经奠定,现在是时候把思考付诸行动了,正如加拿大不列颠哥伦比亚省"民事纠纷裁判庭"的开发者制作的"方案探寻器"(Solution Explorer)。[8]

类似方法也可以用到开发法律指导系统中,不列颠哥伦比亚省也已付诸实践。对于研究透彻、相对自成体系的法律领域,是有可能建立诊断系统的——系统会问用户一系列问题,然后就能生成回答,附带法律推理过程。例如,"潜在损害系统"(第26章有展开讨论)就回答了这个问题:"到什么时候我就会因为时限满了而不能起诉了?"不过,就算我兴趣满满,开发这个专家系统的痛苦过程也让我体会了这项工作耗时良久、困难重重,远超评论家和改革者可以接受的程度。我们不能指望一套完整的诊断指导系统可以短期内投入运行。实操层面,挑战在于找到最频繁复现的问题,并从那里入手。只有年复一年的辛勤努力,我们才能积累出一套完整系统来指导大多数日常法律问题。

另外还有不少其他更高阶的工具可以用来引导法院用

户，无论是评估他们所受侵害或是考量他们案件的胜算。有些通过菜单为主的系统，用户点击就能轻松使用。基于更加粗放的决策树，这类系统帮助用户抛弃无关事实，然后得出的结论会比专家系统更加粗线条一些，但依然很有启发性。这种方法同样已很成熟，确实也比专家系统经历了更多实战检验。在英国，有项叫作"解决器"（参见第9章）的服务已有超过270万用户，他们就采用了这种直接交互、基本菜单驱动的对话方式。[9]

也还有更加简单直接的法律网站，用户可以任意浏览并理解各类法律问题。[10]不过，目前可用的法律网站（私营、公办和公益）的范围和组合可能会让用户困惑——网站内容之间有交叉和重复，风格和措辞上不统一，对于普通人和大多数律师来说都难以判断给出来的材料是否是准确或及时更新的。为了克服这些缺点，法律类网站的大趋势是从提供概要信息转移到提供更加聚焦的指导。比如这种转化可以采用基本核验清单和流程图、视觉引导路径，从大段文字形式变成动画、图形，让复杂问题变得生动。这里也同样可以从设计思维中获得巨大启发。

还有一种在线资源是线上社区，可能会对不请律师的当事人极有帮助。法律线上社区属于一种社交网络，帮助面临法律问题和面对法院体系的用户共同交流、分享经验。参与者可以询问他人是否也遇到了类似问题。鉴于这类社区在医疗领域获得了成功,其中最知名的是拥有超过 60 万成员的"同病相怜"(PatientsLikeMe) 社区[11],我们也有理由认为类似的法律社区,要是管理得当的话,可以提供巨大帮助和安慰。

长远来看,机器学习系统或许也可为线上法院第一层所用——例如,系统可以预测某类纠纷的可能结果。不过,我预计这类技术会对第二层的帮助更大一些,留待下一章和第 29 章讨论。

第一层的边界

有些法官和律师坚持认为,如果上文建议的各类工具和机制在法院第一层提供,就把法院的职能拓展得太宽了。他们会说法院不应该提供法律意见。有一种回应是争辩说:前文提出来的辅助能力属于通用指导,而非量身定制的法律意见,因此不能说法院提供了法律意见。如此论辩固然角度巧妙,但我总觉得具体而言,量身定制的人工建议和机器提供的详细指导结果(尤其考虑到系统具有诊断性质),两者之间是难以清晰区分的。

不管能不能区分,我对这种质疑的回答角度不同,我直接反问:"为什么不行?"为什么法院服务不能延伸到为各方当事人提供具体支持呢?实际上,线上法院的主要组成部分之一就是"扩展法院"——正是要利用技术来拓宽法院职能,帮助不熟悉法律的当事人。除了找律师或者法律志愿者来帮助当事人归类和分析他们的法律处境——这么做就回到原点了(人力资源不足,且费用对于小额诉讼来说不适度得高昂)——我能看到的唯一出路就是发挥技术的力量。当然我们也可以完全置之不理,这样势必就回到了无法触达司法的恶劣境地。

把线上指导嵌入线上法院正是激进变革的一个有力例证。它不是把往昔的法院服务粉饰一番重新上阵。这种提议让我们很不舒服,因为这种方案偏离法院的传统概念太远了。但是如果我们真正想要帮助不请律师的当事人,为什么就不能全面帮助他们?如果我们特意开发了系统,但却限缩了系统的能力,不是很奇怪吗?比方说,我们限定网站的服务只能以文字呈现,但实际上诊断工具会有用得多。我承认这里有宪法问题(参见第23章),但只要这种网络诊断是作为法院服务的一部分提供给用户而不是直接提供给法官的,那我认为这种对法院的扩展方式不仅可行,更是大大值得做的。法官的角色是作出独立和有约束力的判决,这并没有改变。但更宽广的法院服务也可以存在并服务于法院的用户。

那些坚持认为线上指导服务或多或少超出了法院职责的人,大概是把图10.5中(参见第10章)的虚线放得太靠近第二层服务边界了。如果读者还记得,线上法院第一层服务至少也占据了上一章介绍的框架中"纠纷避免"阶层的一部分。通俗地说,这意味着有些帮助当事人评估案件的线上工具是国家提供的,而另一些则超出了公办法院体系之外,由公益机构、民营企业、学生学者、律师事务所等提供。这里有个重大机遇,国家可以和其他各方协作来确保第一层的用户能享有丰富的各类资源。如果国家体系和其他服务之间太泾渭分明,反而不好。从用户的角度出发,最理想的情况是受到法院体系之外的指导以后,可以无缝进入第一层。如此看来,我们需要一个共享的协作空间,其中国家以外的各方可以贡献工具和机制,这些也扮演法院系统本身的前端。这个协作空间可见图11.1,即两条虚线之间的区域。

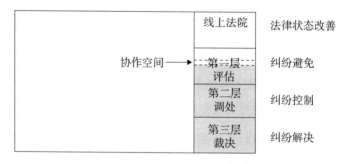

图 11.1　协作空间

这个协作空间至关重要。比方说,律师事务所的公益法律服务就可以放在这里,和网站的法律意见中心并列。这也是我们赋予非官办服务威慑力的方式。他们不再独自漂在网络空间一隅,现在可以直接与线上法院交互了。我承认,如何界定协作空间内的这些服务和第一层法院之间的确切关系并不容易。但至少可以采用一套应用程序接口（application programming interface，API）来确保这些服务在线上法院内外的兼容性。不管哪种方式，挑战都在于如何激励非官办服务提供者（无论是否营利）来搭建协助普通用户使用线上法院的指导系统。

一点儿题外话

为了完整起见，我还想确认和分析一个争辩不休的问题，尽管这个话题超出了上一章设定的线上法院范围。这个问题是：仅在当事人**认识**到遇到了潜在的需要裁判的问题时，法院体系（无论是传统还是线上）才会被要求介入。无数符合法律的诉求无疑从未进入法院，因为当事人完全不知道他们拥有很可能得到支持和执行的合法权利。

我在第 6 章中提出，司法体制不仅要有效解决、控制和避免纠纷，还得要帮助人们理解法律授予他们的权利，只有这样才当得起维护正义之名。只有这样，法律才赋予了人民力量。司法体制要帮助人们获得合法权益。例如，当人们提出很可能实际得到支持的法律诉求时，制度至少应该帮助人们事先知晓这种情况。针对这个问题，我在 1996 年出版的《法律的未来》一书中就写到了传统被动响应式服务的悖论。[12]我当时就想到了很多律师，对他们的客户（无甚帮助地）说道："我希望你3

周之前就带着这个问题来找我了。"之所以这种建议于事无补,是因为如果你不是律师,那你多半不知道你遇到了法律问题并因此需要找律师。下一步,普通人就会回答说,看起来你首先必须是个律师才会知道你需要律师。或者说,在发生纠纷的情况下,看起来你首先必须是个律师才会知道你是不是能提出有效的法律诉求。

这个悖论令人困扰——除非出现了某些要求法律帮助或启动法院程序的明显触发事件、明显标志(例如某人生活中明显出现了重大困难),大多数不是律师的人既难以识别到**是否**应采取行动,也不知道**何时**采取行动。这种认知过程对做到**有效**认知预设了大多数人不具备的法律知识。一旦人们认识不到他们拥有可能被支持的法律诉求,那他们往往就被排除在司法体制之外了。这个例子就属于我提到的第四类触达司法问题(参见第 5 章)。

详细讨论如何解决这个悖论和困境超出了本书的范围。但我相信技术可以有所助益,我想要提几点想法。第一,一旦法律修改了,何不采用技术手段立刻通知人们?这可以帮助解决杰瑞米·边沁(Jeremy Bentham)数百年前就谈到的"颁布"问题[13]——实际上,国家应当有责任让人们知晓与我们所有人有关的法律,不管是法律修订了还是新法律通过了。放眼世界各地,很少有系统能实现这个效果,无论是官方提供的还是其他方式。也没有先进的系统帮助人们识别出他们应当寻求国家帮助——诉诸公办法院体系——来保护他们的权利。

一种方式是采取所谓"提醒"的方法。这种方法自动给人们发送消息,让他们注意新法律或者常见问题的法律救济措施。这些消息可以个性定制,使得发送出去的更新和问题与接收人更具相关性。个性定制可以基于提交专门网站的接收人的特征,也可以基于接收人在社交网络上提供的特征。再看远一些,法律提醒可能很快就会常规基于机器学习系统了(参见第26章),这些系统能够预测人们即将遭遇法律问题,并提醒他们法律可能赋予他们的一些权益和好处。

还有一种方式是通过线上社区来介绍法律内容。例如,线上医疗社区或求职社区的参与者可能会觉得相关问题和常见情况的法律指导很有用,那些遭遇医疗困境或丢掉工作的社区成员可能享有合法权益。

再有一种方式是把触发条件"嵌入"人们在社交和工作、生活中使用的越来越多的各类系统中,这样一旦用户的情况可以产生可靠的法律诉求或权益,系统就会自动提示他们。在消费者权益保护法的语境中,我们很容易设想这种情况。如今我们大体上还是靠消费者自己识别他们的权利是否遭受侵犯。但通过立法和监管规定,线上服务提供商可以自动提醒用户注意某个可以司法裁决的具体问题(尽管在提醒消息中不适合直接提"司法裁决"这个词)。

可能有人会觉得这种更加积极主动的提醒，会把人们推向法院，让社会倒退到更加偏好争讼的状态。我将在第 22 章回应这种质疑。

第 12 章
控制纠纷

第二层服务的主旨是控制纠纷，不要让纠纷像在现行体制下那样经常升级和恶化。

概述一下过程。不请律师的法院用户带着潜在法律诉求进入线上法院第一层。在那里他们得到帮助来评估是否有可通过司法裁判的侵害，也会得到一些关于案件的指导。依靠这些协助，如果用户得知胜算渺茫，很多用户无疑会决定不继续下去了。那些确实选择继续的用户会进入第二层，那里会发生某种"调处"。从这里起用户开始和线上法院发生更正式的交互。取决于第一层提供的工具有多完善，或者从线上法院之外得到帮助（如上一章讨论），用户将会把第一层交互中获得的数据传递到下一层。假设已经采用了比较先进的系统，那么可以生成相当结构化的案件概要。如果采用的系统相对初级，比如是简单的网站，那么填写好的问卷或案件概要将会被带到第二层。

案件官

案件官（case officer）在第二层工作。他们的主要职责是推动当事人化解纠纷,处理妥善的情况下无须法官介入。如果一宗案件在这个阶段得不到解决,或者案件官认为该纠纷需要法官介入,那么案件就会被传递给线上法官。某些案件中,特别是那些复杂性和敏感度特别高的案件,案件官可能会在咨询法官之后,把纠纷直接移交传统法院。案件官的工作基本上是线上开展的,基于线上法院第一层传递过去的材料。某些情况下,案件官与当事人进行电话会议也是行之有效的。

要点是,第二层服务并不是公办法院服务的替代品,而是其内在组成部分。第二层服务发生在正式启动第三层服务之前。

案件官的工作是调处员,也可以算是 ADR 从业人员。案件官的职责是尽可能控制纠纷。这部分工作也可以看作"分类鉴别"的第二阶段(第一阶段在第一层完成了)。案件官将采用一系列的方法,包括谈判、调解、早期中立评估、调停、促动等,帮助当事人友好化解他们的分歧。有时案件官也可以把两方拉到一起、说点好话、晓以常理,这些事情冲突双方往往不会主动做。一般来说,这种调处还是以法律为背景的,只不过案件官采取的方法和律师、法官不同。不过有时候,如果案件情况在法律上比较清楚,或者法官的判决结果基本可预见,那么案件官也会让当事方知晓。宪法纯粹主义者可能会质疑这种方式,但第二层的取向注重实际效果,以解决问题为上。

英国金融监察机构（参见第 9 章）的统计数据也鼓舞了我。2017/2018 年度解决的 400 658 起纠纷中，仅有 8% 左右是由调查官作出最后判决的。[1] 套用我的架构，这相当于大约 92% 的纠纷靠第二层服务解决了。

在英格兰和威尔士，对于案件官的资质要求还处于持续争论中。一派认为案件官应该是律师，另一派观点恰恰相反。前一派说很多第二层的工作要求具备法律知识和经验，法院用户会合理预期他们的主要对接人受过法律训练。后一派坚持案件官不应该提供法律意见，第二层服务主要是调处，需要的技能类似 ADR 和 ODR 从业人员。我估计不同司法体制回答这个问题的方式也有所不同。我倾向于认为，理想情况下这个角色应该具有综合背景，尽量不要用旧的分类去套新的概念。我希望候选人学过法律，也接受过控制纠纷的训练。案件官应该具备某个问题领域的专门知识，这样他们才会熟悉相关法律。不过他们决不能被看作"简配版"法官。他们也不应该太服从于传统法律方法。太多时候，像律师一样思考是终结纠纷的障碍。我们要欢迎新技能、新思维来到我们的线上法院。本着这种精神，英国裁判庭采取了开明的做法——到了 2019 年夏天，他们将配备 60 位调处员，有些是具备律师资格的注册官，另一些则不是律师。

改进版的线上谈判或调解是案件官最有效的方法之一。过去，线上谈判和线上调解是被作为法院之外的电子形式 ADR 提出来并执行的。当不便面对面谈判或调解时，电子 ADR 体现出了优势。或许当事双方相隔遥远，或许纠纷金额不大，让大家亲身到场成本就太高了。利用诸如电子邮件或线上讨论，冲突现在也可以通过常被称作"电子谈判"（双方直接交涉）或"电子调解"（由中立第三方线上主持）的方式解决。借助这些不同方式，纠纷当事各方可以通过互联网来解决争议，不必到访会议室或法庭。当然，线上法院模式的关键差别是这种辅助谈判或调解是作为法院体系本身的一部分来提供的，属于第二层的核心服务。

工具和方法

大多数线上法院的第一代服务中，调处过程主要会有人类案件官通过电子方式沟通。不过线上法院也应该包含帮助当事人尝试自行和解而不必任何第三方介入的工具。这本是 ODR 领域先锋人物的初心——系统可以取代人类中间人，纠纷化解过程本身会由某些技术以各种方式完成。这方面的早期案例是人们津津乐道的"网络和解"（Cybersettle），这是一套 1998 年上线的网页系统。据说"网络和解"的第一版就处理了超过 20 万起纠纷，总价值超过 16 亿美元。大多数案件是保险或人身损害纠纷。这套系统采用了一套让 ODR 专家赞叹不已且如今仍是主流方法的流程,名为"双盲出价"(double-blind bidding)——索赔方和赔偿方分别在线提交他们可以接受的最高和最低的和解数字。这些数字对方不可见,但如果双方的范围有重合,那系统就会提出和解方案,最终数字往往就是重叠范围的中间值。这种自动谈判方法适用于双方对责任本身没有争议但无法对赔偿金额达成一致的情形。

在英国和威尔士的法院体系,"线上民事金钱索债"(online civil money claims)系统(属于第二层机制,参见第 16 章)已用于支持当事人提出和响应和解方案。这个新颖工具虽然简单,却已在没有法官或案件官介入的情况下协助解决了 195 个案件。最近还有一个更先进"盲出价"版本的成功例证,尽管这个例子属于和解发生在法院之外的 ODR 形式(指电子 ADR),而非发生在法院之内。双方因拖欠费用而对簿公堂。据报道,当事人借助称作"智能和解 1 小时"(SmartsettleONE)的工具,在 1 小时之内就达成了和解。[2]要注意,按本书提出的方案,这些工具应该作为公办法院系统一部分的第二层服务提供给用户。

展望第二代线上法院,我们可以预期对这类工具的使用更普遍。我们还可以预测更先进的系统上线——例如,利用博弈论来协助复杂谈判,用机器学习来帮助当事人预测案件的可能结果(参见第 25 章)。

这是法院的工作吗？

伴随线上指导和第一层服务，一个立时出现的问题是：公办法院服务提供第二层服务到底是否妥当？

如果公办法院服务仅仅被当作雇用法官来裁决案件的机构，那么按这个定义，第二层服务就超出了范围。当很多法官和律师听到多了一层额外的活动，他们直觉反应是把第二层当作一种有用的 ADR 或 ODR，也就是用来补充司法工作的民营服务，但严格来说并不属于法院。不过再强调一下，这并非本书推荐的模式。相反，第二层是"扩展法院"的内在组成部分。

和第一层服务类似，我们需要一些更深入的探讨来理解这种模式的合理性。如我在第 6 章中指出的，司法体制既要能控制纠纷也要能解决纠纷，这样才当得起维护正义之名。如果这种说法可以接受，那么提供第二层服务正是恰当的实现方式。我在第 4 章中还谈到了法院应实现的各种结果，如果在我们掌控范围之内，法院能直接帮助用户以更适当的方式解决问题，那么为何不可据此拓宽法院的职责范围呢？把这块领域让给民营的 ADR/ODR，就错失了去建设与人们联系更紧密、更易触达的法院体系的机遇，而一套更好的公办法院服务会让全体人民都更有信心去寻求帮助。如之前所论，更好的法院也会增强法治。

在第 23 章中，我会讨论这种模式从**宪制**角度看是否是构成法院的合适职能。这里另有一个更加老调重弹的反对意见。我们的法院已经工作太重、资金短缺了。为何我们还要给他们更多的活儿干？请让我引用一段民事司法委员会报告中的话来作为回应：

> 看起来或许自相矛盾，如今削减开支是政府的优先工作，我们却提议法院拓宽职责范围——超越纠纷解决，纳入纠纷控制和纠纷避免。我们的前提是，更好地控制和避免纠纷将会极大减少需要法官解决的纠纷数量……这可能是法律世界的"加氟时刻"——20 世纪 50 年代，仅仅在水里加了点氟化物就大幅降低了治疗龋齿的牙医的工作量，那么法律领域也类似，适度投资纠纷控制和纠纷避免应该会大幅降低诉诸法院的案件数量。[3]

换句话说，预防应该优于治疗，而出于这个目的，我继续提议两种线上方式：线上调处以带来纠纷控制，以及上一章所述的线上评估以鼓励纠纷避免。作为法院体系的一部分，这些服务在很多情况下都会减少法官介入的需求。

第 13 章
线上裁判

线上法院的法官受理辩论和证据、作出判决、向当事人和公众发送判决结果,都无须踏足实体法庭。这种方式是线上法院最受争议的问题,对于有些人来说,这也是第一代线上法院最核心的功能。如果当事方不能在第一层或第二层处置完纠纷,他们就要进入第三层"线上裁判"。

在第一代线上法院中,线上裁判是由资质完备的自然人法官来做的,他们线上出具的判决书的权威性从任何方面看都和坐在实体法庭中出具的别无二致。审理过程变成了异步而不是同步。传统法院工作是同步开展的,参与方必须在指定时间聚集起来(无论实体法院还是远程接入),实时进行审判程序。这是一种现场表演。相比而言,线上法院的活动是异步开展的,也就是说不需要所有人都在同一时间加入。比如用电子邮件,参与方可以选定合适的时间行事。大家不需要协调日程。当事人提交文件时法官也不需要坐在电脑前。再强调一下,对于第一代线上法院而言,我们从未建议要把法官决策过程替换为人工智能(尽管我会在第 27 章中探讨其未来的可能性)。相反，目前提议的线上裁判由传统法官完成，只不过工作环境会全然不同。尽管线上法官的判决书不会在实体法庭中宣读或下发，判决书的约束力和执行力并无不同。

无庭审断案

首先要指出，法官只通过纸面工作既不是新生事物，也非全然罕见。在很多法域，常规程序事务可通过电话会议解决，对于需要法官的短期、临时和诉中决定也无须进入实体法庭，这些都很常见。在仲裁过程中也是再普通不过了。在法院，"书面裁决"（在英格兰和威尔士这么叫）程序也并不稀奇——如今法官就可以无须听取口头辩论而作出某些最终裁决。有很好的理由认为这样的情形应该越来越多。低层级法院的法官经常说他们审理的很多案件"只基于书面材料"就可以（在实体和程序上）公正判决了，无须现场开庭，或许可以采用电话会议作为补充（英格兰和威尔士自从20世纪90年代初期就采用了）。确实，很多法官说所有案件都采用传统方式开庭是没有必要（不适度）的。

那么好了，并不像很多人所想象的那样，主要问题并不在于线上裁判是否可以实现。我们都知道可以实现。真正的问题是，基于第7章列出的正义原则，线上裁判这种创新应该被广泛采用到什么程度。同样我们也应该问，我们怎样才能使用技术的力量来提供比传统方式更优质的服务。

当我们思考司法工作是不是应该在法庭之外开展时,我们要提醒自己:很多时候法官是在法庭之外认真思考案件的,不管他们是身处办公室、住处、出租车内,还是在步行。据我所知,从来没有人说法官仅当身处实体法庭时才可以思考。

线上裁判的实际运行

有两大类的线上裁判可以被引入和实施。第一类是把当前流程和程序简化后的版本引入线上环境。比如在英格兰和威尔士,这会让线上裁判大体上对照或者在某种程度上复制传统裁判——法官扮演中立的裁判者,听取双方的论点和证据。当事人会按规定的顺序陈述案件,采用和传统诉讼高度相似的结构化形式,唯一差别是线上法院用户不会有机会口头表达。线上法院的规则会是传统规则的简化版,很多规则的复杂性因嵌入了系统而不直接可见。对多数法官和律师而言,这种模式感觉熟悉、让人心安。这是把古老的运行方式变成流水线化的新版本,现在的法官立即就能上手。

第二类线上裁判方法,简单来说,并不是把现代系统嫁接到旧有流程上,而是发挥技术的力量来设计出全新的方式,已实现当事人想要的**结果**。与第 4 章所述的结果思维一致,这里的焦点并不在于保全传统本身,而是要围绕法院用户的需求来设计系统。在线上法院发展的当前阶段，全新方式的例子还不多。但有一个英格兰和威尔士的例子展示了光明的前景，我估计这个例子也会是反思司法过程诸多大胆尝试中最早的一个。我是指人们所知的"线上连续审理"（continuous online hearings）。裁判庭高级主席厄尼斯特·莱德爵士 2016 年这样解释了这个理念：

> 改变你对诉讼的看法，不再是对抗性的纠纷，而是待解决的问题。所有参与方……都可以在合理的时间窗口之内提交和评论案件基本文书，这样争议问题得以澄清和探讨。没有必要让所有当事方同时到访法庭或办公楼。没有传统意义上的审讯或开庭……我们会有一场数字庭审，这场庭审在给定的时间段内是连续进行的……法官会采取询问和问题解决的方法，引导当事方理解彼此的立场。结束后，这个互动过程就使得法官可以立即作出判决，而无须现场庭审了。[1]

尽管这套方式是为裁判庭体系设计和酝酿的，我们都相信线上持续审理模式同样可以用于小额民事诉讼。我知道这会要求一套新的民事程序规则，也意味着放弃了一些对抗式过程。但是，看起来这可以走向一套大幅简化、不再令人生畏、比例相称的体系，极大便于不请律师的当事人使用。

不管哪种方法更受欢迎——流水线化或是激进变革——法

官无疑仍然是不可或缺的，他们需要用不同的方式来裁判线上法院的案件。因此法官们也需要学习新技能，接受司法培训。有些法官可能会抵触重返教室，尤其如果讲授的新方法取代了他们奉为圭臬的做法。但是，和其他一些举足轻重的角色一样（从神经外科医生到宇航员），法官们也需要在 21 世纪 20 年代和更长远的未来适应和发展。

事实上，线上法官的工作内容会和传统法官大不相同。这种角色转变很可能导致司法机关内的多样性。有些法律人可能有志于从事司法工作，但过去不幸被排除在外了（比如因为身体缺陷，或者因为育儿限制不得不在家工作等）。司法机关的工作机会或许很快会对他们开放了。

我并不指望线上裁判的推进会不受到来自司法和法律体制内的阻力。读完前面几页书的读者可能已经开始担心线上裁判会削弱对抗式过程或威胁司法公开。我会在本书第三部分回答包括这两点在内的各类疑虑。

避免"上诉法院病"

有一种反对意见认为线上裁判应该被扼杀在萌芽状态，我在第 3 章称之为突出"疑难杂症"的偏见——他们会问线上工作的法官如何能处理像"唐纳修诉史蒂文森案"这样的疑难案例。他们不会承认很多日常纠纷可能确实可以由线上法院处理，批评者会立即聚焦在非典型情况，举出那些因为各种原因让最聪慧的法律头脑也觉得棘手的案件。[2]

不过在现实中，第一代线上法院会主要助力于世界各地低层级法院的工作，传统司法服务会被保留下来以处理高度复杂和社会影响重大的案件，以及法律不清楚或存疑的案件。如果一个高难度或者潜在标杆案件提交给了线上法院，案件官或者法官很可能会立即将案件移交给传统法院体系。至于这个案件层层上诉后会如何演变，能不能成为具有约束力的标杆判例，就取决于变幻莫测的传统法院体系了（如第 23 章所讨论）。

当我思考第一代线上法院和种种疑难案件时，杰罗姆·弗兰克（Jerome Frank，美国法律现实主义者）法官的作品能使我得到安慰。在他极为值得一读的著作中，他准确批评了其他法学家只沉浸在那些最知名的案件中。他谈到了"上诉法院迷思"（假定上级法院是司法体制的核心）[3]，也批评其他人患了"上诉法院病"（一种"上诉法院法官易得的职业病"）。[4] 他认为那是对上诉法院处理的疑难案件的不健康痴迷。他指出问题在于这些案件在整个司法体制内是少数例外。他们对于低级别法院日常审理的大量案件几乎毫无帮助，而恰恰是低级别法院处理着整个体系中大多数的案件。如果我们想要理解真实运行的法律，他强调我们应该把眼光放到低级别法院。在我与英格兰和威尔士司法机关的工作过程中,我也经常听到基层法官支持弗兰克的观点,他们跟我说,虽并无不敬,但那些对法院体系发表演说和撰写报告的高级法官们对于繁忙的低级别法院的日常运行和管理实际上所知甚少。

同理,每当高级法院法官提出种种理由说明为何判决不能由远程办公的法官作出,并以此反对线上裁判时,他们往往也患了"上诉法院病"。他们尝试用线上裁判去套他们那些占少数的工作。法律学者也经常做同样的事情。和弗兰克法官一样,我也要说我们永远不要忘了基层案件工作才是低级别法院的核心。还有,当我们试图改革和改善体制时,那么正确的起点恰恰是低级别法院审理的那些数量庞大、金额较低的案件。我们应该记住这些日常工作消耗掉了法院体系的大多数资源。

第二代线上法院会提出更多挑战,那时案件官和法官对案件的判决可能会交给机器来做。那种情况下,"唐纳修诉史蒂文森案"这样的案子会不会直接经过线上法院处理完毕,而忽视了该案在法律规范方面的深刻意义?确有这个风险,不过我可以想见有一天,机器学习技术将帮助识别出那些带有疑难法律问题的案件(参见第 23 章)。毫无疑问,我们**现在**就已经持续错过案件中的深刻规范问题了,比如当事人自行放弃了诉讼,比如在忙乱处理大量小额案件时,律师和基层法官略过了重大法律问题点(可能是出于实用主义或者比例原则,也可能干脆就没有发现)。

哪些案件适合？

不过，这并不是说所有低层级法院的案件都适合让法官线上解决。不适合的案件还是会转到传统体制处理。在民事司法委员会咨询小组（参见第9章）的早期工作中，我们大体上还是依据召集本小组的工作范围，把研究限定在以线上纠纷解决方法处理小额民事诉讼的可能性上。为此，"小额"定在小于25 000英镑。记忆中我们并没有花太多时间去讨论这个数字，但我们依然设定了上限，大概是因为小额案件的处理往往被批评产生了不适度的费用。尽管这种诉诸比例正义的初衷无疑是好的，但我担心这会引发一个常见误解，即简单通过案件标的额的大小来划分案件是否适合线上处理。

还有很多功课需要完成，以识别出适于线上裁判的案件的特点。除了案件的标的额，其他重要维度还包括涉案法律的复杂性、案件事实情况、涉案文件的篇幅、纠纷事项的敏感性、法律问题的类型、涉案证人可信度是否存疑，以及现有流程的效率。我至今还没看到有系统化的努力去分析和梳理出最适合线上法院处理的案件类型。等到线上法院广泛适用之后，我期待这方面的思考会更加可靠。为了加深我们的理解和磨炼出良好实践，给我们充足机会尝试并积累数据很重要。

法官会看吗？

如果法官是在饭桌边甚至浴室里定下司法结果的，我们怎么能确信他们确实审阅了当事人以电子形式提交的论点和证据呢？经常有人给我提这个问题，仿佛在说光凭这点就可以否定线上裁判了。首先请注意，这也不是什么新说法。我经常听到心怀不满的律师质疑到底坐在实体法庭里的法官有没有事先看过那些精心装订的书面材料。

这种反对意见其实更多是对法官的指控，而不是针对技术的缺点。重申一下，根据我提出的架构，在线上法院工作的法官也是资治完备、妥善遴选出来的。如果反对意见是说法官会懈怠偷懒或草率无视文书，那这属于法官对司法职责的严重玩忽职守，跟他们坐在哪儿无关。合理的预期是期待严谨的司法任命制度能剔除这样的法官败类。

不过，如果反对意见是指线上工作的法官可能无意间略过文书，导致未能勤勉审阅，那就是另外一回事了。批评者的前提可能是如果法官坐在公开场合，至少原则上接受公众观察和批评，那么他们更可能小心翼翼地阅读文书，不然他们可能在公开法庭中被抓现行。我的直觉是，如果我们任命了优秀的法官，那么他们会恪尽职守，坐在家中办案也会一样专心投入。不过这种信念需要等到线上法院投入使用之后再根据事实数据确认。

同时，我们也应该部署一些预防措施。首先是需要采用透明的系统，满足第 19 章讨论的两种意义的公开（信息公开和实时透明）。线上法院的公开方式并不是像传统法院那样接受监督，但我们依然对法院的运行和结果拥有相当高的可见度。当然，如果**线上连续审理**中的对话也公开发布，那我认为这就会激励法官如同坐在实体法庭内一样勤勉工作。另一种方式是将对话记录提交随机抽样审查。同样，法院用户也可以接受回访，如发现司法懈怠指控则应追究。除上述常规过程（本身就是预防措施）之外，法官们未必欢迎此种评议表现的提议，但正如我在其他地方争辩过的，如今也已被英国裁判庭体系广泛认可了：既然法官是可问责的公仆，那就难以找到令人信服的理由来把他们排除在任何持续的评估或考核之外。[5]

第 14 章
辅助辩论

153　　虽然线上法院的实质目的并不是为了把律师排除在诉讼过程之外,但整体上线上法院的设计者希望可以让不请律师的用户也能使用。如果我们要引入普通人用得起的公办线上纠纷解决体系,那让当事人免于承担律师费用应属题中之意。然而,如果律师不参与发表意见,那当事人如何才能自行表明立场和表达法律观点呢?在第 11 章,我讨论了帮助普通人组织和归类案件的工具和方法(把侵害转化为司法可裁判的案件),以及帮助分析和说理(达成法律观点)。现在我将讨论另一种普通人使用线上法院所要完成的自助任务,即论辩和说理——向第三层的法官陈述案件(可以想见,如果采用不那么正式的方式,也可以向第二层的案件官陈述)。在设计和开发第一代线上法院所面对的所有挑战中,这方面问题是最难以解决的。如何能指望不是律师、没有法律经验的普通人去辩论和说理?想想那些出庭律师,他们可能要花一辈子时间去磨炼这项技能。

　　在直接回答这个问题之前,我们应该先停下来认清:如今法院早已充斥着不请律师的当事人，他们不得不自行面对辩论和说理的问题。实际上，我们呼吁法院体系采取全新方式来处理纠纷，其诸多原因之一就是现行体制导致的许多不正义（尤其是实体不正义和分配不正义）。正是因为律师之外的普通人感到自己不能充分、自信地出庭，他们只能选择一开始就不去诉讼。或者当他们决定去试一下之后，最终也会对体制彻底失去幻想。

新互动形式

简单一想，似乎很难想象哪些技术或系统可以帮助普通人像律师一样去辩论和说理。什么样的决策支持系统可以生成令人信服且强有力的法律论点？这里的思维陷阱之一是，把障碍认作如何把如今律师的工作自动化，或者说如何帮助普通人"像"2019年的律师一样和线上法官沟通。我们可以跳出来思考一下采用"线上连续审理"的可能性，英国裁判庭已进行尝试（如第13章所讨论）。这种模式如果借鉴到线上法院的民事案件中，那么法官就会主导程序推进。不请律师的当事人无须事先提交确切和完整的诉讼文书。相反，尤其是没有第一层和第二层机制时，法院用户只要用日常语言来描述他们遭受的侵害就行，法官会要求补充更多细节来使案件成型。这种法官介入更多的方法有点像大陆法系的法院调查和询问过程。在很多小额民事纠纷中，好的法官能够快速直击核心、去芜存菁，帮助提炼争议关键点（不管是事实还是法律）。在更先进的线上法院中，有了第一层和第二层助力（参见第11、12章），案件概要或分析将已经形成并经过系统传递过来——或许是第一层的诊断结果，或许是第二层案件官的处理记录。

辩论和说理

即使我们说的线上法院是保留了传统对抗式流程的那种，结果思维也鼓励我们采用一种不同的方法。我们不要去想着如何可以复制律师工作并产出法律论点，而是要聚焦在我们需要哪些结果，以及我们是否可以用传统法律辩论和说理之外的方式获得这些成果。这个语境中的信息接收方是法官。哪些信息必须要呈交给线上工作的法官，才能让他们作出公正的判决？证据法、程序规则、相关实体法律知识、修辞和口头辩论经验，以及积累起来的良好做法——这些加在一起才构成法庭内传统的辩论和说理。但是这些现存形式过于复杂深奥了，以至于不能引导不请律师的当事人自己做。

记住，在早期版本的线上法院中，一旦案件的事实情况过于复杂或不确定，或者相关法律规定不清，这些案件就会由案件官或法官移交给传统法院。因此，我们目前关注的是日常案件。这些案子对自诉当事人来说或许困难，但对法官来说却属常规。[1]我们也要记得某些整理和分析工作已经在第一层和第二层完成了，成果也传递过来了。还要记得简化后的程序规则（参见第 23 章）一定会帮助用户理解案件进程。尽管如此，不管是不是有这些辅助，第三层的法院用户总要参与辩论和说理——通过整合证据和组织论点，把他们的案件以连贯和令人信服的方式陈述给法官。如果没有律师或法律意见工作者帮助这些相对简单的案子，技术能如何助力呢？

人工智能是否能发挥一些作用？我将在第 26 章展开讨论人工智能。目前，我只需点明：我还没见到能胜任并完全投入使用的系统，这些系统要能自动审阅证据材料，从中提炼关键事实，然后组织出相关法律观点来帮助设想中的法院用户。自从 20 世纪 70 年代末期起，人工智能与法律领域（尤其是自然语言处理）的学者们就一直孜孜不倦地开发系统来生成法律文书。但我们还没实现想要的效果，前路依然漫长。

不过还有一系列更加基本的工具可以帮助用户搭建和组织案件材料。第一，应该有"即时学习"（just-in-time learning）机制[2]**嵌入**线上法院服务。应该要有电子学习系统来一步一步向用户介绍核心问题，比如事实和法律的区别，以及正确法律推理的结构和步骤。借助设计思维（参见第 11 章），关于如何使用线上法院并在其中辩论，我们应该能够作出高效、易懂、大白话的介绍。我们还可以提供工具来帮助用户生成文件清单或事件时间表。用户也可以下载和学习以往案件辩论材料的样例，从中体会什么是好的材料。

我们也可以更进一步，提供一些不基于自然语言处理的"法律论点生成器"（欢迎起个更好的名字）。我提出此观点的大前提是目前小额民事诉讼案件总量当中，几种问题情形或事实情况占了绝大多数。我记得当巴奇（Bach）勋爵在2008到2009年间主持公共法律教育的咨询小组时，曾发现18种生活场景占据了大部分民事法院的工作量。[3]鉴于本书设想的第一代线上法院不会用来处理疑难案件，我觉得每一种生活场景（例如"有人欠我钱"或"我被辞退了"）都应该有可能创建一套**说理路线图和模板**。这些材料提炼了每个案件标准论点的结构和内容。法院系统要求用户点选菜单来回答一些简单问题并填写线上表格（在外观和感觉上得到设计思维启发）。以这种方式，系统和用户之间的对话将帮助提取出案件细节，并将其连贯地组织起来。复杂性交给系统处理掉了，对于不请律师的当事人来说不可见，正如机器语言的复杂性对于如今的计算机用户来说不可见。我们从"解决器"这个例子（帮助处理消费者纠纷的线上服务）就可以知道秉承这种思路的菜单点选系统可以有多高效。[4]

基于标准说理路线图和模板，这些系统能够生成基本且结构良好的法律论点，这些论点也反映了当事人的情况。这类系统会采用基本的基于规则的专家系统（参见第 26 章），这类技术也同样支持了文档自动化软件。我还不知道法律领域有人采用了这类系统，但我在 20 世纪 80 年代的研究和开发工作显示这条路是完全可行的。

促动与裁判

在产出结构化和连贯的法律说理方面，我认为上面说的这些机制会帮助不请律师的当事人比如今走得更远。尽管如此，在法律技术进步和线上法院的目前阶段，我也认识到不可避免要调整法官和法院用户之间的分工。我们可以不必立即踏出激进的一步去拥抱线上连续审理。我们也可以继续维持一套相当对抗性的流程，但也指望线上法院的法官有时要**促动**当事人——以种种方式敦促用户去澄清他们的论点，当证据缺失时发问和调查，要点被忽略时主动释明。这些叫案件管理也好，叫什么名字都行。线上工作的法官得比主持常规庭审的法官更加主动。

第 15 章
法律与代码

159　　线上法院提出了一系列令人头疼的问题。本章中我将探讨其中最微妙的问题之一，这个问题的一部分是法律，一部分是技术。线上法院的运行需要一套**规则**支持，有些规则嵌入了系统以方便用户。我的目标是加入关于这些规则性质的持续讨论，并做出自己的贡献。这个问题的核心是"法律"和所谓"代码"（泛指软件）之间的关系。本章行文中提到的一些细分概念可能乍看有点精深难懂。但是这里涉及的问题确实复杂，需要认真分析。这些不仅是让政策制定者和法学理论家头疼的问题，对所有关心线上法院是否可靠健全和根基扎实的人们都同样重要。

背景

　　线上法律**系统**可分为两大类——有些寻求得到法律**意见**（或许通过某种诊断系统或者决策树机制），另一些从某些意义上说则是**执行**或适用法律（比方说生成法律文书，或者推进纠纷解决流程，如填写线上表格）。扩展线上法院的系统会兼具这两类要素。对于提供法律**意见**的系统，有时法律（这里可以包括成文法、立法文件、程序规则和实务指示）可以直接翻译为代码。我在20世纪80年代中期的博士研究即这一点的早期例证，其中《1976年离婚（苏格兰）法》[*Divorce（Scotland）Act 1976*]就被可靠地重述为编程语言的形式。[1]当然案例法处理起来会难一些，因为一个判决书中有拘束力的判决理由（*ratio decidendi*）很难被组织为某些简单的教条规则，因此重述出来的必定是判决理由的简明解读，而非法律的字面翻译。这是研发"潜在损害系统"[2]中得到的主要经验之一（第26章进一步讨论）。提供法律意见的系统还有另一种形式——这种服务实质上包含了法律的总结或概要，然后将其重述为代码。很多线上法律服务就是此类。他们提供法律问题的非正式指导，与讲解式小册子并无太大不同。

对于那些**执行**法律的系统，大体来说会涉及两类规则得到执行——**明示**（explicit）的规则和**嵌入**（embedded）的规则。任何一种都是代码形式的。明示规则是指那些用户可以从系统界面读到的规则。嵌入规则是指系统虽然遵循，但内容用户并不直接可见的规则。有时，明示和嵌入规则都是**权威**的，这里我是指这些规则源自法律（翻译或者解释）。举个**权威明示规则**的例子，比如系统告知用户必须在14天内回应某个要求，而这个规定已写在法律条文中了。再举个**权威嵌入规则**的

第15章 法律与代码

例子，比如用户提交的文书长度受到字数限制，这个限制来自于某条成文规则，但这条规则本身在系统界面上并未明确提示和可见。

不过有时候，明示和嵌入规则是**非正式**的——严格来说，他们没有法律依据。例如，**非正式明示规则**可能是一条首页提示让用户必须使用视窗（Windows）系统，但实际上没有法律这么要求。再举个**非正式嵌入规则**的例子，比如用户填写网络表格时受到了字数限制，但这个限制并非源自法律，而可能是某位软件工程师设定的。但要注意，如果法律授权一个机构或个人自行设置合适的字数限制，那这就是**权威**的，不是**非正式**的。

很多非正式嵌入规则可能称作"常规操作"（routine）最合适——这里我不是指法律程序，而是一大堆没有法律内容也不影响用户权利义务的代码（例如按下某个键后，文件就会被发送到打印机）。

在这个语境中，"代码即法律"问题——借用哈佛大学教授劳伦斯·莱斯格（Lawrence Lessig）的表述[3]——是从用户视角出发，由权威规则施加的限制还是非正式规则或常规操作施加的限制，实际上区别不大。换句话说，一位善意程序员的非正式编程行为（例如"我们就给用户400个字符的空间吧，应该够用了"）看起来和上面提到的14天规则具有同等约束力。

这两种限制都可以说是影响了用户充分陈述案件等方面的能力。

问题

那么，支持线上法院运行的那些规则要不要明示？如果要明示，是不是也必须标明属于权威规则还是非正式规则？

作为一个大原则，如果线上法院主要希望普通人来使用，那么明示给用户的规则应该尽可能少。复杂性可以隐藏在系统背后，这样尽可能让律师之外的人便于理解和参与法律或法律程序。如果规则植入了系统，那就不可能不被遵守。比方说，大多数互联网用户都填写过线上表格，只要当前页填写不完整或者填写内容包含错误，就无法进入下一页。用户们知道遇到了问题，并不是因为他们阅读了相关规则，而是因为规则已经嵌入了系统。

不过，如果考虑公共政策因素（主要来自公开正义原则），我可以看到有一些很有力的观点要求用户、律师或其他公众能够轻易判断一条特定规则到底是权威规则还是非正式规则。如果属于前者，那么规则的出处是哪里。比方说，用户可能想要知道为何某个菜单上只有那么几个选项。

另一个重要问题则涉及非正式规则的状态，这种状态到底属于明示还是嵌入。如前所述，考虑到这类非正式代码可以具有类似法律的实际效果，某种程度上影响了用户的权利义务，用大白话讲，我们必须"边跑边做"。一种观点是除非规则是常规操作，也就是说除非规则不影响用户权利义务，其他**所有**规则都应该是权威的。我个人也倾向于这种观点。基于这种观点，那些设计和搭建服务的人——无论是软件开发者、律师、政策制定者或法官——不应该在工作过程中制定规则（除非满足下文条件），不管他们是多么善意或了解情况的。编写代码和开发线上法院服务应该是执行规则，而不是创立规则。从法律原理上，我很难得出其他结论。写代码不应是立法。

不过，考虑实际情况，我也能看到引发的问题。如果编程者只可以执行那些已经写好的规则（常规操作除外），但是规则制定者（如线上法院规则委员会）怎么能预见到设想中的线上法院所需的全部规则呢，尤其当开发过程是"敏捷"的（也就是循环、迭代进行的）？如果在线上法院开发初期，让规则委员会扮演"系统架构师"的角色，本质上就是要他们在纸面上预先设计好整套系统，这显然是行不通的。他们不能预见到开发过程的方方面面；同时这会要求规则详尽到不切实际的程度，往往也并无此必要。

同时考虑法律原理和实践情况，我认为可以如此行事：（1）规则委员会应当制定线上法院运行的整体原则，法院运行方式须符合经同意设定的系统大体功能（同意方包括立法代表、政策制定者和法官);(2)委员会应当把规则制定和代码编写的职责和裁量权授予正式设立的工作小组,该小组落实细节并以"敏捷"的方式推进;(3)该小组完成的规则和代码需要正式表述并明示出来,供公众监督,也供上级规则委员会定期正式评审;(4)委员会和工作小组应被鼓励以比例原则的精神来开展工作,避免生成过度复杂规则体系的倾向。

以这种方式,代码是法律,但这些法律规则须通过某种权威授权才能正式获得批准。这么做看起来会有些繁复,但我觉得不可以把规则制定和代码编写仅留给一群开发人员和法官去决定,不管他们多么经验丰富和动机善良。我们不能让编程变成立法。

第 16 章
案例研究

我通常发现律师和法官更容易被证据而不是辩论说服。任何一个论点,不管编织得多么繁复,有能力的律师总会提出相反论点。但若一方的证据更有力,那反证则更难一些。所以先把理论放一边,有哪些证据能表明线上法院是值得追求的社会创新呢?

我开始动笔的时刻是 2019 年上半年,线上法院还是新生事物。我们才刚刚爬到山脚,眼前尚有群山连绵。扩展法院已有不少,但(成规模的)线上裁判仍属罕见。尽管如此,目前涌现的案例已是鼓舞人心、令人信服的,我相信这些案例可以传达未来 10 年间全球发展方向的强烈信号。

过去我总是敦促读者们去思考转型,我也不能说得比威廉·吉布森(William Gibson)更好,他曾说:"未来已来;只是尚未均匀分布。"[1] 既然如此,本章的目的就是考察几套已经建立和运行的系统。这些系统应该可以确认发展线上法院并非天方夜谭。我会限定自己只讨论已经上线运行的系统或者具体开展中的项目,而不是纸上谈兵的抱负或愿景。例如在我动笔的当下,有不少媒体报道爱沙尼亚已有计划通过"机器人法官"来解决小额诉讼。也许爱沙尼亚能够短期实现,但就算单看新闻标题,现阶段这个项目还只不过是理念而已。[2]

英格兰和威尔士

全世界最有雄心的法院改革方案正在英格兰和威尔士开展。投入超过 10 亿英镑,包括超过 50 个子项目,涉及所有领域(刑事、民事、家事和裁判庭)。改革在英格兰和威尔士法院和裁判庭服务执行长官苏珊·艾克兰德霍德的坚定领导之下推进。HMCTS 全面公开改革进展,从中可以看出他们的愿景是建设大规模的现代化体系;确实,他们要建设全世界最好的体系。[3]技术居于改革的核心。下文挑选出来的几个项目可供一窥本次改革的要旨。

刑事方面,各个项目都基于一套称为"通用平台"(Common Platform)的系统,该系统正由警方、检察署和 HMCTS 联合开发。大体上,这次努力是希望实现期待已久的目标,即实现刑事程序中从始至终全流程的案件管理。这方面技术创新的一个更加具体的例子是"统一司法服务"(Single Justice Service),其理念是在轻微、无需羁押的案件中,如无减轻指控的事由,被告人可通过系统线上认罪。线上认罪会通过自动化的案件追踪系统电子报告给裁判官裁决。目前这个系统已应用于逃票检控案件,每周可处理大约500宗。

家事方面,改革目标是利用技术来使整个家事司法体系更简洁高效。线上离婚项目引发了相当多的关注。项目第一阶段聚焦无争议离婚申请,2018年4月末已上线。自那时起到9月中旬,系统收到了约14 000份线上申请。只有不到1%的申请有必须重新提交的错误。此后该数值降至0.5%以下。在以往纸质提交的体制下,超过40%的申请会被法院要求改正和重新提交。

至于裁判庭,在很多方面都可谓这场改革的先锋。[4]税务裁判庭(Tax Tribunal)已引入了线上上诉系统;类似系统也提供给了某些社会保障和子女抚养费案件的上诉人;还引入了"案件处理员"(caseworker)来承担一些以往法官负责的例行工作。或许裁判庭改革中最重要和具有战略意义的项目是开发了支持"线上连续审理"的系统和流程(如第13章所述)。这让当事人可以和法官线上进行调查性的交流,而不必采取更加对抗性的、面对面的互动。

民事方面,目前的流程尤其依赖纸质材料,亟待数字化。这方面最相关的是名为"线上民事金钱索债"的项目。该项目被设计用于支持不请律师的当事人处理金额为1万英镑以下的案件,当事人可以通过线上系统解决金钱索债。系统支持索债的提出和抗辩,也有机制来支持提出和接受无影响令(withoutprejudice order)。该系统自 2018 年 3 月起运行，至今，系统内已发起超过 25 000 次索债，超过 90%的用户对服务表示满意或极为满意。系统的升级版正在开发中，主要将用于支持律师处理多个索债。

正如我在前文强调的，上面几个项目只不过是众多改革项目的缩影，我选择它们是因其与本书主题契合。改革仍在起步阶段，能获得现在这样的成绩，司法机关的持续支持和参与至关重要。(有些人对于公办技术项目能否交付有疑虑，这可以理解，我将在第 24 章回应这些疑虑。)

不列颠哥伦比亚省民事纠纷裁判庭

目前，世界上最知名和最先进的线上公办纠纷解决系统是加拿大不列颠哥伦比亚省的民事纠纷裁判庭。CRT 于 2016 年中期上线，解决 5 000 加元以下的小额诉讼、任何金额的楼层（公寓）纠纷，最近也开始处理 5 万加元以下的机动车事故和人身损害纠纷。[5] CRT 的运作分为四个阶段。[6] 第一个阶段，有一套工具帮助用户理解他们在法律上的处境，这套工具采用了基于规则的专家系统，称为"方案探寻器"（参见第 11、26 章)。这提供了解决法律问题的"受指导途径"。第二个阶段，有一套线上谈判机制，允许用户之间非正式地尝试并达成协议。第三个阶段，如果谈判不成，会有案件管理员帮助促成协议，该协议能转化为可强制执行的法院命令。第四个阶段，如果和解无法达成，就进入裁判程序——一名裁判庭成员会作出正式裁决，类似法院判决。虽然 CRT 服务基本通过线上实现，所有 CRT 表格也可以支持纸质填写和提交，尽管他们跟我说只有 1%~2% 的用户选择这么做。严格来说，CRT 是一个行政裁判庭，属于公办司法体系的一部分，但不是法院。其成功的标志之一是其管辖范围最近扩展到了机动车案件。

套用第 10 章提出的架构，CRT 的第一和第四个阶段对应着我所称的第一层次和第三层次。CRT 的第二和第三个阶段结合在一起对应我所称的第二层次。或许 CRT 最创新的部分是第一个阶段——方案探寻器。这个系统帮助用户诊断问题，还提供信函模板等工具来帮助用户自行解决问题。这套系统确实很受用户欢迎——已经被用了大约 6 万次。

2019—2020 年度，预计会有 39 名裁判庭成员，处理案件量达到 1 万件。对于下一年度的预测显示案件处理量将达到三倍而人员数仅翻 1 倍。至于目前的用户满意度，调查显示 84% 的用户很可能推荐其他人使用 CRT。[7]

在我看来，CRT 的成功很大程度可归功于其主席香农·索尔特（Shannon Salter）的愿景和努力，及其主要知识工程师达林·汤普森（Darin Thompson）的技术专长。离开了领导力和技术能力，线上法院项目不太可能落地生根。

交通处罚裁判庭

据我所知,迄今运行最久的线上公共纠纷解决系统是交通处罚复审裁判庭(Traffic Penalty Appeal Tribunal,TPT)。这个机构设立于 2000 年,负责审理英格兰和威尔士(除伦敦外)交通违章处罚的复审案件。[8]TPT 有 30 名审判员(属于司法审判职位,由大法官任命),和 14 名辅助审判员的行政人员,他们每年裁决大约 25 000 宗案件。TPT 自 2006 年开始数字化,在卡罗琳·谢泼德鼓舞人心地带领下,启用了审判员可以远程工作和电子提交裁决的系统。后续 10 年持续创新,2016 年"快速线上复审管理"(Fast Online Appeals Management,FOAM)系统终于上线。FOAM 系统可以把当事双方约到一起实时沟通,每方都能够陈述其立场供对方和审判员评判。系统可以通过任何联网设备访问(包括智能手机和平板电脑),复审请求可以全程在线提交和处理,而证据——照片、视频、PDF 文档——可以随着案件推进上传和审核。当事人可以各种方式沟通,包括发送消息和实时聊天。审判员可以随时和当事人沟通,以要求解释和通知进展。一旦提交了证据和理由,复审申请人可以二选一:由审判员作出没有任何庭审的"电子裁决"(e-decision);或者要求审判员和对方代表通过电话会议庭审。不管选用哪种形式,TPT 的裁决会通过 FOAM 系统发送。

如今 TPT 审判员作出的裁决中，只有 10%左右涉及现场庭审。11%的案件当天就审理完毕，不到 25%的案件一周内处理完，约 45%的案件两周内处理完，70%的案件四周内处理完。2018 年 7 月，对复审申请人的调查显示，95%的被调查者说他们"很可能"或"非常可能"推荐其他人使用 FOAM 系统。

中国

2017 年 8 月，我到访了杭州市西湖区人民法院，据说这是中国采用技术最先进的法院。ODR 专家方旭辉教授是我的翻译；接待我的主要是陈辽敏法官，他是中国法院技术的领军倡导者。那次所见令我印象深刻：接待区有静态机器人，为用户提供线上法律帮助；有线上提交文书的设备；专用远程法庭；非特定人语音识别（他们不再需要书记员）；有中国第一家"互联网法院"的演示，该法院解决互联网相关纠纷，例如网络贷款、电子商务（合同纠纷和产品责任问题）、域名争议和网络版权问题。[9]中国有 8 亿互联网用户，相关纠纷的庞大数量要求法院采用新方法。他们告诉我该法院已经处理了超过 1 万件纠纷，用时大概只有传统庭审的一半。

到了 2018 年，两家新的互联网法院分别在北京和广州设立。这些法院的多数业务都是在线进行——提交文书和证据（通过区块链核验证据）、审理、送达判决书。在审理阶段，可以支持远程开庭和网络裁判。亦提供诉前调解服务——70多家外部调解组织可以远程访问线上调解平台。

还有人工智能工具来帮助起草诉状和整理论点，并帮助当事人评估可能的诉讼结果。自那次参观之后，"诉讼引导"机器人的想法——带有屏幕的人形机器人——也生根发芽了。到2017年年底，北京市第一中级人民法院也采用了类似系统，据说那里的机器人可以回答4万个不同的法律问题，帮助用户理解他们的法律处境。[10]

中国也在持续收集大量的法院相关数据。最高人民法院已为此建立平台，用他们的话说：

> 收集了超过9 425万宗案件、超过4 630万份文书、259个司法研究项目、超过24 000条司法人员信息，以及超过1 517万条司法管理信息；自动生成了超过47万份报告和陈述、超过100万条统计数据和超过1亿条全国法院的案件信息。[11]

据称，利用"大数据"是为了改进案件处理质量并支持司法改革。

新加坡

2000年，新加坡法院第一次强制要求所有民事案件的传统文书必须以电子方式提交。自那时起，世界各地的法院技术专家开始密切关注新加坡的探索。律师们别无选择（如果电子提交方式是可选的，那么大多数法域的经验显示很少有诉讼律师会主动选用）。到了2013年，新版系统上线，这次升级不只是把传统流程自动化。互动式线上表格确保了提交行为符合法院规则和实务指引，系统自带了合规检查能力。3年后的2016年，由首席大法官梅达顺（Sundaresh Menon）领导（参见第24章）的"未来法院"工作组雄心勃勃地制订了使用人工智能和ODR的计划。2017年，一套支持小额诉讼裁判庭（Small Claims Tribunal）的当事人之间电子谈判的线上系统启用了。类似系统也应用于新加坡的社区纠纷解决裁判庭（Community Dispute Resolution Tribunal）和劳动诉讼裁判庭（Employment Claims Tribunal）。

我和新加坡的首席大法官有过交流，得知新加坡致力于建设更加强大的线上系统，初期适用于机动车事故中的人身损害赔偿。其中"结果模拟器"将为潜在原告提供诉前指导，如帮助他们决定是否接受保险公司的赔偿方案。如果最终还是诉诸法院，那么新加坡国家法院希望双方采用"技术先行"的方式来达成友好和解。当事人可选择远程和异步参与法院主持的纠纷解决程序。以后婚姻争议中的生活费申请也会采用类似方法。预计诉讼当事人会越来越多地自主使用这些系统，不必总是聘用专业法律顾问了。

澳大利亚

澳大利亚有两个项目引起了我的注意。第一个项目是新南威尔士州的线上法院，在那里法官和律师可以讨论案件情况，而无需到庭。这种服务已提供给新南威尔士州最高法院、土地与环境法院（Land and Environment Court）、地区法院和地方法院，并将逐步拓展到更多法院。这种线上法院的主要目的是让律师管理临时或程序事务，有时（但少见些）不请律师的当事人也会使用。用户可以提出各类请求，法官则作出相应裁决。线上法院的程序遵循一系列规程。在最高法院和地区法院，线上服务仅限于某些无争议的民事法律事项——法官选择适合的案件并邀请律师参与。一般来说，线上法院裁决关于庭审日期和文书提交期限的问题。在地方法院，线上法院可支持一些初步收押事项；被告必须有律师代理。线上法院的注册使用量从 2013 年的 901 上涨到 2018 年的超 10 万。[12]

第二个项目是"电子法庭"（eCourtroom），法官可以利用电子法庭来帮助管理和审理某些由澳大利亚联邦法院或联邦巡回法院负责的案件。可适用电子法庭的事项包括破产程序中的单方申请、核查令申请，以及作出联邦法律事项的普通指令和其他命令。这种服务被归入称作"电子提请"（eLodgment）的电子提交机制。配合笔录机制，所有参与方和公众都可查看法官和当事人之间的往来信息记录。[13]电子法庭的规程强调,通过这种机制处理的事项等同于在传统法庭审理案件。这也意味着,这种机制仅适用于要求法官考量和裁断的问题,不能应用于当事人或其代表之间的沟通,尤其当他们的沟通内容应予以保密或敏感时。

美国

2018年年末,美国全国州法院中心(National Center for State Courts)进行了一项民意调查,部分问题关注线上(而非实体法庭)解决纠纷的可能性。尽管问题并未清楚表明其所指是公办线上法院还是民营ODR,民众大力支持某些案件可以线上处理(例如交通违章和消费金融债务),同时他们也明显倾向于认为另一些案件不适合(如儿童监护或离婚)线上处理。值得注意的是,50岁以下年龄组的被调查者对于线上解决纠纷的认同度显著高于50岁以上组。[14]

同时,在一项称作"马特洪峰"(Matterhorn)的服务支持下,超过4万宗案件得到了解决。[15]马特洪峰是密歇根大学法学院开发的"线上纠纷解决平台",2014年在密歇根州两个地区法院成功试点,如今已在超过40家法院运行,跨越至少8个州。这套系统设计使法院和公民之间的沟通更加高效。通过智能手机端,诉讼当事人可以在每天24小时中任何时间与法官、法院工作人员、检察官、警察和其他相关方发起异步沟通。该系统支持各类案件，包括小额诉讼、家事法院指令执行、民事违法行为和轻度刑事犯罪。当事人通过马特洪峰系统收到法院的判决。这套系统在设计时也考虑用来改进司法过程。用系统设计者的话来说：

> 如果技术可以改变或取代过时的条条框框（尽管这些设计用来支持核心司法决策过程），法官将会有更多精力来处理疑难案件，帮助他们更好地履行作为法官的核心职能。[16]

重要的是，系统的设计者之一、密歇根法学院教授詹姆斯·普雷斯科特（James Prescott）已把马特洪峰系统的使用纳入学术实证研究，评估线上法院带来的更深远的经济和社会冲击。[17]

美国最早的线上法院之一出现在犹他州。2018 年年末，他们启动了试点项目来处理大多数低于 11 000 美元的小额诉讼。这个项目践行了一篇法学期刊论文中详细设定的愿景，论文的作者是犹他州最高法院的大法官康斯坦蒂诺斯(蒂诺)·西蒙诺斯［Constandinos（Deno）Himonas］。以让法院持续"发挥作用"为前提，尤其是为了犹他州内大量不请律师的当事人，方案的基本组成部分是一套沟通平台，当事人可以尝试自行化解纠纷而无需法院参与；平台引入了调处员，他们可以帮助回答基本法律问题，尝试促成调解，协助起草和解协议，如果案件不能非正式化解，还可以帮助准备诉讼文书。一旦案件从调处员手里移送给法官，后者可以判断是否需要实时开庭；如果不必开庭且当事人同意，法官可以基于书面材料线上审结。[18]这个线上法院如今在当地被称为"睡衣法院"，已经使小额诉讼案件的违约率大幅下降了，从旧体制下的71%下降到线上法院下的53%。[19]

犹他州的系统仍处于初期，一如本章讨论的多数其他系统。但初期迹象已很鼓舞人心——建立第一代、三层次线上法院在技术上明显可以做到，这么做既能改善公办纠纷解决服务的触达率，也可降低所有参与方的费用和不便。不过，针对这类系统还有着各种各样的批评。下文将有所回应。

第三部分

反对的声音

第 17 章
反对意见

对于法律行业之外的人们来说，对本书前文所谈的内容似乎并无太大争议——就像其他职业和行业，法律行业当然也应该拥抱科技，尤其是这么做还能让法院体系变得更易触达，并且更便宜、易懂和便捷。不过，很多法律人和评论者都对线上法院的想法提出了重要的反对意见。反对意见来自多种角度——法律、道德、社会、文化、情感、方法、操作、心理——不过总体来说都有两个缺陷。第一，如果追求完美，那么实现积极变革或消除不正义中的任何一小步都可能会遭到完美主义的打击。第二，他们未能认识到人们其实并不想要法院。他们想要的是法院带来的结果。如果这些结果可以通过比法院更加低价、优质、快速、便利的新方式来实现，那么用户会转而采用新方式。

因此，我先说明一下：我最终还是认为线上法院带来的明显好处远远超过了对线上法院的各种顾虑。这个结论想必不会令读者惊讶。

本章的重点仍在第一代线上法院。稍作提醒，第一代线上法院包括两个方面：线上裁判，涉及法官以异步方式审理案件；扩展法院，即在法律和流程方面指导用户，并提供各种司法裁判之外的解决方式。

一些常见反对意见

有一种常见的反对意见，我可以马上反驳——他们说支持线上法院的那些人的最重要目标是省钱。这类说法有几个不同表现形式。一种是说政客们关心控制公共开支超过改善司法触达。另一种是说所有政府部门都有削减开支的压力，而按精打细算的做法，司法体系最好的削减开支的方式就是关掉法院。这两类说法具体到某些法域的情况未必全然不对，但我接触的几乎所有支持数字化改革的律师和法官，驱动他们支持数字化改革的主要动力还是改善司法触达的愿望。对于那些旨在**减少不正义**和改进法院服务的人来说，他们当然乐于见到成本下降的结果，但成本并不是最主要的推动力。如果坚持认为或宣称引入线上法院只不过是为了削减成本而已，那就是无视无数法官、律师和评论家出自真心且直言不讳的观点。

顺便说一句，很多法律人对于削减法律援助的公共预算感到愤怒，这值得注意也可以理解。要改善法院体系无法触达的问题，简单的答案似乎是再次打开水龙头——让国家回过头去承担更多律师的工作费用。我在法律行业工作了一辈子，能体会到这种立场的感受。但更多资金投入不能解决所有问题，因为往往钱也只是给了一个低效、陈旧的法院体系。现有体制在解决纠纷方面过分昂贵，无论谁付钱，我们都想要一套更好的体系。如果机器运行有问题，我们需要修复故障，不能只是加油。我们需要找到一套方法来拓宽司法触达，减少无法满足的法律需求，同时将成本控制在与案件规模匹配的合理范围内。

另一种常见的反对意见恰恰体现出我所称的"非理性的拒绝主义"——对于批评者没有直接体验过的技术一律反对（参见第3章）——回应这类观点应该无需花费我们太多时间。我这里旧事重提，是因为有些人只从拒绝主义出发，既不去看实际运行的系统，又不花时间研读文献，这样是不可能推倒线上法院的理念的，不管这些反对者如何声名显赫。我这么说可能带着些情绪了，因为我几乎每天都要遭到法官和律师们言之凿凿的质疑，他们蔑视线上法院，既不理会线上法院运行的证据，也不考虑线上法院在大原则方面的目标。这种讨论态度放在法庭里或严肃公共讨论中都不会被接受，本书也同样无法认可。

还有一类反对意见，也应该尽早回应一下。这类意见来自一群线上法院的反对者，他们认为引入线上法院无法形成有说服力的商业模式。对于任何创业者和大多数商业人士来说，这都是种古怪的论调。除非业务启动并运行起来，否则永远不可能知道业务表现是否达到预期。既然称之为"新兴"市场，从字面上也知道不会有什么过往经验。我们这些支持线上法院的人和创业者差不多，我相信自己找到了一个新兴市场（未得到满足的法律需求）或者找到了存量市场（有效的公办纠纷解决机制）中的一个缺口，我们从类似创新项目（如那些启发了民事司法委员会小组的案例——第9章）中汲取经验，我们基于合理假设（更少的昂贵办公楼、更快的案件处理、更高效的管理）进行论证，我们权衡风险（例如技术失败——第24章），我们提议设置风险预防措施（例如仅适用于小额案件），我们研判各方面影响（本书讨论了），最终得出结论：因为现状越来越难以容忍，线上法院值得投资，只要我们谨慎观察进展并做出相应调整。任何商业人士都熟悉这套办事逻辑，任何负责战略规划的政治家和资深法官，只要足够有想象力也会认同。设法打保票，也不见得一定能做成。对于未来的情况，必须要作出一些假设。不过事成后，好处似乎足够有吸引力，所以看起来是个不错的投资。

最后一类反对意见，不用太费口舌就可以回应，那就是并非所有案件都适合由线上法院处理。我第一个赞同这种观点。这种措辞本身就表示确实有些案件是适合线上法院处理的，我的观点也无非就是如此。话虽如此，正如我在第13章中明确指出的，如果我们要准确界定不适合线上法院处理的案件的特点，那仍要进行大量的思考和分析。

伏尔泰洞见

在第 8 章，我讨论了伏尔泰观察到的现象，即"完美是优秀的敌人"，我也提出了"完美是变好的敌人"或许是更好的说法。我也区分了超验主义和对比主义：前者把眼光放在一套正义法院服务的某些理想化概念上；后者则聚焦消除明显的不正义，关注进步而不是完美。

我称之为"伏尔泰洞见"。当衡量针对线上法院提出的常见质疑时，我会时常借助这套思路。伏尔泰洞见蕴含着两层含义。第一层提醒我们，尽管线上法院有缺点，但对于如今大量小额案件适用的不适度体制来说，线上法院确为重大进步；因此权衡下来，线上法院就算有缺点也值得采用。第二层含义则在很多方面看来更为重大，因为第二层含义关注的是法律需求得不到满足带来的巨大社会问题，我从 20 世纪 90 年代中期之后就将其称为"潜藏的法律市场"。[1] 这里我是指以往大多数人们在生活中无数次需要法律服务，但却无法得到的情况。法律服务费用过于昂贵，程序复杂，令人却步，耗时长久，等等。简单来说，线上法院将会提供一套公办机制来管理和解决那些如今无法有效化解的纠纷。再说直白一些，有出路总比没有强。我并不是说随便什么出路都行；但这条我称之为"线上法院"的出路，可以为很多今日无法保护甚至当事人都不知晓的权益提供低价、快速、易于理解的解决或处置方式。重要的是，这套公办服务并不只是帮助那些如今享受不到权益的人们，还会如我在第 1 章强调的那样，建设和维持人民对法律权威和法治的信心。

我是不是认为线上法院在所有案件中的表现都一定会胜过那位端坐在伦敦斯特兰德大街皇家法院四号法庭中的英格兰和威尔士首席大法官？当然不是。但是首席大法官并不能亲自办理所有案件。要他去办理所有案件也是不适度的。大多数纠纷并不要求裁判者具备首席大法官的经验和专长。鉴于这一点，假设伏尔泰得知了线上法院，恐怕他也一定会说"完美是适度的敌人"。

有种对伏尔泰洞见的回应承认了我们现在的体制可以大幅改进和拓宽，但是否认做出改变的唯一方法是引入线上法院。我们的法院诚然有严重、长期存在的问题，但依然有人会争辩说我们不应该假定线上法院是唯一或者最佳的替代方式。从逻辑上来说，这种说法是不可能被驳倒的。我无法宣称，要提供更便宜、快捷和简洁的公办法院服务，唯一的选择只能是线上法院。但我所说的是线上法院是目前看到的最靠谱的替代方案。令人惊讶的是，大多数线上法院的批评者既提不出其他的思路，也缺乏解决司法触达问题的可靠方案。他们并没有提出令人心动的其他选项。大多数人能提出的最好提议，如本书前文提过的，无非是国家为了改善司法触达应该增加对传统法律服务的投入，同时法院的运行应该更加现代化和流水线化。我承认我们无法仅从他们缺乏好提议就得出线上法院是最佳解决方案的结论。但是，秉承伏尔泰洞见，可以说我们已经找到了一种新的方式，越来越多证据显示这一新方式会优于旧设定，除非有人确实能拿出其他说得通的方案，我认为我们应该努力引入和实地测试这种创新。我想没有任何一条正义原则会要求我们忽略这种机遇。

从线上法院收集数据

还有一类可以快速回应的反对意见是关于数据的，这些数据应该从线上法院的运行过程中收集。越来越多学者开始担心那些设计线上法院的人未必充分关注数据，而这些数据将被用于评估线上法院的表现。这类反对意见可以得到快速回应，正是因为其关切完全成立。关于线上法院上线运行后的结果和影响，我们必须尽可能多地采集和分析相关信息。我们需要数据去支持高级研究项目，无论是哪个法域，都应该在线上法院落地之后同步开展这类研究项目。学术界已经非常努力地去制订合适的研究计划了。[2]我们要去实际检测和评估线上法院的影响，这至关重要，只有这样才能根据经验（正面也好，负面也罢）来对系统做出调整和改进。把线上法院的初始版本当作终点是很荒唐的，并不仅仅因为新方法和新技术会不断被采用。设计和开发线上法院的人也应该不懈追踪和评估用户体验（他们应该把反馈机制植入系统）。有时也许微调就行了，但万一系统走向了不正义（参见第7、8章）或未能改善司法触达（参见第6章），那我们也必须知道有可能要彻底重构甚至放弃创新［若干年后，收集到的数据也变得十分珍贵。那时我们的机器学习系统（参见第26、27章）将能够基于那些数据去学习和预测法院可能产出的结果］。

话虽如此，不应该总是用户说了算。两位身处不同时代的名人一语道破了这个问题。据说一次亨利·福特（Henry Ford）被问到他在发明大规模汽车制造方法的过程中，是否从询问客户需求中得到启发？他否认了，回答说，如果去问顾客他们需要什么，他们只会要跑得更快的马。对于法院、用户和律师也是如此。当我们问他们想要什么样的改变时，他们给出的答案也多半是"更快的马"，即现有体系的改良和流水线版。大多数用户不会深入思考未来或变革。他们并不会花时间沉浸在技术革新中或深思大转型。最好是让他们测试创新想法，而不是让他们对研发早期该做哪些事发表意见。

另外一位能在这个问题上指点我们的名人是史蒂夫·乔布斯。如第4章所述，他的观点有所不同，他说用户并不知道他们想要什么,直到苹果展示给他们。这里不是说用户一直知道他们想要什么,只不过有时不知道他们需要什么。在乔布斯看来,用户对于他们想要什么都所知有限。

事实上,用户往往缺乏充足数据或见解来对预设中的系统作出可靠判断。当用户实际与系统互动时,他们对于系统和流程的反馈则更可靠一些。即使到那时,我们的研究仍需足够精密,要鉴别用户的偏见、保守主义和非理性拒绝主义。当法院用户不是律师时,我们必须记住法院服务对他们来说是"信用品"(借用经济学家的术语)。这是指用户往往掌握不了足够多的信息去判断这项服务的技术价值或质量。

有些批评者或许相信实证研究将揭示整套线上法院的创新都是误入歧途,终将被扬弃。我想我们已经看到的早期成功经验(参见第16章)足以显示某种形式的线上法院将改善司法触达。我们的挑战是识别出技术的局限,并确保我们发挥出这套机制的最大作用。毕竟,我们不应该随便对未来世界作出假设。未来会如何,当下的我们并没有任何证据去预设。

第18章
"经济舱"司法

187 有种在法律圈内外都经常听到、还挺像回事的顾虑,说线上法院实质上是给那些没什么手段的人用的。线上法院提供给那些人的服务比不上传统法院提供的服务,而"正宗的"优质旧式法院将会仅仅留给那些更有能耐的人。换句话说,穷人将会被局限于一种"经济舱"服务之内,而富人将继续享受头等舱出行。站在这种立场,就算线上法院可以改善司法触达,实际上也会固化和加深社会经济阶层之间的贫富鸿沟。

论点分析

这种反对意见一部分是从分配正义出发的论点——按他们的说法,随着线上法院的到来,维护自身权利的能力作为一种福利在社会上的分配就**更不均匀**了。这种反对意见也有从程序正义出发的方面(称作形式正义),也就是说同案应同判——国家大体用相同方式来处置类似纠纷,不能因为当事人手段不同或支付意愿不同而区别对待。

在从这两种意义上探讨正义究竟被实现或阻挡了多少之

前，我们首先要注意一个既牵涉政策又涉及法律的问题。这类反对意见的各种版本都有个大前提，即法院的用户**有权选择**以线上还是传统的方式来审理案件，就好像飞机乘客可以自由选购不同客舱等级的机票（请注意所谓"自由选购"并非完全自由，因为人们肯定要受到自身能力所限——正如老话所说，丽思酒店的大门对所有人"敞开"）。然而，很多（如果不是大多数）线上法院的支持者都采取了相反的政策观点，若案件适于线上处理（参见第13章），只要那些弱势和"难以触达"群体的需求不受损害（参见第21章），则须强制采用线上法院（至少在案件早期），而不得另选其他方式[1]。对于某些纠纷，线上法院**即**唯一的受理法院。我预计未来这会是大多数法域的标准做法。在这种情况下，这种"经济舱"反对意见就完全不成立了。无论是从程序正义还是分配正义出发，出行都只有一种客舱可选了。

回应

不过，为了让反对意见暂时成立，我们假定法院用户确实有权在线上法院和传统法院之间选择。这必然会导致不正义吗？很显然，这种反对意见的基础是传统服务优于线上服务，有条件的当事人一定会偏好在现场空间审理案件，而不是在被看作次等的线上环境。如果钱不是问题，会有飞跃大西洋的旅客竟不享受豪华陈设的客舱（能舒适放平的床铺，精美的小食和饮料，应对得体的乘务员），而去选择艰苦的座舱（食物乏味，腿部空间狭窄，乘务员爱答不理）吗？如此类比，那么这个论点是说任何有头脑的人只要有选择，都会认为实体法院比线上法院强。

当然，这种法院/机舱的类比并非没有问题。法院服务具有深厚的宪制意义（参见第 1 章），而交通服务则没有。对于大多数人而言，参与法院程序是很偶发的，而飞机出行则早已不新鲜。旅客有很多其他选择（出行方式和运营公司），诉讼当事人却没有。尽管如此，两者之间还是有不少共通之处，尤其我们可称之为"从 A 到 B"问题。一般来说，出行的根本结果是从 A 地到达 B 地。客舱等级不影响根本结果——头等舱旅客的目的地和到达时间与经济舱旅客并无不同。同样，如果飞机失事，灾难也会降临到全体旅客的头上。与此类似，对于法院程序而言，线上法院的支持者，但凡讲理的，都不会认为线上或现场审理会让根本结果（例如公平的判决结果）有所不同。在司法中也有"从 A 到 B"问题。法院用户可能会预设不同的目的地——如前文提到，很多人寻求法律救济，另一些人希望收到歉意，还有一些人只想要了结冲突、继续生活。法院用户为了追求任何一种基本结果而使用线上法院，都不应该被排除在外。无论是哪种被人们接受的线上裁判概念，案件经由线上系统得出的实质性结果都应该和实体法庭中的结果相同甚至比实体法庭更优。

既然如此，那么真正的抉择不在于不同的结果或判决，而在于不同的程序、流程、困局和纠纷解决模式。这种论点与公开正义之类的观点无关，而是把头等舱的平躺床铺和免费饮料类比为传统法院里的原木装饰板和假发——更奢华的体验和更精致的环境。不难想见，有些人可能挺看重这种服务方式，也把线上法院看低了一等。但如果最终结果是一样的，比方说，传统法院的支持者们其实在暗示低成本且令人愉悦的服务不应该存在？他们是否坚持认为那些想要使用法院服务的人们应该必须接受更加昂贵的服务，就算这种昂贵没有必要且大多数人不能承受？对于那些回答"是"的人，我会说钱真的是个问题，并引用"伏尔泰洞见"来反驳。

我的回应不止于此。请注意线上法院作为一种服务的前景，大体上比传统法院更加快速、便宜、易于理解、不那么对立和难以接近，而且还更加方便（比如说不用请一天或者更多的假来参与）。从这个角度考虑，很多人会说线上法院是更加优质的服务。要说线上法院是相对低等的方式恐怕不容易。当然这里关键是要考虑法院用户的观点，而不是律师和法官的观点。这种论点面向质疑线上法院的法律专业人士，其弱点在于过度以法律人为中心。法律人熟知法院，他们倾向于继续享受背后那套传统的好处,难以想象不同的司法过程。他们受制于我所称的"现状偏见"(参见第 3 章)。他们可能会辩称他们其实是代表客户群体发声的,客户可能并不完全理解法院体系的技术细节。但这种说法同样太过于高高在上了,不能成立。律师之外的普通人可能不完全熟悉法院的运作,但是他们当然有能力根据真实效果作出评判,这套体系有没有以用户可接受的成本来产出用户想要的结果。最终,如果我们确以用户为中心——这是大多数系统设计者的信条,也是设计思维的根本所在——那么我们应该同意亚里士多德所说:"菜肴如何,食客比厨师更有发言权。"[2]

  也别忘了,我们正为未来设计法院体系,那时的用户群体会比如今主导辩论的中年反对者们年轻得多。对于接受线上服务已成为第二天性的法院用户来说,他们当然更倾向于认为畅通、平顺的线上服务比陈旧、往往难以理解的法庭审理更加优质。所以我的看法是,就算今日的法律人另有想法,对于明日的法院用户来说,线上法院确实将被认为是"头等舱"服务。不过,不像丽思酒店,线上法院将真正向绝大多数人敞开。

第 19 章
透　明

有两种彼此关联也往往由衷而发的针对线上法院的反对意见，应当被拆解开来。这两种意见都聚焦于实体法庭的消失。一种认为线上法院透明度不足，因此与司法公开相悖。另一种则质疑，如果参与者没有现场聚集在一起，是否有可能开展一场公平的审判——这里的担忧是线上法院可能会产生不公平的裁决（对于实质正义的关切）以及审判程序本身不公平（违背了程序正义）。我在本章中回应透明度问题，下一章再讨论线上审判的公平性问题。

透明与司法公开

在第 7 章，我已将公开正义列为正义七大原则之一，我们期待我们的法院体系遵循这些原则。为了让我们的体制维护的正义是公开的，我认为整套法院体系的运作应该是可以公开审查的，个案的行为和结果也应该开放监督。法院是至关重要的公办机构，被赋予巨大权力。法院应该是可见的、可以理解的并且可问责的。然后，法院可以被监督这件事应该会增强用户对法院体系和整体法治的信任和信心。我们经常说，正义仅仅被实现是不够的。实现正义还必须得到社会见证。从历史上看，通过确保绝大多数案件的公开庭审（向无论是否与案件相关的人们公开），透明度得以保障，或至少被认为实现了。还是通过这种方法，那些通过公开审判赢得有利判决的人们也洗脱了冤屈。我们反对法院的工作不透明或掩藏在神秘之中，我们会挑战那些私下或秘密进行的审判。

如第 7 章所述，当我们笼统呼唤法院体系的司法公开和透明时，我们要求看到法院的流程、程序和运行；关于案件处理效率和案件数量、案件主题内容和金额的数据；关于排期、结果和公共开支使用情况。对于具体案件而言，司法公开和透明要求公众应该了解到：庭审安排的事先通知；审理程序的某种记录；涉案当事人和相关程序的信息，以及纠纷的性质；法官关于案件管理决定的某些细节，判决本身的实质内容，以及对判决结果的解释。我们可以把关于透明的这些方面归纳到一起，称之为"信息透明"。

传统上，除了个别例外情况，人们预期所有庭审都在公开场所进行。我们也预期媒体在遵守报道规范的情况下，应该有权自由报道法庭程序。通过这种方法，正义可以被见证、被如实报道，正义也可以在个案中和整体体制下实现。我们或许也可以称此为"实时透明"，表明程序可以被实时监督。

在世界上大多数先进司法制度中,当然包括那些民主国家,目前信息透明的水平较低,而实时透明的程度较高。虽然法院服务分享数据时动作缓慢或不情愿,但大多数法庭的大门还是敞开的。从表面上看,引入线上法院可能会让情况反转。在信息时代,随着互联网的广泛使用,让公众获得信息应该是相对容易的,可获取的数据既包括前文所述的所有法院信息,也包括线上法院运行过程中自然积累的数据副产品,所有这些数据都可以被读取和分析,更不用说抓取、挖掘、切分、划块、聚合和重构。[1]但对于线上解决的案件,就不会有公众或媒体可以热情步入的实体法庭了。这种实时透明的削弱是否构成了对公开正义的重大威胁,严重到整个线上法院的设想都应该被否定?这种实时透明的削弱造成的损失是否如此顽固和恶劣,以至于线上法院带来的种种益处——尤其是对信息透明的预期改善——都不足以抵消?

我相信公开正义并不构成引入线上法院不可逾越的障碍。下文我将论证这一立场,我将诉诸其他平行正义原则,也会指出如今实时透明比人们广泛认知的程度要有限得多,最后我将分析引入线上法院所损失的司法透明并不足以否定整套线上法院方案——毕竟,线上法院确实应该比传统法院更加透明。

正义原则之间的抵触

线上法院的反对者们辩论的起点或许是主张司法公开是

一项至高的原则，因此别的都不用多说了。任何对公开正义原则的违背都不可接受。论证完毕。然而，我们知道并非如此，因为，比如说当案件涉及国家或易受伤害的证人时，庭审的全部或部分过程在私密环境中完成并不鲜见。这说明公开正义不是一项绝对不可违背的原则。我们可以找到也确实找到了例外情况。不仅如此，在有些国家，包括英格兰和威尔士，大多数法庭都不允许使用摄像机。我们有意决定不要把司法公开最大化，因为我们认为——举例而言——这么做可能会导致法庭程序过于戏剧化，可能导致不正义产生，或让人们觉得不够正义。

这就把我们带回了第 7 章的分析，那里我解释了当我们谈论法院中的正义时，我们头脑中可能交织着**七种**不同正义概念中的一种或多种，而"公开正义"仅是其中之一。那些不同的正义概念可能会指向不同的方向。例如，对于小额民事诉讼来说，让当事人请假去法院应诉并花费比涉案金额还高的律师费，往往违背了比例原则。因为很多人请不起律师也付不起诉讼费，我们还面临分配正义方面普遍存在且更加根本的问题——法律和法院服务是社会产品，其在社会上的分配并不均衡，一般仅向有能力的人开放。一般情况下人们谈到司法触达问题时，所指的就是这个问题。

这就谈到了关键，下面的说法恐非不证自明：公开正义

（以实时透明为特征）应该总是优先的，哪怕还存在着明显的不正义。或者说下面的情况并非不证自明：当一名管道工要起诉顾客付一笔小钱，或者当一名租客要起诉房东维修后门的坏锁，这些情况下正义还是坚持要求这些问题只能由法官在公开法庭审理。

再说得正式一点，如果线上法院构成的体制在实体、程序、分配、比例上都已经实现了正义，那当然有强大的理由来多多考虑公开正义。具体点说，如果我们有处理小额纠纷的线上法院，产生的结果公正，采用了公平的程序，也让用户感到公平，法院的服务得到社会广泛使用，那么这时，从正义精神和社会常识来看，如果让法官和当事人聚集到一室之内将会让代价高得不合比例，或者这么做从一开始就会吓退当事人维护合法权益，那么我们就不该这么要求。现行体制作为解决很多小额诉讼的合理机制来说已经过于昂贵、复杂和费时。如果我们愿意在某些情况下牺牲实时透明，线上法院会让我们大幅改善司法触达。

现今有限的透明度

从比例正义而非超验正义出发（参见第 8 章），我们还应该提醒自己注意现状如何：就算是被视为公开正义典范的实体法庭，也仅仅提供**有限的实时透明**。我们不应该想当然地认为，传统法院体系在实际运行中已经提供了一扇通透的窗户，透过它就能窥探法官的思想。

仅仅和决策者身处一室之内，能在多大程度上帮助人们切实观察到他们的思考过程呢？我们可以旁观法官现场论辩疑难的事实或法律问题，但如果假定这样旁观就可以让法官的思想过程全然展露无遗，是很荒谬的。我们绝不应该把观察到的某些决策过程的外部表象（比如聆听、专注、沉思）误认为真正知晓了法官头脑中的思考过程。尽管当事人和律师看到法官面部表情会感到更安心（看到法官严肃和沉思，或许因此显得公正），但我们并不能确知法官所思所想。同时，一方面是判决中给出的表面理由，另一方面则是得出该判决背后的思考过程和有意无意的偏见，我们要谨慎处理这两者之间的关系。20世纪初期至中期有一群被称作"美国法律现实主义"的法律学者，他们质疑法官势必受到逻辑驱动的假定，这个假定认为判决书中写出来的那些从前提到结论的推理过程体现了真实思路。约瑟夫·哈奇森（Joseph Hutcheson）广为人知的观点是，在法律和直觉之间，法官可能受后者影响更多。他们先凭直觉有了判决结果，再去整合事实认定和法律规则来支持判决结果。[2]卡尔·卢埃林（Karl Llewellyn）曾用**合理化**（rationalization）一词解释了相同的现象，也就是说法官先达成了判决结果再组织理由，"意在让判决看起来合理、法律上像样、法律上正确……法律上并无他解"[3]。

我在想,号称为了理解法官们为何以及如何达成判决,我们要借公开正义之名到几时?就算法官们可以坐在公开法庭中传达判决结果并罗列理由,我们也无法——比如说——在开庭时给法官的太阳穴贴上电极,监测他们的大脑活动。我们也不会要求法官接受——比如说——测谎,以确认判决书中所写反映了他们真实的思想情况,试图让法官能够完全表明和表达出他们的心理过程。我希望我们可以一致认同这种对法官思维的审查不仅违背比例正义原则,其对法官个人空间的侵犯也令人厌恶。我们以公开正义之名所行之事也有边界。本章的问题是,我们把界线划在哪里?

有什么可失去吗?

作为一个现实问题,我们应该问自己,线上法院究竟会给公开正义带来什么影响?积极的一面是,如果系统大体上按照设想运行,就能大幅提高"信息透明"的程度。通过互联网,公众可以访问的案件数据将会有很多,而此前很多归档的数据永不见天日。那么这种信息透明的显著改善是否足以补偿"实时"透明的损失(也就是失去现场旁观庭审的机会)?我相信足够了。

请注意,如果开庭采用"线上连续审理",如目前英国裁判庭体系正在试点的（参见第 16 章），那么法官和当事人之间对话笔录就有可能向公众开放。在我看来，这套体系比传统庭审**更加**透明。当然这带来了改变，但也可以比现在更好地实现公开正义（也提醒读者们，在如今的纠纷审理中，除法官的笔记外，还有"不得录制"的规定）。

但是，如果开庭不是线上连续的，而是采用更加传统的对抗制模式，这时案件如果不是由法官现场公开开庭审理，而是在线审理，我们会失去什么吗？只要很多重大民事案件仍然公开审理，我并不认为司法体制整体上就因此变得不够公开了。依然有无数机会可以见到这套体制的实际运行情况，且如前文所述，未来法院的运行和表现将会远比过去清晰可见。对于个案而言，只要案件数据在诉前、诉中、诉后都可查，那还有什么可担心的？我们还指望能看到哪些呢？说到底，对于透明和公开正义的呼吁往往可以归结到满足某些人的需求。他们要么希望自己公开被证清白，要么希望对方公开遭到谴责，这些需求可以理解。简单来说，一旦这些常见顾虑消除，剩下的担心无非就是线上法院会让小额诉讼当事人不再有身临法院的那一天。为了消除现有体制中存在的明显（分配和比例）不正义，我们愿意付出这样的代价吗？一边是可以大幅改善司法触达，另一边是为少数特权人群（也就是如今用得起法院的人）保留一个求偿的公共场所，恐怕大多数人都会认同前者更加重要。既然这样,对于代价问题的答案一定是坚定的"愿意"。

还有一个现实问题,也请注意实际上并没有什么独立观察者会去法庭中旁听小额诉讼案件。对于媒体而言,法庭审理的报道明显减少了——超过一半的英格兰本地报社已经没有法庭记者了。[4]对于大众而言,好像还没有这方面的统计数字。不过我听英格兰和威尔士的法官和官员们说法庭旁听率非常低,几乎可忽略不计。传统庭审的客观属性决定了实际上只有非常少的非涉案观察者有能力到场旁听庭审。当他们到场之后,也搞不懂庭审过程中展开的很多事项。再说了,一场庭审,再怎么重要,也就是解决纠纷过程中的一环而已,所以旁听庭审也只能让人了解全部过程中的一部分罢了。

那么权衡下来,有很强的理由认为线上法院在实践中比传统的现场法庭更有益于公开正义。

或许读者们觉得上面的分析还尚未到位,或心中仍怀有丝丝疑虑。这种对于减少一些公开庭审的顾虑,很可能并不在于透明和公平正义方面,而更多的是质疑线上法院到底能不能真的提供**公平审判**。现在我将回应这种质疑。

第 20 章
公正审判

201　线上法院真的能做到公正审判吗？对很多律师来说，这是个至关重要的问题。有时也被看作一个法律问题，指向《欧洲人权公约》（European Convention on Human Rights，ECHR）第 6 条。但它也可以被构造为一个关于正义的问题，追问法院工作是否必须以面对面为基础开展，线上法院是否也可以给出公正的结果。还有一个争论的相关问题是关于法庭的"威严"，如果当事人没有聚集在一个公共场所就把案件解决了，是否有损这种威严。我在本章中探讨这些问题，结论部分跳出了法律，涉及心理治疗问题——这是为了帮助我们保持开放的心态。

ECHR 第 6 条

ECHR 第 6 条第 1 款关注公正审判的权利，条文如下：

在决定某人的公民权利和义务或者决定对某人的任何刑事指控时，每个人都有权在合理时间内接受公正和公开（public）的审讯，该等审讯由依法设立的独立而不偏倚的

裁判机关开展。判决应当公开（publicly）宣布……[1]

就线上法院而言，这一句半话是 ODR 和线上法院社群中大量讨论的话题。其关键在于，线上裁判过程的"公开"程度是否足以达到第 6 条的要求？有两种方式去考虑第 6 条对线上法院的影响。一种是确定法律规则到底**是什么**——通过进行详细法律分析来解释 ECHR 的文字，并考虑欧洲人权法院（European Court of Human Rights）和公约签约国法院的相关判决。另一种方式是提出法律**应该**如何解释的主张。与本书的主旨相合，我主要的目的是支持线上法院，故我倾向于后一种方式。哪怕仅能点出要旨，我也想要阐明为何从社会政策和正义原则来看，我们想要法院以支持（而不是反对）线上法院想法的方式去解释第 6 条。

这里我的关注点仍在"线上裁判"小额民事纠纷，所以范围小于第 6 条所主要关切的刑事案件审讯（我承认刑事案件确有额外挑战——参见第 9 章）。我的关注点还在于**第一代**系统，涉及法官根据线上提交的证据和理由来作出裁判，没有现场庭审。因此，在讨论第 6 条时，如果简单机械地把"现场"（physical）等同于"公开"（public），那我就可以直接卷铺盖回家了，因为单就这一点而言，线上法院直接违反条文了。线上法院处理的案件不是现场"公开审讯"，判决结果也不在实体法庭"公开宣布"。这么解读是非常字面的解释；对于一般来说不是严格解释文字的欧洲大陆法系律师来说,这种解读也过分拘泥于字面意思了。在发展本领域法律的过程中,我们会期待法院本着欧洲法的传统,目光超越文字本身,而及于第6条的精神和目的。我自己也是这么做的。

前面引用的第6条,草拟时间差不多是70年之前了,早于互联网发明时间20多年,早于万维网出现近40年。在起草第6条的时候,除少数科幻作家外,没有人想过全球的通讯、信息共享和社交网络。后来我们所理解的"公开"概念也演进了。当我们提供网络方式接入会议、讲座、活动还有法院时,我们会很自然地说这些都算提供了"公开接入"。如今当我们谈论信息"公开"时,不可避免会想到网页是一种可选的发布媒介。因此,我们能不能类推,负责任地认为第6条中的"公开"概念也可以容纳线上法院?

关于第6条的判例法和辅助文献可谓卷帙浩繁。欧洲人权法院出版的关于第6条的民事审判官方指引(尽管无法律约束力),密密麻麻的小字印了长达80页,差不多引用了500起据说有影响力的案件。[2]我尚未见到明确论述线上法院的案件,尽管有过涉及诉讼之外的替代性纠纷解决的案件。[3]

根据该官方指引,第6条的目的在于保护诉讼当事人,"对抗无公众监督的秘密司法程序"[4]。随着关于第6条的判例法继续产生,明确涉及线上法院之后,在我看来既有必要也确实必须与前述目标保持一致,那么尤其应该关注第 7 章列举的正义原则中的三条——程序正义、公开正义和分配正义。

程序正义要求程序公正,所以审判也要公正。如我在第 7 章中的讨论,程序正义有四个关键组成部分:同案同判;当事人应该有机会在法官面前陈述案件,且法官在该纠纷中无个人利益;法官应该中立,就职于独立的司法机关;法官应当审查案件本身而不是当事人。我觉得这种程序正义的观点比第 6 条更进一步。无论如何,我在本书中主张,如果按第 10 章的架构引入线上法院,四部分就都满足了。事实上,线上法院在某些方面比传统法院做得更好。比方说,如前一章所论,线上法院的当事人在法官面前更加"模糊",而且法院的工作方式也正是为律师之外的普通人设计的。

关于公开正义,第 6 条的主旨有力响应了上一章中关于透明的论述。公开正义和公平审判理念显然是有联系的。不过,没有人可以合理论证只靠透明就能确保审判是公正的。但或许有人会说,仅当审判公开进行时才会是公正的。当然就算这个说法也过于大胆了。我们可以很容易想象线上法院处理的一起案件,审理过程公正(程序正义),得出了公平的判决结果(实质正义),但案件并没有在公开法庭处理。假设案件信息做到了按上一章所述的高度透明,如果仅仅因为案件审理过程没有做到实时透明,就说案件审判是不公正的,这恐怕很牵强。说到底,这还是在说公开正义压倒了其他一切正义原则,我已经在前一章中驳斥过了。

然后,还有分配正义的问题。第 6 条规定"每个人都有权在合理时间内接受公正和公开的审讯"。如果狭隘地解释,本条或许要求任何审讯都必须公正**并且**公开。然而,根据现有案例法,一种更好的解释是本条最终追求的是更广泛的司法触达。这里我们看到了分配正义和公开正义之间持续的紧张关系。如果我们真的想要所有人——或者至少很多人——能触达法院服务,那么实践中很难设想我们现有的"公开"体制能如何扩大为一种符合比例的服务。

官方指引和案例法清楚显示了审讯公开的要求不是绝对的。对于替代性纠纷解决,这一点很久以前就得到认可了:

> 鉴于各国引入 ADR 程序是为了改善司法触达,各国可以在第一道纠纷解决程序中不严格执行第 6 条下的一些权利,只要第 6 条中的那些安全措施在上诉阶段得到保障。[5]

因此,面对第 6 条的守护者们——法官、学者、律师——我的观点是拓宽视野,充分考虑分配正义和比例正义,重新审视我们的一些普遍理解,即法院作为主持公平审判的"公开"场所,到底应如何理解。一切的一切中最重要的,始终是法院作出的判决结果是公正的,审判过程是公正的,诉讼参与者感觉到了公正，并且法院服务可被社会各界用适度的成本触达。

当然，我们必须要有保障措施。比方说，如果公开正义问题在某些案件中值得特别关注，那法官应该有权在任何阶段把案件转为传统开庭。案件也可以从线上法院上诉到传统法院。至于是否应该有不受限制的上诉权，上诉范围是否可以同时包括事实问题和法律问题，我目前还没想好答案。这在很大程度上取决于线上法院的案件产出数量、认定为适合线上法院审理的案件类型，以及用户满意程度。

正义的真人面孔

质疑还会持续。在线裁决案件的话，我们不会失去法院体系中一些核心要素吗？很多人的直觉都会认为一定失去了些什么，他们认为司法工作天然就是人类的工作，只有人们聚集到一起才能做得最好，这也可能是唯一的做法。御用大律师安德鲁·朗登（Andrew Langdon）曾在 2016 年年底很好地陈述了这种观点，他在就职英格兰和威尔士大律师公会主席时说道：

> 我觉得在正义实现的过程中，现场出席的人是一个重要组成部分……置身于证人、或陪审团、或被告、或法官、或你的律师面前……我们天生都有正义应当如何实现的感知，现场出席不恰是很根本的一方面吗？……正义长着一张真人的面孔，而不是一张屏幕上的面孔……很多小

案子的解决正得益于让所有人聚集到一个地方。当事人之间的关系变得明了：一方是否正在不公平地掌控另一方，一方是否像另一方一样富足。[6]

他论述完了。这是一套很有说服力的理由。但是还不够充分。这种观点下当然藏着各种各样的说辞。正义必须当面实现。所有参与者必须能够看着另一方的眼睛。原告和受害者需要面对面的机会。人类的正义只能在实体法庭里实现。正义是个人体验。现场出席是至关重要的，因其创造了平等的对抗环境。

那么，这种正义（笼统感受到的）必须要在实体法庭中实现的观点，如此由衷、"天生"、发自肺腑，其性质到底是什么？它是一种实证主张、法律论点、宪法原则，还是哲学准则？显然都不是。那它究竟立足于哪些正义原则呢？我的论述有没有遗漏？如果有，遗漏了什么？我和律师、法官们反复探讨这些问题，最终分析下来，他们所秉持的强烈信念，即正义只有在实体法庭中才能妥善实现，在我看来是一种情感和心理上的主张，大体上是基于过往经验形成。问题不在于相关感受是否真诚或深刻。也不是说要否认情感的重要性；毕竟，我在第4章中就已经将其认定为结果思维的核心方面之一了。

线上法院的批评者们全心全意地相信，哪怕远离实体庭审一点点都是重大倒退，我不怀疑这是他们的真实感受。出庭律师和法官们将人生中的很多东西都倾注到了纠纷解决的单一形态中了。他们难以设想工作还可以采用全然不同的方式，也已经陷入了主导他们职业生涯和繁荣的那种环境。但他们的感受实际上只是一种超验正义的主张，受制于事先已经认定的所谓"完美正义"形态，而没有想到我们或许可以克服如今体制下的明显不正义。渴望一种完美或接近完美的体制没有错，沉浸到传统之中，思索正义的原初感受。但是放任这种思路成为主导，则是让形式压倒了实质。这样做还是像庆祝仪式一样的老式劳斯莱斯，而不是致力于实现所有人的自由出行。

　　前文引用的那段话中有一种具体的说法值得单独讨论一下——各方当事人亲身到场后，对抗环境就平等了。所有当事人亲身出现在法官面前所获得的平等化，通过线上程序似乎不太可能做到。他们的观点是这样的。但是反过来也可以说：如果各方当事人使用线上法院，法官看不到他们的肤色、服装面料、律师团队规模。从第 7 章所述亚里士多德的积极正义观看，线上法院的司法过程无视当事人特征，令人欣慰。[7]

　　无论如何，当事人出现在法官面要消耗时间能说明些问题吧？那是不平等最常显现的地方。那是有钱人可以任性指使律师采取拖延、回避、扰乱、消耗以及其他种种方法去发挥经济优势。当下体制在克服这种诉前阶段的经济优势地位方面无所作为。而线上法院可以帮助当事人更容易在早期就接触公办法院体系,让那种欺凌(实际上往往就是如此)能更容易被早日叫停。

丧失威严

还有一种可以归在"公正审判"大类下的顾虑,由布瑞格斯勋爵在他关于民事法院结构的阶段报告中提出。报告发表于2015年12月,当时他强调了把"法院的威严"融入线上法院的重要性。[8]御用大律师安德鲁·朗登后来更加有力地论述了这一点:

> 我们大多数人,无论是不是律师,都会本能地理解法律的严肃性,有时也被称作法律的"威严"。历史上法院大楼都显眼地伫立在市中心,就显示了我们的祖先也是这么理解的。尽管没人想要法院用户遭到压制或惊吓,但如果人们对掌管法律者的敬畏之心削弱了,同样也没有好处。这种削弱恰恰来自参与法院活动的人仅仅是远程呈现,而司法权威并未实际到场。[9]

对这种质疑的简单回答是,很多现代法院远称不上威严,我在第5章中描述的那些镀铬设施和浅色层压板材就肯定不威严。还有更差的,这里再次引用黑兹尔·简的观察,我们法院的"处境堪忧",有些公共区域已是"脏乱差"(参见第2章)。此时再赞扬我们的法院建筑恐怕就要滑向浪漫的超验主义了。

不过，上面引用的这段话也确实提醒了我们，线上法院的设计过程应该充分捕捉和传达传统法院的权威性。系统应该以某种方式激发用户对司法机关至少同等程度的信心和尊敬。还有，与线上法院的日常交互应该能够清晰和频繁地确认司法权威性和法治。赋予线上法院这种分量和效果，可能要把传统法院的某些象征和符号模拟为电子形式，此外，我们还需要很多额外的思考——关于线上法院服务给人的"所见所感"。应该聘用有才干的设计师来把司法体制的价值观和原则融入线上环境。这里设计思维应该再次发挥核心作用，不仅是帮助项目开展和维护法律权威，也要把公办线上法院在流程和实质两方面明确和 ODR 区分开来，后者是私营的，也持续在网上出现。

再往大点说，结果思维引导我们不要只盯着法院体系现有特点（比如"威严"），甚至想着把这些特点永久化，而是要思考什么结果是我们想要的。威严是否是内在固有的好事，本身就很重要，还是说因为威严会带来好的结果而看重它？我的感觉是威严本身并非根本性的价值，而是我们想要一套体制，它有权威、受人尊重，支持第 7 章所述的正义原则。我们还想要一套体制，它与人们息息相关，而不是与公民主流社交和工作相分离。我们想要一套体制，它反映出我们建造和生活其中的那个线上世界最令人赞叹的一面。

说到这些，伏尔泰洞见指引我们追问，我们是应该更偏向于一个威严、少人问津、位居公民生活边缘的实体法院体系，还是一个有效、广泛使用、有权威、息息相关、广受尊重、妥善配合当代生活的体系？

回到我在第 4 章末提出的问题，我们现行的法院体系是否有一些内在可贵或重要的特点，对它们的任何替代都应该遭到抵制，哪怕新方式可以产生更好的结果？在对威严的讨论中，我们真的要坚持维护那些高大的司法大楼，**因为**那些高耸的尖顶、拱形的天花板、光亮的橡木、装饰着令人生畏的饰章的镶板墙壁吗？还是说，我们的体制敢号称拥有权威，是因为其工作的质量和影响力，而不是靠过去的遗泽？

心理治疗的启示

当反思我们传统中的困境，寻求指引或启示时，我经常鼓励法律专业人员把目光放到法律之外去。就公平审判而言，心理治疗领域可以点亮一盏明灯，尽管启示的方式未必如读者们所想。法院服务和心理治疗是可以类比的，因为不少倡导者和观察家认为两者都是以人际互动为核心的社会和文化现象。两者都是典型的人类服务，当人们聚集到一起时效果最好。

为了至少从心理治疗角度挑战上述观点，我向法官和律师们推荐欧文·亚隆（Irvin Yalom）的著作，他是斯坦福大学精神病学荣休教授和心理治疗方面的先锋人物。在他的自传《成为我自己》(*Becoming Myself*) 一书中，亚隆提到了或许可以通过电话进行**治疗**的提议，以及他的最初反应：

> 如果见不到病人，治疗师怎么可能进行妥善治疗？心理治疗师难道不就错失所有的精微之处——复杂的眼神、面部表情、微笑、点头、告别前的握手——与病患之间的亲密关系如此重要的事情了吗？[10]

211

正如我们所见，持怀疑态度的律师们也提出类似的观点。如果见不到证人，法官们怎么可能作出判决呢？用安德鲁·朗登的话来说：

> 让我这么问：在审理案件时，法官若能近距离地感受氛围、细节和互动，有多少次法官们突然会灵光一闪——把起诉书、诉前请求先放在一边——案情原来如此。放到虚拟现实中，这种灵光还会来得这么频繁，见解还会这么准确吗？[11]

不过，并非所有律师和法官都有同样感受。下面就是一种相反观点，麦肯纳（MacKenna）大法官于1973年有力地提出：

> 我怀疑根据证人举止而认定事实的做法是否总是值得尊重。我怀疑自己的能力，有时也怀疑其他法官的能力，通过证人的举止或语调来断定他是否在讲述事实。他语带迟疑，这代表他是个谨慎的人，因此对他的陈述应该

尊重吗？还是说他只是需要时间来编造？另一位说话掷地有声，他只是表演出来欺骗我，还是说他自知真心可鉴、直言无欺？如果一位证人说话时和我目光直直相对，是不是就比他目光望向地面更加可信呢？或许后者只是性格内向或天生胆小？对我来说，依赖这种种迹象实在助益无多。[12]

后来成为大法官的勒加特（Leggatt）在 2013 年进一步质疑了证人口头发言的可靠性，当时他在商事诉讼中观察到：

> 在我看来，在商事案件审理过程中，法官可采用的最好方法就是尽量完全不依赖证人对于过往会议、谈话的回忆，法官查明事实时要根据文字证据和确定成立的事实来推出结论。[13]

这种观点也再次支持了我的想法，即法官的某些或很多思考过程（包括事实认定）可以通过书面完成。

当然，世界在技术方面已经前进了不少，所以前面引用的四位评论者很可能都会惊讶于情感计算（能检测和表达人类情绪的系统）领域的发展（如第 3 章所述）。例如，有系统已经比人类更加精确地判断一个人是否在实体法庭中撒谎了。[14]这只是一系列技术中的一个例子，这些技术将快速挑战一种常见假设，即认为在判断其他自然人的情绪状态和可信度方面，人类自己总是最强的，而且要实现这种判断还必须得面对面。

回到前面提过的心理治疗师亚隆，他回顾过往后，说当年的自己太"自以为是"。他终于承认远程治疗是可行的。后来，他用了 Skype 来治疗，结论是"我的现场治疗和视频治疗在结果上几乎没什么差别"，虽然不是对所有病人都没有差别。[15]很多主持过远程庭审的法官感受也差不多。更晚近一些，亚隆进一步说：

> 所谓文字治疗是让治疗师和患者完全通过文字沟通。当我第一次听到文字治疗时，我再一次抵触了……这看起来仿佛是一种扭曲，失去人性，是对治疗过程的恶搞。我完全不想涉及，又回到了过去那种全然自以为是的模式。[16]

然后有人就向他介绍了最大的线上文字治疗平台"谈话空间"（Talkspace），该平台允许用户和治疗师收发文字消息，按月付费。[17]2014 年已有超过 1 000 位治疗师入驻。有意思的是，这个平台在开发过程中是支持语音消息和实时视频交谈的。亚隆本以为患者会从文字逐步进化到语音、视频，也就是那些"真实的东西"。[18]然而，很多患者更喜欢用文字而不是语音和视频。尽管在亚隆看来这有点"反直觉"，他发现患者们"匿名发文字更有安全感……年轻患者使用文字消息也极其适应"，哪怕有时候治疗师要几个小时后才回复消息，对于患者来说"仍然有立即联系上的**感觉**"。[19]我觉得这种情况和异步线上法院简直惊人的相似。

但愿法官和律师们的心态也能像亚隆一样开放。值得注意的是，这位世界级的权威级心理治疗师，在他85岁高龄的时候得出了这样的结论：

> 在受过良好训练的治疗师的妥善运用下，文字沟通方式可能会提供更加个人化的互动。有些治疗师只会死板遵照机械化的行为手册行事，就算和他们面对面，效果可能还不如文字。[20]

在遵循了相关程序规则的情况下，线上法院的用户会不会也觉得比面对面庭审得到了更个人化的互动，这种设想算不算异想天开呢？法院和治疗流程之间可以找出种种明显的差异，但我已经听到无数律师跟我说，线上法院将会是一种扭曲，会失去人性，或者类似的话。或许他们需要观察一下实际运行的线上法院，就好像亚隆见到了用以支持线上治疗的种种技术，这才改变了他的看法。

第 21 章
数字化排斥

有种针对线上法院的常见异议认为,使用线上法院要求具备上网条件和一定的计算机操作能力,而很多人并不具备这些。这里的顾虑是,如果触达法院体系和司法正义的唯一渠道是技术,实际上就会把那些不使用或尚未熟练使用技术的人排斥在外。有人担心,线上法院将会是司法正义的新障碍。表面上看起来这种质疑有道理也挺重要。但是,我会在本章中论证这种观点经常被夸大了。如果我们拆解和分析这里的各种忧虑,就会发现这种反对意见中包含的杂音多过实质。不管怎样,这都是一个值得回答的问题。我对数字化排斥问题的回应也引出了几个更大的排斥问题,而这些问题过去基本上被忽视了。

遭到数字化排斥的人大概包括"那些无法触及互联网或数字设备的人,或者缺乏技术、能力、信息或动力去使用互联网或数字设备的人"[1]。大体来说,我发现有两种人——思想开明者和思想封闭者——都对数字化排斥表达了顾虑。思想开明者是真心探讨,想要了解哪些人可能被排除在外了,被排除到何种程度。或者他们对于新系统的潜在使用率抱有真实疑虑,想

216 要知道是否某些特定社会群体可能会被置于不利地位。他们提问的时候头脑中并没有预设想要的答案。

而思想封闭者在这个话题上早已形成了不可改变的观点，证据再多也改变不了他们的立场。他们已经知道了他们想要的答案。不管动机如何，他们并不热衷于线上法院这个主意，因此抱定了数字化排斥不放松，将其作为否定或推迟整套不当方案的致命一击。

统计数据

2018年英国法律改革组织"JUSTICE"发布的调研扎实的报告，就能说明一些问题。报告中说英国"具体到司法语境中，数字化排斥的规模并不清楚"[2]。英国司法部则引用了一篇2016年8月的文章，描绘得更加具体一些。这篇文章表示30%的英国人已经"数字化自给自足"，52%可以实现"协助下数字化"，而18%的人群尚被"数字化排斥"。不过，这些数据来自于一份2013年发布的政府报告，那之后互联网的使用程度已经大幅提升了，很大程度上是因为用户可以使用智能手机上网了。2013年有78%的英国人自称使用了互联网[3]，如果我们快进5年到2018年，英国国家统计局数据显示90%的成年人近期使用过互联网。[4]

分年龄段的使用率（数字四舍五入了）——16岁到44岁

（99%）、45 岁到 54 岁（97%）、55 岁到 64 岁（92%）、65 岁到 74 岁（80%）、75 岁及以上（44%）——也有其价值。很明显，使用率最低的群体不出意外是老年人，尽管我们也看到这组数字随时间稳定上升（主要是因为 65 岁到 74 岁这组的老人会进入下一组，同时下一组中有些人会过世）。我们社会上另一个不使用互联网的群体是 DE 社会经济组的成年人（那些失业、半熟练和非熟练的工人），他们中有 22% 不上网。[5]

不过并非到此为止了。首先，我们应该记住，如果我们考虑线上法院的战略布局，那我们应该把目光放到 21 世纪 20 年代初期，那时候线上法院将已广泛投放。如果目前的使用率持续发展，到那时，还没有连线的人会越发少了。更重要的是，正如牛津互联网研究院（Oxford Internet Institute）在其原创研究中发现，很多看起来排除在互联网之外的人群其实可认为是代理（proxy）或次级（secondary）用户。[6]这是说他们本身虽然不使用，但是有人替他们操作。这些人依然是互联网的间接受益者。例如有些老年人就属于这种类型——爷爷可能见网页就摇头，但他的孙女替他网络购物、订电影票和续缴汽车税。如果我们把这些代理用户也算进去（超过 40% 的非用户看上去都有人替他们使用互联网）[7]，那英国被排斥在接入互联网之外的成年人就仅有 6% 左右了。

尽管这个数字已可让大多数批评者偃旗息鼓了，6% 仍然代表着具有重大社会关切的少数群体。这里面有我们中的年长者和生活最艰难的那些人。有时他们被称作"难以触及之人"(the hard to reach),他们是社会中最易受侵害[8]的那群人之一,常常不仅被剥夺了法律支持,也得不到医疗服务、社会服务,以及——老实说——很多其他社会人群的同情。分配正义原则为这些人大声疾呼,他们应该得到支持去理解和保护他们的权益。如果要问我们的法院服务应该帮助谁,那当然就应该是那些不能自助的人。

话虽如此,要是有人说,因为6%的人口被数字化排斥了,我们就应该放缓线上法院的部署进程,那绝对就是对问题反应过度了。哪怕数字是10%,我的观点也不变。不管是6%还是10%,绝大多数公民现在都直接或间接地获得了数字化能力,数字化程度只会往一个方向发展了。顺便一提,有些人认为在线上法院的情况下,那些不请律师的当事人"比广大普通人群更有可能遭遇数字化排斥"[9]。我不同意这种说法,尤其是因为按照本书观点,未来使用线上法院、不请律师的当事人实际上**就是**广大普通人群。

"协助下的数字化"

针对遭遇数字化排斥的人群,一种可行的方式或许是平行维持一套传统的、基于纸质文件的实体法院体系,留给那些不能使用互联网的人。先不说这种方式的效益极低,这种思路本身就讲不通，因为这些难以触及之人实际上也是被传统体系排斥在外的。

应对之道一定在于提供某种实操帮助，支持这些自身不能使用线上法院服务的人（我不那么同情那些有能力用却不愿用的人）。换句话说，我们应该想要**每个成年人**都能够成为协助下的代理用户。对于所有关心数字化排斥的人，这才应该是共同目标。

司法部以及英格兰和威尔士的法院和裁判庭服务正沿着这条思路设计一套行得通的方式。它们称之为"协助下的数字化"。为了让它们的服务"可以被每一个人使用"，它们打算通过面对面协助、电话服务和网页交谈机制去帮助用户。它们还提到了"对于必需人群提供纸质渠道"，就是说允许人们填写纸质表格并寄给法院和裁判庭服务，再由法院和裁判庭服务转换为数字形式（两道"前门"，而不是两套平行系统）。[10]实操帮助应该也可以来自于志愿者服务和提供公益服务的律师。确实，这样就有很好的理由把更多这类宝贵资源投入到它们各自模式的"协助下的数字化"，帮助以往那些难以触及之人变成代理用户。

至于那些不太敢用的人（而不是没条件使用的人），那么下面这些方式都应该可以很好地帮助他们：良好设计的线上指导（参见第 11 章）、提供支持的案件官、以"促动"（参见第 13 章）或线上连续审理方式处理案件的法官。此外，英国法律改革组织"JUSTICE"的报告也准确指出："精心的设计和技术可以把线上司法服务中的数字化排斥降到最低。"[11]这就要再一次呼吁发挥设计思维了（参见第11章）。我还想说，移动端提供的支持和服务越多，用起来就越好。多年以来一直有人跟我说，只要手持移动设备的网络畅通、没欠费，那移动设备现在给那些难以触及之人提供了仅有的数字生命线。在乌干达，"赤脚法律"（BarefootLaw）项目就充分显示了移动设备可以如何赋予贫困人民巨大力量。[12]放眼全球，我们会惊奇地发现68%的世界人口（超过50亿人）是移动电话用户，39%的人（几乎30亿人）从移动端访问社交媒体。至于更宽泛的互联网使用率，53%的人（超过40亿人）现在已经是互联网使用者。[13]

小结一下，我并不像大多数线上法院的批评者那样担心人们使用计算机的能力。不过，我倒是对用户的综合素质有所担心。恐怕有很多人虽已能轻松使用移动设备和笔记本电脑，但却缺乏信心、文字能力、表达力和分析技能去组建他们的立场，以及达到他们心中有力的法律论点所需的清晰度。我希望第11章和第14章中描述的工具和方法将足以帮助这些用户，但我承认确有一些法院用户会面临困难，这些人在日常生活中几乎不会用到相当正式和结构化的语言。

排斥问题的现状

为了权衡利弊之后作决断，这里值得再次引用伏尔泰洞见。读者们如果还记得，该洞见的核心是我们在推进法院体系现代化时，我们应该追求改进而不是完美。这也会促使我们关注那些被排斥在现行体系之外的人群。本书的中心前提之一就是世界各地的法院体系（无论发达或发展中地区）都昂贵到大多数人承受不起，当然被排斥的也包括那些难以触及之人。我希望我们在引入线上法院的时候，首先可以立即照顾那些最易受侵害的人群。如果一项创新看上去让最贫困的人得益最少，那我预料这项创新立刻就会被指责为不正义。但我比较现实的期望是，随着大幅改善了其他人的司法触达问题，除司法触达提升本身明显带来的好处之外，应该还能够释放出相当多公办和志愿者资源，投入到提供"协助下的数字化"服务中去。

最后，让人吃惊的是，反对者们虽然以数字化排斥作为线上法院的重大顾虑，但却几乎不提如今还有更多人因为身体或其他残疾而实际被排除在传统法庭之外。当我们准备民事司法委员会关于线上纠纷解决的报告时，我们曾收到一份材料，宣称在英格兰和威尔士有 800 万人因为身体残疾，无法前往法庭或者前往法庭有重大困难。在英国，大约 19% 的在职成年人受制于长期疾病、机能损伤或残疾。[14] 对于他们中的很多人来说，使用妥善和精心设计的线上法院肯定会比前往传统法院更加方便，并少些痛苦。

第22章
诱发争讼

如果诉讼变得太便捷和廉价，会不会有风险？引入了线上法院之后，我们是不是在诱发太多法院活动，煽动一种尖刻好斗的公民文化？这会不会塑造出一个社会，其中通过线上法院发起纠纷解决成了一些人的爱好、另一些人的执念，还有一些人不上台面的新生意？

这种质疑值得重视，不过算不上新的攻击角度。过往岁月中，一旦有人可能被促使去提起诉讼，而这些人并未遭受实际损失或伤害，类似的批评声音就会出现。比如说"追救护车"的诉讼律师（找到往往脆弱的人群，把他们未必成立的损害推动成疯狂的法律追索）、第三方诉讼支持者（他们出资进行诉讼，一旦胜诉就从中分得相当大的收益）、诉讼咨询师（这些人每天都给我留语音信息），以及适用风险代理收费方式的律师（律师从客户获得的赔偿款中收取一定比例费用）。

争讼更多？

我们可能会担忧，线上法院会不会让我们一下子踏入另一种社会，民事诉讼或纠纷不再被看作获得补偿或赔偿的渠道，而是被利用为稳定的收益来源。用我苏格兰老乡的话说，这是"挣点小快钱"；或者用投资行业的说法，这是个"资产类别"。

我支持纠纷解决机制更广泛触达人们，但谴责那些玩弄制度的人（公民也好，律师也罢）。例如，有些原本诚信守法的公民，在遇到事故之后就开始编造脖子扭伤的说法，或者在填写房屋保险索赔时夸大损失程度，我见到这些完全罔顾事实的事情时会很难过。我欢迎一切优化纠纷解决过程的努力，但我也能体会有些人的忧虑，他们担心改进后的体制可能会让那些信口雌黄、纠缠不休和贪得无厌的人更容易实现他们那些可疑的目的。

我想要一套司法体制来让公民和组织能够伸张合法权利，但我同样会引入其他手段抵制一种不良文化——沉迷于索赔，对维权过分敏感，过度对抗、冲突，争讼不休——的蔓延。

这里需要取得一种平衡，不过我很确信现在还远没到要去平衡的时候，因为如今诉讼的费用、时效和烦琐程序都在吓阻人们寻求保护自身权益。本书一开始我就提到一个前提：任何法律正当授予的权利，原则上都应该得到法院保护。这是法治的根本所在（参见第 1 章），也是程序正义和分配正义原则的共同要求。只要具备合理的成功前景,那我看不到有任何正当依据去阻止人们实现这样的法律诉求。等到法院服务变得更加廉价、快捷,没有律师也可使用了,或许到那时人们会发起更多的诉讼。但如果新型服务确实也使得更多人可以主张他们的权益了,那么应将其视作司法触达的改善而欢迎,而非看作社会日趋争讼不休而谴责。否则就是有意想要在当事人具备可信、正当诉求时限制他们诉诸法律和法院服务了。这就成了明显不正义的共谋。

另外,我们并不想要那种法院用户可以反复发起相同诉讼的体制,或者人们肆意提起几乎没有胜算的诉讼,再或者容忍报复心或执念作祟之徒用毫无道理的案件堵塞整套体系。

因此,我认为重要之处在于设定妥当的激励和抑制措施,促使公民恰当使用线上法院服务。这里我们不仅应该借鉴现有体系中处罚和诉讼费分配的经验,还应该考虑向经济学家请教,帮助我们设定使用线上法院的价格水平。价格既要可承受、公平,也要能劝退用户提起没有道理的诉讼。这里的顾虑是,除非某种形式的承受力标准被考虑进去,否则某些不公平就会产生,因为穷人相比富人更容易被并不高的线上法院费用吓退。我们不想要广大承受力平平的人们被拒之门外,那将成为一种新的司法触达问题。

争讼更少？

虽然最终只有靠时间和实证研究来说话，但引入线上法院之后在某些情况下反而有可能会重塑社会文化，这对诉讼高发提供了重要的反制措施。如第 9 章所论，我预计线上法院可能会减少纠纷双方之间常常出现的所谓"武器不平等"问题。这种情况出现在一方比另一方优裕得多时，有钱的一方就会更有能力在律师军团的支持下发动和拖延法院程序。诉讼可以变成消耗战，那就会有——比方说——保险公司愿意资助一场旷日持久的诉讼，让普通消费者可能出于囊中羞涩而早早放弃；或者房东可以不讲道理地行事，因为他可以相对安全地假定缺钱的租户不太可能付得起诉讼费用。相比之下，如第 9 章所述，如果有了平价和快速的公办法院服务，那么保险公司要想糊弄过去就难多了，房东做事可能也会更加规矩。在这些情况下，过去被排除在外的人们能够积极参与诉讼了，这种可能性反而会让纠纷更易被避免和受到控制。这也是比例正义原则的胜利，因为比例正义原则也要求纠纷解决不要那么冲突激烈。

第 23 章
法学理论诸课题

线上法院引出了一系列棘手的法学理论挑战。这里我所谓的"法学理论",是指法律引发出来的相关理论和哲学问题。在本章中,我选取了我认为尤其紧迫的几个问题,分别关于分权、司法独立、纠纷解决中对抗式和纠问制的差异、无律师代理的诉讼当事人,以及普通法制度的可持续性。它们每一个都是极为宏大的话题,我无法在这里全部解决。但是我希望提供一些有用的初步答案。最后我指出了一个法学理论的新课题。

分权

线上法院在何种程度上冒犯了分权学说呢?笼统来说,该学说认为政府的立法、行政和司法职能应该各自独立。这里的问题或许是我称作"扩展法院"的功能,扩展法院提供的服务确实远超了法院传统的裁决者角色。本书中设想的未来法院还会对诉讼当事人权益提供指导,会帮助用户组织理由和证据,还会提供早期中立评价或调解机制。对此,一种法学理论和宪法上的顾虑是,这些额外的非司法服务或多或少削弱了分权,可能损害司法机关的独立性。比方说,为当事人提供具体指导并进行调解远远偏离了法院的传统领域。"扩展法院"可能被说成把法院扩展得太宽了。

我对此的回应是,我们应该在线上法院的首要职能和附属职能之间划出明确界线。提供权威、有约束力、中立的司法判决应该也始终是未来法院的首要职能,提供扩展服务只是附属的。将首要职能和其他服务完全区分开在原则上当然可以接受,实践中也可行,这样法官可以保持独立性并接受监督。对于第 10 章提议的架构,首要的**司法**职能被严格限定在第三层,而附属**行政**职能则全部划分在第一层和第二层。在这种模型中,法官完全不会设计提供扩展法院的服务(第一、二层),因此司法独立和分隔得以维持。

不过在实践中,司法机关和行政机关在大多数法域都紧密协同。如果幻想分权学说意味着国家的三大职能部门滴水不漏地各自为政,彼此从不直接联系,那就错了。在英格兰和威尔士,法院和裁判庭服务是一个政府机关,由行政机关和司法机关通过一种独特的合作机制联合管控——HMCTS 的首席执行官通过一个由资深法官组成的独立委员会,同时对司法大臣和首席大法官负责。显然,司法机关和 HMCTS 紧密合作来提供司法服务。用前任首席大法官托马斯勋爵的话说,"法院的运行明确依靠行政机关和司法机关的正式合作,通过法院和裁判庭服务这个部门实现"。然后他观察到,"大量优秀工作成果正在这种合作中产生。"[1]我的提议是,前面介绍的职责区分可以是这种行政机关和司法机关合作的可行延伸。这样的话或许就不能再说第一层和第二层服务完全在行政机关范围之外了。当然,这些法律和准法律服务以往并未被提供过,但把行政机关提供的服务以本段描述的方式拓展出去并没有宪法上的障碍。

还有一种方案——我本人并不支持,尽管可以容纳在我为线上法院设计的架构中——那些构成法律建议或指导的服务必须放在图 10.5 的虚线上方。这意味着这些服务不是公办性质的,而是由其他人提供的,提供者可能是志愿者或者法律公益机构。但采用了这种方式的话,避免纠纷就不再属于国家的职责了。这不符合我在第 6 章引入的广义司法触达理念。

对抗制与纠问制

不管线上裁判是否涉及"促动"(参见第 14 章)或线上连续审理(参见第 13 章),很多英国律师和法官担心线上裁判会带来一种模式转变,即从纠纷解决的对抗制(普通法系的典型特征)转向大陆法系主流的纠问制(或称审问制)。对抗制民事诉讼与刑事"控诉制"(accusatorial)有相似之处,其中法官扮演独立裁决者的角色。整个程序作为对立双方的竞赛来展开。而与此相对的纠问制则试图去中立地认定事实。在对抗制下,当事各方抛出各自的理论和事实,以书面和口头陈述的方式呈送给法官,而法官本身不参与任何一方的诉讼准备。对抗制下的法官相对很少介入,所以诉讼多依赖于律师。如果双方都不请律师,那么为了公平起见,法官可能会多参与一些。相比在纠问制下,法院扮演更加活跃、主动查明的角色,这么做是出于公共利益考虑而查明事实。用杰罗姆·弗兰克的话说,对抗制审判案件以"斗争理论"为前提条件,而纠问制则基于"求真理论"。[2]

大多数司法体制兼具两种元素。肇始于沃尔夫勋爵的《司法触达》(Access to Justice)报告,英格兰20世纪90年代中期的民事司法改革有时被说成淡化了对抗制流程,部分是因为这项改革鼓励法院引导当事人采用ADR,更多是因为号召法官更加积极参与"案件管理"。一旦法官积极管理案件,那么案件就不是全然留给当事人自行决断了,比如准备案件需要留出多少时间,陈述理由又需要给多少时间。这种更加积极的案件管理方式已经引发了一些恐慌,也从侧面反映出有些律师和法官对于对抗制有多虔诚。英国和美国律师经常听到纠问制就皱眉,因为纠问制没能给他们全部自由,以他们认为合适的方式去设定案件的起承转合。

线上法院到底有没有真的威胁到对抗制呢?这在很大程度上取决于线上法院到底怎么设计。本书第二部分描述的整体架构既可以容纳对抗制,也可以容纳纠问制,或许两者兼而有之也行。线上法院的概念中并没有天然排斥对抗制,除非有人认为只有在实体法庭里才算完整对抗。戴维林勋爵可能会让人觉得其持有后一种观点,因为他曾写过"对抗制的核心是口头庭审",但他写这些话的时候远早于互联网时代,更早于线上法院被发明出来。³

对抗制的核心并不是口头庭审,而是当事双方都提交理由,法官中立裁决双方在事实和法律方面针锋相对的说法。线上法院可以轻易适配这种意见表达和决策模式——当事人通过线上辩论和证据提交来表达意见,同时法官可以坐在客厅桌子边中立裁决,就如同坐在法庭里一样。同样,经过简化的新法院程序规则——本书推荐,也被一些人认可,其中最有影响力的是布瑞格斯勋爵⁴——也可以妥善容纳一套对抗制流程。对抗制并不要求冗长、难以搞懂的规则。

不过,或许有人认为案件通过线上说理和提交的话,就没法充分传达力量和感受,只有置身法庭辩论的竞技场去角斗,才能最有力地说服、诱导、慷慨陈词。只有亲身到场,律师才能为客户打出最漂亮的仗。只有在法庭上,法官才能妥善地倾听、观察和消化当事人提交的案件信息。

不过,这种对现场出席的赞赏还是不应该被看作为对抗制的整体辩护。这种赞赏其实支持的是对抗过程中的口头辩护。

用正义原则去分析（尽管并不经常从这个角度表述），这种推崇口头抗辩的观点属于自然正义（程序正义的子类）的主张——每一方都应该有机会陈述己方的案件情况。支持者们会说这就不仅要求有个列出每一方观点的平台，还得有个场所让这些观点以最有力的形式传达出来，即口头形式。或许有人说，只有这样才最有可能产出正义（实体公正）的结果。

不过同样有很多反对观点。第一种观点是，这种书面陈述之后再口头辩论的制度，导致在绝大多数案件中产生的费用都高得不合比例。这不仅违背了比例正义，还直接损害了分配正义，因为在这样的体制下有钱人就能得到特别好的服务，但也剥夺了大多数人表达意见的机会。法官和律师或许可以颂扬口头庭审的种种好处，这没有错，但他们很少承认这种模式是无法规模化的。口头模式对很多小额案件是费用过于昂贵和不合比例的。

第二种观点是口头辩论往往戏剧化、过度夸张——还是不合比例地过度对抗、激化矛盾。这还不仅限于法庭内。带着法庭内可能发生激烈冲突的预期，前期的诉讼文书和谈判也充斥着斗争气氛。时刻准备着战斗。当争议只是在酝酿时，这种气氛可能起反作用，导致纠纷早期就事态升级。在小额纠纷中，控制事态发展往往才是双方真实和共同的利益。控制纠纷失败会导致违反比例正义（那时双方争强好斗之心都已经超出了纠纷的性质和规模）。

第三种观点则提出了一个疑问，会让一些律师的良心感到隐隐不安。在合法权利的问题上，费用最昂贵的律师可以拿到不一样的结果，而经验欠缺的律师或者不请律师的当事人却往往做不到，对此司法体制容忍甚至经常鼓励的做法不是很诡异吗？当然也会让不是律师的普通人大惑不解。法律应该就是法律。他们可能理所当然会追问，一个法律问题的答案，怎么竟然会和诉讼律师的价位联系在一起？在很多案件中，令人不安的事实就是一旦一方投入了充分的资源，几乎对于任何法律争议点都可以找出支持或反对的理由，或者再具体点说，出庭律师越优秀，胜算就越大。最优秀的出庭律师的价位也显示出，相比书面文字，法院更容易受到口头劝说的影响，而且影响程度是不合比例的。这才是聘用诉讼专家的原因所在。由法院裁决和适用的法律，其实比大多数人预想的更易被摆弄，这一点本身就为严重的分配不正义敞开了大门。

第四种观点认为，很多捍卫对抗制的人声称口头辩论是对抗制的最佳表达，其实是在暗示法律说服和辩论的巅峰就在于口头开庭。这种说法很可能并不成立，但律师对口头辩论的信仰无法掩藏。让我展开讨论一下。沟通专家们普遍认为复杂的信息借助视觉辅助能比凭空讲要传达得更好。这是多年的共识。正所谓一图胜千言，有良好视觉辅助（图形、动画、视频)的公开发言一般都更容易理解、记忆,更通俗易懂,效率也更高(同样的内容可以用更短时间传达完)。世界各地的上两代出庭律师基本上都无视了呈现证据的电子工具,尽管这些工具的表现力很强,并不仅仅是因为律师们保守。这同样也可以用来质疑下面这种说法:那些被剥夺了口头辩护权利的当事人,也被剥夺了他们案情的**最佳**表达方式。事实是,律师们还没有把更好的方式用起来。

无论如何,线上法院使用率的提升将会导致减少一些(但非全部)口头出庭的需求,这是清楚的。但若要说这就必然导致对抗制的消亡,那就错了;再要言之凿凿说当事人因此就失去了**最佳**形式的律师代理,更是太过分了。恰如其分的说法是,线上法院会造就一些重大变革,律师——和所有专业服务人员一样——对变革心怀忧虑,更愿捍卫他们的传统方法。

在结果思维的指引下,我们不那么关心维持旧流程和方法,而是更关心改革能不能带来更好的结果。我们是否愿意淡化,甚至有时候放弃对抗制,假设这么做让我们提供的法院服务更加广泛、高效、廉价、温和,也让普通用户更易理解?我找不到任何一条正义原则让我们说"不愿意"。我承认有些案件更适合传统的口头庭审,比如说有些可信度问题当面更容易查明(至少暂且如此)。但对于很多小额案件来说,我强烈建议默认的法院服务应该是线上开展的。这里我再提一次从英国裁判庭现代化尝试中吸取的经验。当 2007 年各地裁判所被叫到一起，就被要求在流程上要灵活和不那么形式化，结果就发展出了由专家法官主导的查明方法论。[5]

在这方面，我尤其要再次恳请法官和律师们秉承开放的心态。我们的对抗制已经演化了很多个世纪，其根源所在的文化和社群可上溯到印刷时代之前。当我们转型为数字时代，我们应该预期到我们在法律沟通方面的一些传统方法可能会需要改变。

因此，我们可以重新审视一下那些支持引入更多纠问制成分的观点，追问一下技术带来的变革和机遇现在是否可能会更倾向于纠问制。这么做会有帮助。朝这个方向前进会在某种程度上改变司法的角色，线上法院的法官将需要——借用布瑞格斯勋爵的话说——"当自己的律师"。[6] 法官从来不会给自己当律师这件事，恐怕是出乎很多普通人意料的。法官当然知道法律。实际中，很多下级法院法官就像医疗行业中的全科医生，他们对于日常法律问题相当熟悉，但不可能在所有领域都是专家。遇到疑难案件，在对抗式司法体制下，详细的法律依据和观点是由诉讼律师呈送到法官面前的。而纠问制不是这样工作的，纠问制需要法官自己带路前进。这里我提两点意见。第一，近期之内，我们仍然预测疑难案件会从线上法院分流到传统法庭。第二，线上法院也可以考虑请专家型法官任职，他们可以快速识别出专业和复杂的问题，妥善和自信地处理好这些案件。

没有律师的法院

很多线上法院的支持者都谈到了在小额民事诉讼中的减少或消灭聘用律师的需求。有一些人幸灾乐祸，翻来覆去引用莎士比亚的老话——"我们要做的第一件事，就是杀光所有律师。"不过，更多时候人们只不过是觉得律师太昂贵了。据我所知，并没有人认真主张线上法院的整体**目标**是消灭律师。不过随着时间推进，线上法院广泛使用后很可能会减少在法院工作的律师的数量。反讽的是，这可能是我们为了让法律更易触达、费用更合理所需要付出的代价。

与之相抗衡的叙述是诉讼当事人需要律师，他们应该有权获得律师代理，如果不能立即享受到独立律师服务，律师之外的普通当事人就会无力应对，一律不能理解适用于他们案件的程序规则和实体法律。法律是复杂的，没有律师的当事人处于巨大不利之中。律师是专家、可信的顾问，他们把客户的利益放在第一位，他们的日常工作就是在法院出庭，因此他们进入战斗的准备充分程度比不请律师的那些强得多。

这里好多线索缠绕在一起了，需要梳理一下。首先，结果思维提醒我们，聘用法律顾问这件事本身并不是什么内在可贵的东西。找一位律师站在身后本身没有价值，而是律师参与会带来好处，他们会帮助客户获得一些想要的结果。现在诉讼律师作用巨大，他们帮助客户识别和理解他们的法律立场，指导他们走完重峦叠嶂的程序，代表他们在法院出庭。现在这套体制下，当事人缺了律师就无法走完法院程序，这确实难谓合理，也可以避免。展望未来，当有系统可以提供法律咨询，如果程序得到简化，现场庭审没有了，案件官和法官可以帮助法院用户了，那时候律师提供价值的机会就少了，尤其是在小额案件中。

有些律师，看到律师服务的需求稍有下跌就唉声叹气，但经常似乎又忘了不仅现在就有一大批诉讼当事人不请律师而只能自己打官司，而且还有很多带着合理诉求的公民根本就不会走进法院，因为他们在一开始就感到被排斥了（因为法院服务和法律协助被认为是负担不起、不方便、令人生畏的，等等）。恰恰当今世界中很多人都不请律师，伏尔泰洞见敦促我们去赞叹，线上法院终于第一次让那些人有能力靠自己维护诉求了。

不过，这里还有个持续正义的问题。确实，如果引入线上法院会压低从业律师的人数，我们还得谨慎确保另一群律师的人数充足，因为今后多年仍然会有大量各类无法被新流程或机器取代的工作需要律师做。我们应该小心别在大浪淘沙的时候也漏掉了金子。

还有一个关于减少律师需求的问题,即线上法院是否应该明确排除律师的参与,还是说重点在于引入新的法律流程,这些流程足够简单到实际上也可以不请律师。我们要消灭律师,还是说律师会渐渐变得不必要(说到这我还是得提一下,其实所有专业服务人员都在经历类似的困扰)?[7]我自己的倾向是绝不要消灭律师。公民应该有自由,当然也有权利,去选用服务。但是,如果关于线上法院的讨论都被其对律师的冲击主导了,那我们肯定也讨论错问题了。毕竟关键之处在于线上法院要为用户产出公正的结果,用户也要感受到他们得到了公正对待。并且,对所有用户都要做到如此,而非仅仅对个别人。最终,律师应该活下去、活得好,不是因为他们有"铁饭碗",而是因为他们能带来其他人、流程、系统都提供不了的价值。

普通法制度

还有一种顾虑也可归入持续正义(参见第 7 章)大类。司法案件是判例法生成的原材料,有人担心线上法院会打击案件的供应链。法官和学者对 ADR 提出同样的疑虑已经有很多年了。例如,我常听到一种说法,因为很多建筑法律领域的重大纠纷都被分流到了法院之外,通过仲裁或调解化解了,导致法官没有机会针对该领域的重大新情况而发展判例法。一套可持续的判例法体制要求充足的案件供应，这些案件提出最新、最难的法律问题。尽管这种反对意见针对 ADR 或许听来有理，但用到第一代线上法院上就偏了。首先，根据第 10 章列出的架构，纠纷实际上并没有被分流到法院体系之外。即使那些在第二层解决的案件，虽然没有法官参与，也仍然属于扩展法院的体系内，也就是说案件官有机会识别出那些不寻常的案子，然后把它们推送给线上法官或传统体制。与此类似，当疑难案件送到线上工作的法官那里，他们也会快速认定这些案件是否更适合通过传统体制解决，并配置进入相应流程。

再向前展望一下第二代线上法院的可能性，那时案件可能会由机器而不是人类进行评估、解决，甚至判定（参见第 26、27 章）。有趣的问题就来了——系统如何"知道"某个特定案件有没有，比方说，提出具有挑战性的新法律问题？换句话说，机器如何能辨别简明案件和疑难案件之间的不同？对这个问题我还没有答案。其实，20 世纪 80 年代我在写人工智能与法律的博士论文时就引发了一个类似问题，而我一直苦于没有答案。30 多年过去了，我现在可以通过一个很有前景的角度切入这个问题，我将在以后的研究中挖掘下去——采用机器学习方法（参见第 26 章），我们可以先找出一组判例数据集，其中案件是公认疑难的，再准备另一组被认定为相对简单明了的。两组案件放在一起就很有意思了，我们可以试试看到底算法是不是能识别出某些模式、规律和关联,可以帮助我们预测一宗新案件属于疑难还是简明的。至少可以想见,这样的系统如果部署到线上法院,可以在没有人工分析和干预的情况下就把疑难案件分配到传统法院体系去,而且可以比案件官和法官做到更高标准的识别(更多这方面的讨论,参见第26、27章关于人工智能的讨论)。

转回现状,让我们重温一下伏尔泰洞见。当我们担心判例法制度的可持续性时,我们还是别忘了现状是一套相当怪异、往往莫名其妙的体制。尽管英格兰和威尔士的法院大体上受上级法院判决的约束,但只有不到2%的判决书会被编进某种形式的判例公报,这总是会让律师之外的普通人吃惊的。那些在法律原则方面提出根本性新观点的案件,是否能进入上级法院取决于当事人是否决定上诉,与案件所涉法律问题意义重大与否无关。所以说,并不是判例法制度原本完美无瑕,而线上法院敲开了唯一的裂缝。在一个技术和社会都快速变革的时代,有很多人(比如说很多技术专家)希望法院能够比立法机关和监管机构更快地发展法律——用奥利弗·温德尔·霍姆斯(Oliver Wendell Holmes)的话说,法院可以"查漏补缺式"地设立法律规则[8]——我们的判例法制度本身无论如何就必须要现代化了。这条道路上的一项有希望的进展是英格兰和威尔士的金融市场测试案件机制(Financial Markets Test Case

Scheme）——当某些金融市场里的主张提出了具有整体重要性的问题，需要寻求指导时，这套新机制支持对该主张进行判定，而无须当事人之间发动法律程序。[9]我们的法院体系还需要更多这类创新。（当然，再多说一句，这项机制下很多主张当然应该仅通过线上处理，书面解决。）

法学理论研究的新课题

我在本书中引入了线上法院这个话题。还有很多很多思辨需要去做，不仅限于政策制定者、法官、法律技术专家和诉讼律师之间。很多产生出来的最艰难的问题本质上是哲学问题，需要法律理论家即法理学专家的专业贡献。线上法院提出了正义、权威、法官角色、法治等诸多基础性问题，免不了需要一些理论研究（整体、系统、严格）的关注度。

多年以来，学者们为法学理论指出了不少"新课题"。[10]20世纪80年代，我指出了另一个法学理论新课题——引用我当时所写："因为法律知识工程（建立法律的人工智能系统）以深刻理解法律的性质和法律推理为前提，除钻研法学理论之外，难以想象还能以何种方式获得这种境界。"[11]当你为了确保拿到博士学位的时候，你就得这么写。但实际上，我的提议没有激起一点涟漪。从那时到现在什么都没有改变。

我翻阅当今世界各地法学理论课程清单和主要法学理论教

材后，感到既困惑又气愤，因为它们几乎没有触及数字技术对司法过程的冲击。确实，在这个学科内可谓权威入门书的《劳埃德法学理论导论》（*Lloyd's Introduction to Jurisprudence*），我看到关于"计量法理学"（jurimetrics）的章节实际上已经从最新版本中整体移除了。[12]早先版本中的相关章节[13]是我 1981 年灵感来源之一，当时我刚开始探索在司法过程中运用计算机的潜力。法学理论已经倒退了。

世界各地的法学理论课程都旨在让学生接触司法过程，但却无视了线上法院，这令人失望。线上法院很可能会给我们的司法体制带来几个世纪以来最基础性的改革。同样令人遗憾的还有法学理论无视了技术方面更广泛的进展及其深远冲击，如杰米·萨斯坎德（Jamie Susskind）在《政治的未来》（*Future Politics*）[14]一书中对权力、正义、民主和自由等政治概念的讨论。几个世纪以来，这些概念都已经是法律哲学家研究的核心对象了。然而在如今大多数的法学理论课堂和法院中，对这些概念的研究仿佛还停留在印刷时代。

第 24 章
公办技术

243　　对于发展和提供公办线上法院，存在诸多反对意见，其中最有力的反对意见之一正是需要**国家**介入来把系统部署到位。世界各地的政府实施技术项目的历史记录都相当糟糕。大量案例研究揭示了浪费无数、恣意无能、监督缺位的问题。我们知道大多数公办的信息技术项目都失败了。根据经验来看，技术专家经常说只有 15%～20% 的大型公办技术项目取得了成功，也就是说按时完工、符合预算，并且系统达到需求和预期。

当然，我们知道英格兰和威尔士的大多数法院重点技术项目都遭遇了严重问题。例如，现行"通用平台"项目已经是过去 25 年中尝试整合刑事司法体系的第四次努力了。"天秤"（Libra）是为我们裁判法院（magistrates' courts）开发的系统，初始预算大约为 15 000 万英镑，结果最终花了大概 5 亿英镑。20 世纪 90 年代，为实施沃尔夫勋爵的信息技术改革就花了 9 000 万英镑，但还是失败了。后来民事法院还有一次技术投入的尝试——电子提交和文档管理（electronic filing and document management，EFDM）——2004 年前后设计，实际上到 2008 年因为据称成本高达数千万英镑而放弃了。为罗尔斯大厦（Rolls Building）中的商事和财产法院（Business and Property Courts）搭建系统的第一次努力（还好不是最后一次）也同样以失败告终。这种例子我还可以举出很多。

项目为何失败

多年以来，对于英格兰和威尔士司法体系中技术项目的失败，我指出过下列原因。项目一般来说过于庞大，未能划分为可管理的组成部分。采购流程和合同起草流程薄弱。项目进度表订立的时候就不符合实际。系统的工程设计过于复杂，实施中范围还不断扩大。司法部和此前负责的部门在管理外部供应商时不够坚决或果断。用户预期的管理不到位。项目管理的持续性不足。

说到这里，搭建美国加利福尼亚州案件管理系统的项目简直就是部灾难片，如同班柯（Banquo）的鬼魂般徘徊不去。项目始于 2001 年。2004 年制定的初始预算为 26 000 万美元，但到 2010 年，涨到了 19 亿美元，然后项目到 2012 年搁置。[1] 在不光彩的结局中，项目被认定为费用过高、规划不充分。这是对世界各地线上法院项目的警示，敦促各方抱持踏实和谦逊的态度。

正因为公办技术项目的历史记录如此糟糕，批评者们确有理由担心。不过，这种担心应该化为好好开发系统的动力，却不是压根不要系统的理由。技术项目不容易，极难一点小毛病都没有。

我撰写本章时正值 2019 年年初，司法部的系统频现崩溃，整个英格兰和威尔士的法院系统都受到了影响，而这套司法体制当时正在追求世界上最具雄心的法院技术项目（参见第 16 章）。值得注意的是，那些作为改革项目一部分而新建的面向公众的系统却在全程正常工作。在我看来，这表明了一种急迫性，我们不仅要超越现在过时的行政系统，也要跨越新旧系统并行的艰难过渡时期，进入采用一整套全新系统以及顺畅管理体制的新时代。在英格兰和威尔士，现在的项目负责人都充分意识到了挑战和隐患。

本书附录中，根据我过去 25 年间给政府和司法机关提供建议所积累的经验，我简略列举了可能对于任何公办线上法院项目的成功至关重要的因素。现在我想要在下文中集中讨论两个主要问题——不要着急和需要试点。

关于不要着急

我很高兴听到最近英格兰和威尔士改革项目正在续期的消息。我一直认为原来的时间进度表过于大胆，反映了英国公办开支的做派，而不是项目状况的真实。改革项目涉及了法院体系大概 150 年来最深远的变革。我认为我们不应该仓促冒进。

不切实际的时间表是项目失败的主要原因之一。比方说，如果花在系统设计上的时间不足，那就不可避免地导致项目中期要调整方向，然后系统交付延后或交付结果不符合需求。同样，时间压力经常造成测试和培训不足，进而导致系统瑕疵，以及用户高度不满。

根据经验来说，我建议改革者和政策制定者们应该预期全套法院转型项目需要 10 年左右时间完成。20 世纪 90 年代中期，我对沃尔夫技术改革表达过类似意思，那时我的观点就不受欢迎。法官和政客们说 10 年太久了，等不起。如今离那些未得实施的技术改革提议已经过去快 25 年了。20 世纪 90 年代末期的仓促设计导致根本没有任何系统最终落地。

还有一种相关顾虑认为，快速冒进可能带来的后果是未能大胆突破、充满想象力地思索新的工作方式。危险在于系统设计者将就于仅把旧工作方式自动化和流水线化，因为大规模转型所需的思考和规划可能耗时长久。转型设计需要设计者、法官和法院用户之间的广泛合作。这是个复杂、反复的过程，太多时候这个过程被跳过了，代之以仅把现有流程自动化的系统，取得的结果无非就是相比原来"省钱省事"了一些。

考虑一下建设线上法院的基础技术相关工作：（1）重新设

计对应的流程；(2)起草新的诉讼程序法；(3)试点；(4)制定系统技术规格；(5)咨询；(6)细化技术要求；(7)采购；(8)系统开发；(9)测试；(10)调整或重建；(11)培训；(12)上线运行。我知道更受欢迎的"敏捷"开发方法可能不是单线条遵循这种路径的，但是这些依然是基本的开发组成阶段。那再考虑一下相比之下简单得多的系统需要花多少时间设计和上线。即便有资金和资源去加速开发，有些关键步骤也并无捷径。一套司法系统的全面检修值得也必须要求广泛的思考和讨论。各种观念和论点需要时间酝酿；提议和变革也需要论证和消化。

关于需要试点

在给民事司法委员会的报告中，我们建议线上法院首先应该要试点。英国中央政府所在的唐宁街10号及以下各级机关都广泛支持了试点的想法，但这种想法一开始却遭到了反对。（这说来话长了。）

先行试点线上法院的好处很明显。这能让新系统在实践中得到测试，然后根据用户反馈来改进（系统本身就应该自带用户反馈的机制）。试点也能帮助法官识别出最适于线上处理的案件。以受控制和受监测的方式引入重大变革，试点本身就是其组成部分。

通过试点的小额案件来推进改革也得到扎实的理论支持。如序言中所说，管理学和技术文献也广泛认可，那些所谓"颠覆式技术"（即那些根本性改变工作开展方式的技术），当从某一市场的低端部分开始实验性地谨慎启动时是最成功的。通过日常运营积累的经验，系统得到完善并逐步承接更具挑战性的工作。假以时日，新系统就成为标准工作方式。用闹革命横扫一切的方式直接取代最复杂和最具挑战性的工作，这类大胆尝试一贯不成功。如我在第 10 章中所说，要给一台行进中的汽车换轮胎很难。这种困境的解决之道，如前文所谈，在于打造一辆新车，让旧车和新车平行前进，随着时间推进逐步把乘客从旧车换到新车。这是世界各地多数大型组织成功利用技术自我转型的方式。它们并没有把新系统嫁接到旧工作方式上。它们也没有停下脚步，从零开始搭建一套全新的大型架构。它们先投放谨慎的初始版本，然后向上演进。

我对试点问题的看法反映了我在一个更大问题上的立场。我建议新的法院系统应该以增量上线的方式开发和交付，分拆为像乐高积木那样可管理的模块，而不要做成"大爆炸"式的变革。技术领域普遍接受这是良好的做法，但时间进度压力往往导致这条执行原则被忽视了。理想状态下，我推荐分阶段推出一系列的系统和改进方案，每个阶段都有所进益。采用这种方式需要某种"路线图"——并不仅是对最终目标有共识，还要大体描绘出实现过程中各方共同认可的前进方向和各阶段划分（包括中期系统及其带来的改进）。从历史上看，大多数政府并不愿就这种路线图给出承诺。但它至关重要。如果我们正从格拉斯哥开车去伦敦，我们会想要知道途中应该会经过（或绕开）哪些城市。见到卡莱尔的路标是个好迹象，但看到埃克塞特就该担心走错了。不过，如果项目计划是不透明的，就好比法官和其他利益相关方永远都不知道他们是接近了卡莱尔还是埃克塞特。在以往一些失败的项目中，我们都知道得太晚了——发现时我们都已经开到了悉尼，或者根本就没开出伦敦。

相比用技术规格和开发的思路去引入一套新系统，另一种描述渐进式方法的办法是将其类比为搭建一套平台，其上可以叠加更加繁复的系统和机制。对于大多数法域而言，任何线上法院的初始版本无论是在技术上还是在功能上很可能都相当粗糙。法官、律师和政策制定者都不应该把初始版本当作终局。

随着新技术和方法的出现以及操作经验的积累，线上法院可以调整和改进。服务的进化应当以实证为基础。如第 17 章所强调，这要求持续严谨的研究，以评估线上法院的表现情况。这引出了数据收集方面一个令人担心的问题。在很多法域，关于法院运作方式和工作量方面的信息少得可怜。在设计线上法院时，就有机会植入工具去抓取系统内流转的所有数据，并研发分析那些数据的方法。

作为一条大原则，如果市面上有可立即部署的线上法院系统，而且系统可以拥有大多数需要的功能，那我更建议采用这些系统的定制版本，而不要从头开始冒着高风险全新开发。尤其对于试点来说，要尽快开展早期实验性使用的理由很充分，更应该部署现有工具而不是等待系统从头研发。如果本地缺乏立即可用的系统，从其他法域购买已经开发完毕、试用过和测试过的系统是最好的做法。

那么总结一下，通过谨慎启动试点，通过研究分析结果，根据经验渐进式建设和改进，不要一步到位——要有所克制。

不妨以新加坡做一个小型案例研究。2015年年末，我受首席大法官梅达顺邀请，介绍英国民事司法委员会在线上法院方面的工作，后续还通过视频会议给资深法官们做了一次演讲。没过几个月，我就收到了首席大法官的电子邮件，告诉我他们基本上打算要"推进"和实验了。当大多数法域还在对线上法院的潜在冲击进行猜测性的辩论时，有些地方已经准备好开始试点、测试和落地了。当然可以说新加坡是个很小的法域，因此要实施大幅变革也没那么难，但这样就抹杀了办事方式的差异。在新加坡，他们拥有行动为王、实用、自信、敢为先锋、勇于尝试和充满能量的态度。这正是世界各地未来启动线上法院所需的精神。

第四部分

未来

第 25 章
新兴技术

到 2030 年，或许还要早不少，那些目前尚未被发明出来的技术将会让世界各地的法院转型重塑。当然，我现在无法证明这一点，但鉴于投入法院科技和人工智能的资金规模和人力，在我看来发生重大转型的可能性要大得多，而不仅是大多数律师和法官预计的那种温和改良。如今，我们确实已处在法院和司法服务技术大变革的开端，变革势不可挡。

尽管本书到目前的内容可能已让大多数律师感到激进了，在小额民事诉讼中采用线上法院真的只不过是一段温和的开场白。如我在第 9 章中提到的，我们可以期待扩展法院和线上裁判将会在大多数国家用于家事、刑事和行政案件，随着时间推进还会进入更高价值的商业纠纷。

在本书的第四部分也是最后一部分，我会看得更远，预测线上法院更宽广的种种发展。第一，在本章及后两章中，我会考察各种新兴技术，分析它们可能对线上法院带来什么冲击。第二，不管涉及什么技术，线上法院最具雄心的应用将是部署线上法院去改善全球的司法触达问题。这是本书最后一章的主题。

本书前文各章中，我们关注了三种主要的公办纠纷解决环境——实体法庭、远程庭审和线上法院。不过，不久以后很可能就会出现一系列更加丰富的选择。第一，当我们利用远程呈现技术之后，远程庭审会越来越仿真。第二，借助增强现实技术，人们将更好地参与实体和远程法庭活动。第三，我们预期未来法院服务可能会以某种虚拟现实的形式提供。本章将考察这三大技术的潜力，最后，章末将探讨一下更先进的 ODR 方法。

思考未来

我应该再提醒一下注意不要犯"技术短视症"。这是我在第 3 章中引入的术语，是指人们往往不能预见和想象到未来的系统与现在相比将强大到何等程度。有些律师和法官可能已经用过视频会议，或许陪孩子玩电子游戏的时候也试过几分钟头戴式显示器。他们恐怕都没有试过最先进的技术，肯定也还没有用过我所谓的"尚未发明出来"的技术。确实，哪怕用户享用了当下最先进的技术，比方说视频会议，也不要忘了从当下时间算起，他们享用的很可能只是"史上最差"的技术。下一代升级无疑正在酝酿中，实验室里正设计着优秀得多的新版本，相关方法和技术（带宽、压缩、解析度等）始终在改进，更不要提那些尚未发明出来、注定要颠覆市场的革命技术。既然我们已经在展望未来,那我们希望大家不要因为某些技术当下有某些缺点就忽视这些技术的未来潜力。这里我再次呼吁保持开放的心态。

不过有时候,开放的心态并不需要刻意求得,而是自然而然就开阔了。说到这方面,我在 1997 年时就偶然窥见了未来的样子。萨维尔勋爵(当时是常任上诉法官、上议院成员,还是英格兰和威尔士负责技术的法官)和我一道前往位于英格兰马特山姆(Martlesham)的英国电信(British Telecom)实验室。那天我们见到了无数种原型机,但给我们冲击最深的还是一种颠覆性的新型视频会议演示系统。那是沉浸式系统的首次尝试——我们坐在一张桌子边,桌子靠着墙,墙上有大屏幕,投映出另一群人也坐在一张桌子边。那些人实际上坐在隔壁房间,但看上去和实际感觉都好像他们的桌子是我们桌子的延伸,仿佛我们其实围坐在同一张桌子边。那种效果非常有冲击力;不是我们惯常所知的那种视频会议,显示器模糊不清,人物挤在屏幕角落里像小木偶一样,而是把其他参与者按真人比例再现。几分钟之内,我们就得出了结论:我们见证了用远程形式替代传统庭审的可行方式。这类设施投入商用花了很多年,直到后来远程呈现终于广为人知。

远程呈现

多年以来,我看过不少让人震撼到合不拢嘴的技术演示

（包括上面提到的去马特山姆那次），但还得数我第一次见识到思科的远程呈现技术那次嘴张得最大（思路也启发最多）。2006年，我受邀到思科公司在伦敦的办公室与他们在美国加利福尼亚州的法务总监"会面"。我走进一间专用房间，就见到英国电信的愿景实现了。他坐在5 000多英里之外的办公室，通过屏幕出现在我面前，和真人大小差不多。发声的方向可辨，显示效果清晰无比，没有延迟，我们对坐在一起，周围是成套的桌椅和墙饰，所以感觉上像是我们就身处一室。这太惊人了——可谓是超频版的高质量视频会议。当采用这类系统时，头脑中会产生一种接触感，你会感觉会议连接的各方好像真的亲身聚到一个空间之内。后来有一次，我采用这个系统的更新版本，从伦敦与一位位于香港的客户交谈。那种真实会面感实在太强烈了，结果我想都没想就脱口而出，问会议那头的客户要不要我给他倒杯茶。

过去多年间，我带着各类法官和政策制定者体验了远程呈现技术。所有人都大为触动，但很多人后来也说，要想给其他人解释这种技术有多么不容易，我也有同感。批评者经常会说远程呈现的审理完全不能和现场面对面相比。这种反应中定然有非理性拒绝主义的成分在，因为这么武断的人里面其实没多少实际体验过相关系统。真实情况是感受上非常接近共处一室。而且随着新技术（比如三维立体全息远程呈现技术）的涌现,更加强化了那种现场聚集感。未来通过全息远程呈现技术出庭可能会变成常规方式,采用任何远程呈现技术的庭审当然仍属于同步庭审。

增强现实

另一类技术,即增强现实技术,得到的来自法律行业的关注要少很多。过去几年间,大多数科幻电影都会充分表现这类技术,典型场景是环绕主角身周的空间漂浮着各种数据——路人的名字、暗杀的路线、大厦的结构图。这类技术的理念是人类对真实世界的感知得到机器生成感知信息的补充,后者最常表现为视觉或听觉形式(也可以是嗅觉信息,但我留给其他人来想明白这对法律服务意味着什么)。只要应用得当,那么对自然环境的感知和相关注解信息就会融合,形成浑然一体的体验。有各种设备——眼镜(叫作"智能眼镜"更好些),包括隐形眼镜、头戴显示器、头戴计算机,甚至虚拟视网膜显示——用来支持增强现实技术,一些比另一些更酷炫。借助这些植入或环绕你头脑的设备,客观物体实时得到了数字化注解。

在提供我们身边世界的额外信息时,增强现实系统——也称作混合现实(hybrid reality)、计算机调和现实(computer-mediated reality)或混杂现实(mixed reality)系统——是设计来改善和补充我们对现实的感知的。通常这通过提供补充信息来实现，但也可以遮挡真实世界的一些方面以隐藏复杂度或信息密度。

我可以设想增强现实技术在法院系统中的两大类应用，但同样也是用于同步审理而不是线上法院。想象一下传统法庭中的诉讼当事人，他们戴着某种并不显眼的硬件设备，这些设备为用户正在观察的物体或人员提供文字评述。同样，通过耳机，这种评述和见解也可用声音传达。"这是法院的书记员。那被叫作法官席。"我理解传统法院的这种威仪（即"威严"，参见第 20 章）可能会因为诉讼参与者采用招摇的头戴显示设备而受损，但法院也可以发布指引来指出如何方为得体。第二种增强现实技术的应用将会支持远程庭审。眼动追踪（eye-tracking）软件可以检测到用户正注视的屏幕上的人员或物体，然后同样，为用户关注的那些东西提供解释。当远程庭审中只是部分用户远程接入时，增强现实技术还可以叠放不同画面，帮他们更清楚地了解法庭内的情况。

有些律师可能会觉得这些想法异乎寻常。但是如果法院程序要让普通人也能搞懂，我们必须敞开心态去观察新兴技术，分析它们可能如何改进服务体验。也别忘了，年轻一代的用户将会是老练的线上游戏玩家，他们对哪些是常规和有用的东西将有全然不同的看法。

虚拟现实庭审

增强现实改变了用户对周遭世界的感知，而虚拟现实则通过一个完全模拟的世界来大体上或完整替换掉日常环境。这里"虚拟"一词和我们在"远程庭审"所指并不相同，后者实质上是利用了视频的庭审，所有或部分审理参与者通过视频连接加入。这里我所谈的也不是采用虚拟现实作为呈现电子证据的形式之一。萨维尔勋爵率先在他"血腥星期日调查"（Bloody Sunday Inquiry）中采用了虚拟现实技术，用以谨慎复现当天某些事件。[1]我想到的其实是在虚拟环境中开展的法院庭审（仍指同步那种）。所有参与者将进入一个有别于现实的线上世界，在那里完成审理程序。

我拒绝尝试去定义虚拟现实。如果说虚拟现实之父杰伦·拉尼尔（Jaron Lanier）在他的最新著作《新万物的黎明：虚拟现实的旅程》（*Down of the New Everything: a Journey Through Virtual Reality*）竟能给出虚拟现实的 52 个不同定义，那我觉得我的描述偏向粗线条一些也没什么（哪怕有人说过于简化了）。不过，最宽泛来说，主流虚拟现实涉及专用头戴设备，然后沉浸到一个计算机生成的世界中，这个世界可以和自然世界相似（比如飞行模拟系统），也可以是虚幻世界（比如在很多游戏中）。

我先提两种想法来开启讨论。第一种，想象有一种虚拟现实游戏,不妨叫"**机器法院**"(Robo-Court),玩家可以在庭审中扮演各种角色,按照一系列规则行事,玩家还可以参与他们自己的诉讼。判决结果可以由用户社群众包出去评判。游戏排名表很快就会产生,表彰比如说成绩最好的检察官。第二种,想象一个模拟出来的法院环境,作为律师和法官的训练工具,在这个高度仿真的环境中学员可以体验无数案件和法庭情境的组合,或许还可以采用真实法庭的影像资料。用户会沉浸在看上去可能逼近真实法院的环境中。这两种假想情况都并非不可能。游戏可能挺好玩;如果航天员和外科医生可以在模拟器中练手,那律师和法官也有空间做些类似的事情。但虚拟现实在法院的应用潜力并不必仅限游戏和训练。可以设想,公开审理其实可以在虚拟现实环境中进行。我可以预想在奇幻环境中进行的审判,像游戏一样和真实世界全然不同。但我更容易想象案件放在模拟仿真的法庭中处理,类似前面提到的训练环境,仿真法庭里的诉讼程序可以采用传统法院规则,或遵从简化或改进后的程序。我们为何要这么做呢?那为什么在虚拟在线游戏《第二人生》(Second Life)里,会有一个日益兴旺的天主教徒社群在运行着"圣公会大教堂"(Anglican Cathedral),在那里每周学习圣经、每天敬拜祷告?[2]人类总能找到新方式来做旧事情。我个人并不强力推荐这类虚拟现实庭审,只不过说这也是一种可能性。谁知道呢,或许某些创业企业或者特别创新的法院领导或先锋法官会愿意尝试这种新方式。这种新方式经过一些设计和开发工作之后，就落地生根了。正如我在第 5 章提到过的，从词源学看，"法院"在法文、拉丁文和古希腊文上都指一块圈定的空间或场地，这再引申一下也可以指一个实现正义的新安全网络空间。

也别忘了第 7 章提到的归在亚里士多德名下的正义概念，谈到了一种"盲目"的裁判方式，即法官仅面对案件本身而不是当事人，当事各方的个人特点以及他们的律师都被遮蔽掉。这种程序正义观念的支持者们可能会呼吁采用虚拟现实法院，其中当事人并不以真实面貌呈现，而是以虚拟形象示人，这样就可以使他们的真实身份和特点得到掩盖或难以确定。用某种虚拟形象代表当事人的想法一开始可能会显得怪异。当然这么做会遮掩掉真实诉讼当事人，让他们与诉讼程序之间隔了一道墙。但是，目前律师不也是用另一种方式实现了隔离——在法庭中代表他们的客户及其权益来维权。律师用自己的语言和风格来论述案件，而不是用他们客户的，所以当今律师也可算是某种虚拟身份吧（尽管我也承认如果客户自己陈述证据时，法官就能看到他们本身的样子了）。

先进 ODR

最后再谈一下新出现的 ODR 方法。ODR 专家大体上乐于

261 见到世界各地的人们对线上法院的兴趣日益增长，尤其是被英格兰和威尔士政府和司法机关给出的支持打动了。不过，正如 ODR 纯粹主义者们指出的，从技术上看，目前正在引入的线上法院，尤其是第一代，不过是相当原始的设定。如果把线上法院也看作本质上是一种电子 ADR 的话，那么 ODR 社群自从 20 世纪 90 年代之后就已经开始讨论和设计先进得多的系统了。虽然他们确实总是比线上法院的推动者们更加有野心，但他们也不能否认，相较于运营仅聚焦（比如说）某一类特定纠纷的私营创业机构，为相当通用化的公办法院系统建设线上运行方式是另一番事业。假以时日，当我们推进到了第二代线上法院时，目前为私营 ODR 开发的那些更先进的系统无疑也可以引入到公办体系内。

同时，我们可以期待 ODR 社群会大步前进去升级他们的系统并研发新的应用。有些进步将来自于 ODR 方面的研究——我会尤其想看到更多那方面的工作：将博弈论模型嵌入系统去帮助达成和解。[3] 我还期待未来若干年间会有更广泛的 ODR 商业化应用，帮助最有潜质的研究进展走出实验室、投入市场。这类系统有些将针对高数量、低价值的消费者申诉市场，聚焦线上谈判和调解。[4] 还有些人不仅把 ADR 自动化，还利用互联网的广泛覆盖和多种功能去探索了解决争议的新方式——例如，众筹既可用来筹集资金推进案件[5]，也可以让网上社群对案件结果投票（因此或许可以避免个别决断者的偏见）。[6]还有另一些人寻求为线上解决纠纷提供更加通用化的工具，而不仅仅面向小额争议。[7]

整体来看，本领域的权威专家伊森·凯什（Ethan Katsh）和奥娜·拉比诺维奇-艾尼在《数字正义》（*Digital Justice*）一书中指出，ODR

> 正处于重大转型之中：从针对沟通和便利的应用转向采用了算法的软件……这有时可能就去除了对调解员……或其他案件处理者的需求。[8]

用第 3 章的话说，我们正在超越把 ADR 自动化的时代，进入用技术把调解和早期中立评估等服务彻底转型的时代。这里实现转型的关键技术将是人工智能。

第 26 章
人工智能

在思考第二代线上法院时，我们实难忽视近期律师和法官们对人工智能猛增的兴趣。几乎每周都会有新闻报道称某个"人工智能"或"机器律师"在这项或那项法律任务里超越传统人类律师了，要不然就是准备好要取代人类律师了。例如，大多数英国领先律师事务所都已经签约了人工智能服务，并对这些投入持乐观态度。我对这类提法尤为感兴趣，因为我关注这个领域大半辈子了——1983—1986 年，我在牛津大学撰写关于人工智能和法律的博士论文，自那时起就对相关进展深深入迷。

不过简单来说，我认为目前很多律师事务所和技术公司的新闻夸大了人工智能近期（眼前几年内）可能的影响。2017 年 3 月 23 日，我略带烦恼地发了条推文：

> "人工智能"已经变成动词了。"我可以人工智能那件事。"说这种话的人往往连神经网络和奶油夹心饼干都分不清楚。

话虽如此，我觉得大多数关于人工智能的预测还是**低估**了这种技术对法律的长期（比如说到 21 世纪 30 年代和 21 世纪 40 年代）可能的影响。比尔·盖茨（Bill Gates）曾表达过这种意思：人们谈论技术时，会高估了 2 年内发生的进步，却低估了 10 年内发生的进步。这话对人工智能也适用。我不会预期在未来 18 个月到 24 个月内发生根本性的社会变革。但是，我相信人工智能的长期影响力被普遍误读了。当时间逐步在 21 世纪 20 年代推移，我预测人工智能对我们个人生活和社会、政治、经济制度的冲击将变得无处不在，发生深入转型，结果不可逆转。法律和法院也不例外。

人工智能的不同概念

澄清一下人工智能的概念会对我们有所帮助。我一直觉得这个术语既有优点也有缺点。好处是这个概念本身经常引起人们的好奇心和兴奋之情，因此这个领域常常吸引到第一流的创业者、技术专家，以及慷慨的投资。坏处是这个术语用得有些泛滥了，往往沦落为空泛的营销武器或吸引眼球的标题、推特而已。

有两大类方式去定义人工智能。第一类是从"架构"角度，从采用的工具和方法来看。当我在 20 世纪 80 年代从事人工智能研究时，技术潮流是规则系统和逻辑编程。这些是在第一波人工智能浪潮中实际发挥作用了的——这类系统是明确编写来执行某些任务的,而任务本质上服从人类开发者制定好的大型决策树和流程图(下文将展开)。如今,另一些方法则很流行,如"受监督的机器学习"(supervised machine learning)和"深度神经网络"(deep neural networks)。这类系统代表着第二波浪潮——并非服从明确写定的规则,这些系统从庞大的过往数据中"学习"。不过,一般来说术语和概念对于大多数专家之外的普通人意义不大,对他们来说第二类定义角度——"功能"——更有用。当我们从功能角度去谈人工智能时,我们关注这些系统实际能干什么,能完成什么任务。粗略来说,如今很多人工智能专家和其他人提到人工智能时,他们所指的系统可以完成以往我们认为必须要人类智能参与才能做到的任务(例如回答问题、作曲、识别情绪、砌砖)。这仍然是对人工智能的粗线条概括,但这种定义角度的意义仍在于认识到机器已经可以从人那里接手越来越多任务了。这看起来也是很多律师和评论者谈到法律人工智能时想到的事情——系统可以完成各种法律工作,而这些法律工作历来需要人类思维和人类律师。还有些人想得更远,谈到了"超级智能"机器[1],这些人工智能系统具备超越现今人类律师的能力。人工智能的能力因此被说成既达到了人类水平,又超越了人类。

对很多观察者来说,"智能"这个词或许就暗示了最晚近的系统在某些意义上其实已经有了"意识"。用人工智能的术语来说，具备意识的人工智能系统即"强人工智能"（strong AI）的例证之一。这个话题超越了我现阶段想要讨论的范畴。我并非否认掉多年以后机器会有意识的看法，但这并非本章的焦点。相反，我这里关注的是"弱人工智能"（weak AI）——功能上，这些系统**看上去**在做一些律师的工作，但并不享有人类的认知状态，比如自我意识和情绪满足。

人工智能领域的另一种分类方式是区分"狭义人工智能"（narrow AI）和"通用人工智能"（artificial general intelligence, AGI）。前者是指完成明确定义和有限任务的系统，在特定领域中（如法律）往往可以达到专家或更高水平。通用人工智能则要有挑战得多，这涉及开发通用目的的机器，能够做有智力的人类做的全部或者大多数事情。我们离通用人工智能还需要好多年。有些人也确实说可能永远实现不了。我不同意（"永远"太久了）。就目前来说，值得注意的有趣悖论是：开发机器去完成依赖人们广泛一般的日常人类工作要更难，而开发在特定领域看上去更像资深专家的系统则要容易一些。

正如技术整体发展看起来似乎并没有终点线，我们在思考人工智能的长期影响时，也要记住情况仍是如此，这很重要。变革的步伐正在加快。如今我们似乎每天都能获得某些新的突破。如今讨论人工智能的未来时，我们大多数人所做的一切无非就是从已知推测未来。但是我们还是应该承认，等到了比如2030年，大概率是我们的生活将会被目前甚至尚未设计出来的系统大幅改变。因此，我们应该不要假定如今的前沿实现方法（例如机器学习）将会统治可预见的未来。毫无疑问将会有第三波人工智能浪潮，然后是第四波，生生不息。律师、法官和政策制定者对于尚未发明出来的技术应该同时秉承谦逊和开明之心。

第一波法律人工智能

开发能够解决法律问题和撰写法律文书的计算机系统已是我的终生兴趣所在。我觉得这项工作在技术和哲学上都令人着迷，也一直希望看到这项工作的实践意义。当我在20世纪80年代初涉人工智能与法律领域时，有一种方式占据了主导地位。在搭建系统时，我们完成了一轮访谈，称为"知识采集"（knowledge acquisition）。访谈试图从法律专家头脑中把知识和推理过程提取出来——我们过去称之为"开采宝石"。然后我们把提取的知识编写为复杂的决策树形式，再注入计算机系统，并提供了流程图，这样非专家的普通用户也能使用。我们将其命名为"基于规则的专家系统"。[2]系统向用户提出各种问题，然后提供法律解答和撰写法律文书，结果常常比人类专家还要优质些。

1988年，我和菲利普·卡普尔共同开发了世界上第一个完全可运营、商业化的法律人工智能系统——"潜在损害系统"。[3]这套系统可以对某些与时效相关的法律提供咨询意见。它可以回答这个问题："由于时间限制，到什么时候就不再能提起某项法律行动了？"在开发系统时，菲利普和我实际上创造了一套大型决策树，决策路径超过200万条，代表了我们在这个复杂法律领域内可以想到的所有事实情形和法律问题的组合。菲利普是该领域的专家，而我担任"法律知识工程师"。概括说来，我们把他对相关成文法和判例法的解释提炼成了一套复杂计算机程序——他的知识明确再现到了程序中。最终版系统存放在5.25寸软盘中（当时盘片确实还是软的）。这发生在网页发明之前。该系统把法律研究时间从几小时降到了几分钟，它提供了推理过程的清晰解释，时至今日，菲利普仍欣慰地承认系统比他本人表现得更好。但这第一波人工智能系统搭建和维护起来成本高、耗时长。它们对律师事务所也没什么吸引力——这在按小时奢侈计费是主流且基本无人抗议的年代并不诱人，正因为砍掉了开展法律工作的时间。

尽管质疑者马上就开始宣称这第一波人工智能几无影响，其底层方法至今仍在世界各地广泛采用——例如，在律师事务所提供的线上法律服务和文书自动化系统中。更让人吃惊的是，高达数十亿美元的税务（个人和企业税）合规行业基本上还是建立在第一代规则系统上的。话虽如此，我承认像"潜在损害系统"那样的线上法律问题解决系统还相对很少。在我看来，这类系统没有遍地开花的主要原因是当网页发明出来以后，我们从事法律人工智能工作的大多数人都被新媒体的实时反馈、广泛触达、直观简洁、商业价值所诱惑了。所以我们放弃了人工智能，开始转到线上法律服务。

人工智能的突破

我们中的很多人大概有 5 年时间没怎么想到人工智能了。直到 1997 年爆出新闻，国际象棋冠军加里·卡斯帕罗夫（Garry Kasparov）被国际商业机器公司（IBM）的计算机系统"深蓝"（Deep Blue）击败。回到 20 世纪 80 年代，我们都觉得这永远都不可能。那时我们认为人工智能的唯一实现方式就是像"潜在损害系统"那样，通过编纂庞大决策树来体现人类专家的明确推理模式。但是典型的人类专家——比如医生和国际象棋选手——坚持认为，在他们面对的最艰难的情况里，他们应对的知识和经验并不能提炼为流程图。他们最好的诊断或落子看起来是取决于某种难以描述、言喻的知识——本能反应或直觉，这些无法固定规则地形式表达到任何程序中。因此我们在 20 世纪 80 年代得出结论，在机器和人类的工作之间有非常清晰的边界。机器最适合从事复杂但流程化的工作，而一旦需要"魔法"(创造力和创新)了,那定然就落入了人类的固有领域。大多数人时至今日也这么想,但是错了。由于我们低估了计算机计算力的指数级增长,到 1997 年我们就发现自己错了(参见第 3 章)。到"深蓝"打败卡斯帕罗夫时,"深蓝"系统每秒可以计算大概 3.3 亿步棋,而国际象棋大师任何时候大概可以在头脑中兼顾约 110 步棋。卡斯帕罗夫并不是败给了一套模仿他下棋的系统,他主要是输给了超强计算力。

到了 2011 年,IBM 因为另一次突破又上了新闻。他们致力于开发人工智能另一分支的系统,用来回答问题(一种问答系统)。在一档现场直播的美国电视答题节目"危险啦!"("Jeopardy!")中,IBM 用他们的"沃森"(Watson)系统击败了史上最优秀的两位人类选手。这套系统可以有效地回答任何方面的问题,而且比任何人类都更准确和快速。这套系统的威力还是离不开超强计算力;但背后也依赖机器庞大的数据,以及一些明确整理好的知识。虽然计算机科学家可能不同意,我觉得沃森是第一波人工智能(如上文讨论的基于规则的系统)和第二波人工智能(由机器学习主导)之间的中间驿站。

虽然第一波人工智能系统必须要人类来明确编程,第二波则能够从大量数据中学习。为了帮助理解两波浪潮之间的不同,我们不妨类比一下人类是如何学习外语的。在学校里,我们学习明确整理好的语法规则和大量的词汇。另一种方法则是跑去外国,通过生活在其中来吸收语言:几个月之内,大多数人可以勉强说外语了,尽管并没有正式学习过语法,也不需要背诵大量单词。本质上,他们通过大量的数据来学习——每天都暴露在口头和书面语言之中。在校学习语言就好像是第一波浪潮中的人工编程,而在外国自然习得语言就类似我们现在所称的机器学习。[4]

阿尔法围棋(AlphaGo)是高表现机器学习系统的代表案例。该系统由谷歌(Google)旗下的"深度思考"(DeepMind)团队设计来下围棋。围棋中可能的落子方法超过了宇宙中所有原子数之和。人工智能科学家长久以来都怀疑是否有人工智能系统能够下出一盘像样的围棋。但到了2016年年初,阿尔法围棋以四比一击败了世界顶级围棋选手李世石。利用"深度神经网络",该系统接受了"受监督学习"(supervised learning)和"强化学习"(reinforcement learning)的混合训练,前者基于人类专家的以往对局,后者基本上是系统自身对局了数百万次,从而自我改进。(法律科技中最引人入胜的可能性之一就是利用强化学习来开发法律方面的系统;这是非常好的博士论文选题。)

2016年阿尔法围棋第二盘对局中的第37手如今已成为传奇。没有人类事先想到过这种下法。据说一位参与过阿尔法围棋的顶级对局者称这一手为"壮丽",让他热泪盈眶。假设这一手是人下出来的,我们一定会将其归为"有创造力"或"创新",甚至可能称之为"天才"。但是其实都不是。这种表现是基于庞大计算力和高超算法处理海量数据。当然,阿尔法围棋的很多对局和落子远远超出了系统设计者的设想。

阿尔法围棋的故事没有到此为止。有些观察者坚持认为,尽管这是一套令人惊异的系统,其核心仍然是过往全体人类对局形成的模式。他们其实宣称的是,如果不以起初的人类见解为基础,那系统就表现不了这么好。2017年"阿尔法围棋·零"(AlphaGo Zero)来了。开发者们决定不为新版系统输入任何过往人类对局。相反,开发者只是教会了系统围棋规则,让系统自行生成最佳策略和战术。"阿尔法围棋·零"以100比0战胜了初代阿尔法围棋。这也印证了《专业服务的未来》一书中的一个假说——如果我们的机器越来越强大,那么人类对工作环境的相关贡献也会随着时间减弱。[5]

第二波法律人工智能

得到法律领域外——尤其是竞技棋牌和医疗——早期成绩的启发,机器学习最近占据了法律专业人士的想象空间。利用一系列的算法处理大量法律数据,这类系统可以识别出人类律师采用传统方法无法看出的模式、规律和关联性。

尤其重要的是，这类系统能够得出各种值得称道的**预测**。在诉讼领域，当大量文档需要审阅时，技术辅助的审阅方式（如今包装为一种人工智能的形式）在精准度和查得率上都超越了初级律师和助理。采用一种"受监督学习"的形式，这类系统可以预测哪些文档专家律师会标为最相关。预测基于样本数据集，其中包含以往专家挑选出来的文档。在公司法律领域，大型尽职调查项目也得益于类似技术。面对庞大的数据仓库，这类系统能够从中摘取到——比如说——那些含有最令人警觉的风险和责任的合同。在文档自动化领域，除了传统上基于规则的模式，也有项目正在探索利用机器学习来自动化生成文档——系统基于过往工作结果，预测专家将会起草哪些文档。

ODR 和线上法院群体对机器学习最有兴趣的是能够预测司法判决结果的系统，往往还宣称预测得比人类律师更准确。我到下一章再探讨这个领域。

人工智能谬误

尽管有这些技术进步，很多专业人士和白领工作者还是认为他们的工作**永远**不会被机器取代。他们争辩说计算机不能思考或感受，所以也不能比如说行使判断力或体会他人感受。这类说法通常可以归结于丹尼尔·萨斯坎德和我所谓的"人工智能谬误"（AI fallacy）——这种观点认为，机器表现得比最优秀的人类律师好的唯一方式是以某种方式去模仿人类律师的工作。这里的错误之处在于没有认识到第二波人工智能浪潮并不模仿或复制人类思维推理模式。错就错在思考人工智能的时候缺乏想象力，太以人类为中心了。放到自动驾驶汽车领域，人们就能普遍理解这一点了。没有人会当真建议推进自动驾驶汽车领域进步的最佳方式是设计和制造机器人，让机器人坐到传统汽车的驾驶座去模仿人类开车。但这也等同于想象让机器人出现在法庭、医院、教室或办公室中，作为专业人士的替身。

相反，越来越强大的机器会接手专业人士的工作，但是通过最适合机器能力的方式去完成任务，而不是模仿我们的能力。1997年深蓝击败卡斯帕罗夫时我们见证了这一点，阿尔法围棋击败李世石亦然。压倒我们的是处理大量数据的强大计算力和高超算法；而不是寻求复制人类高手如何竞技。在法律领域同样如此。

人工智能与线上法院

人工智能可能给法官、律师和法院工作人员带去什么影响？大体而言，我假定下面这样的思路——我们在《专业服务的未来》（*The Future of the Professions*）一书中立场的精简版。先把"人工智能"这个词暂放一边，下面这几点很清楚：

(a) 我们的系统和机器能力越来越强大；(b) 它们正在接手越来越多曾经仅由人类承担的工作；(c) 虽然未来新工作无疑会出现；(d) 机器很可能也会接手很多这些新工作。[6] 我没有理由认为这条思路不适用于法院。

很多人回应说机器能做的事情还有种种局限。如前文提到的，他们承认系统可以做一些"流程化"的工作，但是也认为还有很多"非流程化"的工作——比如创造性和情感类的——那些只有人类才能完成。他们质疑上一段的（d）项，坚持认为当传统工作淡出，新工作总会涌现，其中包含的任务是哪怕最强大的机器都实现不了的。他们说新涌现的工作将更适合人类而不是机器，但我们对专业服务工作的广泛研究并不支持这种观点。[7] 我们发现，坚持有些工作永远也不能交给机器去做的信念往往可归结为"人工智能谬误"——认为开发机器如果要达到人类的表现水平，唯一方法是**模仿**人类的工作方式。再重复一次，这里犯的错误是未能注意到很多当代人工智能系统工作时并不模仿人类；相反，它们采取相当不同的、**非人类**（unhuman）的方式工作。

如今这些非人类的系统能够预测结果、识别相关文档、回答问题、处理情绪（参见第 3 章），表现水平还高于人类，那么在未来数十年间，到底是人类抑或机器将会承担如今法院里各种各样的工作？这个追问不仅合理，也至关重要。

最聪慧和最优秀的人类专业人士可能会留存最长久——那些人类专家（法官和顶级诉讼律师），它们处理的工作不能也不应该被系统替代。但是，未来将不会有那么多的这类工作使大量传统法院工作人员不失业。这在现在还算不上是个紧迫的威胁。21世纪20年代还是重新部署时期，不至于失业——律师和法官将承担不同的工作并改变工作方式，尤其是在线上法院。但是从长远来看，结论恐怕无法避免，即如今法院工作人员从事的那些工作未来会少得多。

对于线上法院，或许有人觉得第一代法院里没什么人工智能的空间。不过，加拿大不列颠哥伦比亚省的"民事纠纷裁判庭"已经为其"方案探寻器"采用了基于规则的专家系统。布瑞格斯勋爵也推荐过采用决策树去帮助英格兰和威尔士的早期版本线上法院中的"分类鉴别"流程。借用第10章中介绍的架构，这些诊断性的、第一波法律人工智能处于线上法院（第一代和第二代）的第一层。对于法院用户有哪些选择、他们享有哪些具体合法的权利和义务，第一波人工智能都可以提供建议。

但人工智能最大的潜能还在第二代线上法院。如之前提过的，那时系统本身——而不是工作人员——将会作出很多正式的指令和决定。线上法院第二层是开展调处的地方，这类系统会接手一些案件官的工作。例如，我们可以很容易想象一套机器学习系统帮助当事人预测案件可能的结果，就仿佛案件已经提交给了真人法官一样。基于过往法院行为的统计分析，或许这会是人工智能方式下的早期中立评估。我们也可以设想一套预测工具，会识别出（如第 23 章中提到的）更适合传统法院而不是线上处理的案件事实类型。

那么，第三层线上法院法官的工作会怎么样呢？人工智能能够接手他们的任何工作吗？

第 27 章
电脑法官

有种说法是未来法官可能会以某种方式被机器取代,这种隐忧萦绕着本书及一切关于未来线上法院的讨论。[1]请思考这段相当冗长的引文:

> 约瑟夫·维森鲍姆(Joseph Weizenbaum)在《计算机力量和人类理性》(*Computer Power and Human Reason*)一书中谈到了他和人工智能先锋约翰·麦卡锡(John McCarthy)的一段对话,让维森鲍姆(和我)惊恐不已。维森鲍姆问:"有什么是法官知道而我们无法告诉计算机的?"麦卡锡的回答是"没有",而且创造机器进行司法判决的目标是完全可期的……这方面亟须深入研究,既要消除大量误解,也要告慰公众:尽管计算机未来无疑将为司法机关提供巨大辅助,让计算机承担司法裁判角色在目前(或可见未来)不可能,也永不可取(只要我们接受了西方自由民主价值观)。不管怎么说,计算机尚不能(哪怕未来可能)令人满意地识别语音、理解自然语言或解读图片。法官可以。计算机尚不能被编程来展示道德、宗教、

社会、性别和政治倾向，而这些是人类真实拥有的。计算机也不能被编程来显示出创造力、手工技艺、个人特性、创新、灵感、直觉、常识，以及对我们世界的整体兴趣，这些都是我们作为人类期待不仅普通公民具备，更是担任裁判角色的法官所具备的。[2]

是哪位头脑混乱、目光短浅的反技术分子说的这些话？坦白交代，这是我自己说过的话，刊于1986年《现代法律评论》(*Modern Law Review*)。尽管这已是不止30年前了，我仍能生动回想起落笔写这段话时的所思所想（没找到更好的表达）。如今，我已不认同不少那时说过的话。情感方面，想到法官有可能被机器彻底超越不会再带给我惊恐感。技术方面，数十年时光后，我那时的认识也过时了。计算机经常**能够**（在某些限定场景中）令人满意地处理语音和自然语言了。我（和大多数计算机科学家）也没能预见到计算方面的很多重大进步并不来自于明确编程的系统（例如是否显示政治倾向或创造力），而是由机器从大量沉淀数据中"学习"而来的。道德方面，当我谈论西方自由民主价值观时，反映出来的是20世纪末期的气氛。随着技术进步，如丹尼尔·萨斯坎德在《未来政治》(*Future Politics*) 一书中所解释的，其实我们的政治概念也在改变。21世纪的自由民主可能会和以往有重大不同。[3]

机器与法官

"机器能不能代替人类法官?"这一质问表面上简单直接,其实暗藏了至少5个问题。第一个是用机器代替法官**在技术上是否可能**?第二个是问,即使技术上可能,让机器接手司法职能**在道德上是否可接受**?第三个是追问这类系统**在商业上是否可行**,也就是说系统带来的经济收益能否压过成本?第四,这么做**在文化上是否可持续**——这类系统能不能无排斥地融入法院体制,尤其这套体制是由陈旧的法律程序管制,以人类法官为核心的?最后还有一个哲学问题:开发这样的系统**在法理上是否通顺**?司法决策本身的结构和性质是否具有一些特质,使其部分或全部超越了计算的范畴?

就本章的目的而言,我聚焦在技术可能性和道德接受度。商业可行性就留给市场去决定好了;文化可持续性也暂且不谈,留待观察第一代线上法院的实际情况;至于法理问题,我在别的地方讨论过了。[4]

技术可行性

那些开始探求机器是否能接手法官工作的学生和学者,会立即发现文献材料(无论是学术还是大众)中充斥着一项基本误解。评论者们未能区分两类系统:一类系统寻求模仿法官工作方式，另一类则以非人类的方式产出我们期望法官达成的结果。当我在1986年谈到那些属于法官工作核心的"创造力、手工技艺、个人特性、创新、灵感、直觉、常识"时，我自己就陷入了这个迷障。其他人也犯过类似错误，他们是这么想的：（1）法官工作时要**思考**；（2）机器不能思考；所以（3）机器不能从事法官的工作。逻辑学家和修辞学家会看出来这属于犯了"中词不周延"（fallacy of the undistributed middle）的错误。我称之为"人工智能谬误"（参见第26章）。这里的错误之处在于假定机器从事人类工作的唯一方式是想方设法模仿人类的做事方法。相比之下，结果思维（参见第4章）则促使我们不再关注人类**如何**做事，而是思考机器产出的判决结果是否能达到甚至超出人类法官标准，不必复制法官思考和推理的方式，而是发挥机器特有的能力（强大计算力、海量数据、高超算法）。

　　谈到这，我认为其实涉及了三个不同的技术问题。第一个是，机器能不能像人类法官那样思考、工作、体察情感、创造、推理和感受？时至今日的回答仍然是斩钉截铁的"不能"。从神经生理学和神经心理学的角度，只有有血有肉的人类可以发挥人类法官的功能。这是"人类"的定义决定了的。除非有朝一日我们可以创造出人类的生物副本——分子级别的复制或全脑模拟——不然答案可能永不会变。顺便提一下，哪怕我们可以原子级复刻一位人类法官，成品算不算一位人类法官也不清楚。哲学家和心理学家为此已争论了数十年。[5]

第二个问题是机器能不能产出司法方法的结果——粗略地说就是**带有说理的判决书**。人工智能和法律社群为了回答这个问题已努力了 30 多年，期望研发出能分析事实模式、识别适用的法律并生成法律理由的系统。上一章中谈到了我在基于规则的专家系统方面的工作，也是这个方向的早期努力之一。尽管社群同仁付出了辛苦努力，想要拥有能生成带有说理的判决结果的系统（不仅局限在非常特定的法律领域），我们仍有很多年的路要走。但我也不是断然否定了这种可能性。人工智能领域还将涌现无数进展，带领我们大踏步超越机器学习（目前的主流人工智能方法）。那么，在这个机器越来越强大的年代，我们畅想着等到未来某个阶段——20 年也好，100 年也罢——系统在审判中将会比法官表现得更好，将能产出带有说理的判决结果，判决书的文字感觉出自最优秀的人类法官手笔，但其实是来自人工智能而不是法官，这恐怕也不算异想天开吧。

第三个问题是有没有可能开发出那样的系统，用非人类的方式去产出我们期望法官和法院实现的社会和经济**结果**。我对这个问题的回答要积极得多。这样话题又重新回到了机器学习和法院判决结果的预测上去。

机器预测

让我先回到差不多 40 年前。我 1981 年在格拉斯哥大学开始写本科论文，1982 年提交。在论文封面中间，我引用了下面这段让我感到有戏剧化效果的话：

> 那一天应该会到来……到那时，你可以把一套案件事实输入机器，机器中已经存储了判例、法律规则和推理规则，然后机器可以为你一步一步列出推理过程，靠这个你可能就得出结论了。你可以研究这些材料，然后判断机器是对还是错。在某些情况下，机器可能没法准确告诉你结论是什么，但会说如此如此可能是正确的，而正确的概率是 90%。[6]

这些话是瑞德·劳勒（Reed Lawlor）1960 年 10 月在美国加州箭头湖（Lake Arrowhead）举办的第一届全国法律和电子技术大会上说的。当时劳勒是美国律师协会（American Bar Association）下属电子数据检索特别委员会的主席。（差不多 60 年前就已经有了这样一个委员会，很奇妙吧？）我把这段内容摘录在这儿，正是因为我感觉大多数法学教授和律师会认为这一设想是非常荒谬的。恐怕现在的很多法律从业者还会把这些话当作异想天开。但是实际上，劳勒所说的情况已经到来了。

目前有一个领域得到了大量时间和金钱的投入，该领域致力于开发系统去预测法院的行为。学术界中，我推荐丹尼尔·卡兹（Daniel Katz）的成果。[7]还有众多创业企业正在努力销售完全可操作的系统。其中有一个叫作 Lex Machina，可以启发我们思考这类系统所带来的影响。该服务由斯坦福大学研发，2015 年被律商联讯（LexisNexis）收购。据说这套系统能够预测美国专利诉讼的胜诉概率，准确率比人类专业律师还高。值得注意的是，这套系统并不通晓法律。用来生成预测的数据并不是法院判决书。这里可以对比英国伦敦大学学院（University College London，UCL）开发的系统，其基础数据来源于欧洲人权法院发布的判决书。[8] Lex Machina 则是处理过往 10 万多宗案件的**相关**数据——例如法官、律师事务所和律师、诉讼性质和金额等特征数据。人们发现，掌握了足够多的数据点之后，计算统计学在预测法院行为上的表现能够超越法律方法。预测司法判决的系统化方法不再是一种新现象；20 世纪中期的律师和心理学家（所谓"司法行为主义者"）也为此付出了巨大努力。[9]但是机器学习给出的结果看上去前景要光明得多。

《专业工作的未来》（*The Future of the Professions*）一书发布时[10]，纽伯格勋爵（时任英国最高法院主席）反思了这类系统，他问道，如果法官的判决结果可以被如此精准地预测出来，那未来法官还有必要存在吗？那时他是半开玩笑的，但这个例子也把我们带回到了结果思维（参见第 4 章），以及墙上小孔（顾客所需）和电钻（满足该需求的最佳方法）之间的长久混淆。想一下所有 CEO 在纠纷冒头时都会问的问题，他们毫无例外都想知道"我们的胜算有多少？"律师们把这当作一个法律问题。但这还是电钻思维。律师们带着法律的眼镜去观察这个世界。或者用组织心理学家亚伯拉罕·马斯洛（Abraham Maslow）曾经说过的话："如果你仅有的工具是一把榔头，那我想你会有冲动把任何问题都当作一个钉子去解决。"[11] CEO 并没有要求开展法律研究和法律辩论。这里 CEO 想要的结果，那个墙上的小孔，是某种概率预测。如果对纠纷结局的预测，机器可显示出比律师的预测更加可靠（且更加廉价和便捷）的结果，那么我们可以预计市场将选择系统而不是人类来从事这项工作。

一位法官或律师很可能会观察到这些预测机器并没有开展法律推理或得出法律结论。站在线上法院第一层和第二层的视角来看，这当然没什么问题。在这两层上，我们并不想要司法判决。法院用户想要的是帮助他们决定是否起诉、和解或息事宁人的工具。能够帮助他们预测胜算的系统肯定是价值巨大的。

一些现实主义

有些法哲学家可能会更进一步，大胆提出在某种程度上，预测法律其实就是律师做的事情。这种主张最权威的表达来自奥利弗·温德尔·霍姆斯，他曾广为人知地指出：

> 预言法院将会实际怎么判，即我所指的法律，并没有什么更浮夸的东西。[12]

这个表述已被广为引用和讨论。作为对实践中法律的务实见解，这种看法也在我和伦敦顶级商业诉讼律师的对话中得到响应。客户总想要知道赢面的大小，这可以理解。我们聊起了诉讼律师们会如何回应客户的这个问题。他们告诉我，即使案子看起来小菜一碟，他们也很少会给出超过 70% 的胜算。一部分原因是谨慎，但更重要的是，他们说有很多往往难以估量的因素可以决定案件结果，而这些因素都超越了法律条文。这就引出了一个很令人激动的可能性——基于机器学习的预测系统，利用大量案件的**相关数据**（其中许多和实体法律没有关系）可以精确纳入那些所谓法律之外的难以估量因素。有个难以估量因素在实践中的极端例证来自以色列的法院，一项研究表明：假释庭审的裁定结果竟会因开庭安排在午饭前或午饭后而有显著不同。[13]这让人想起了"消化法理学"，根据这种理论，法官的判决结果取决于他们早餐吃了什么。

霍姆斯作为法学理论家，属于"美国法律现实主义"学派，其中一支后来被称作"规则怀疑论者"。[14]他们争辩说成文法和判例法中的法律规则——那些"伪规则""已接受规则"

"纸面规则"或"文字形成的规则"——对于试图预测司法判决结果的律师来说作用有限。为了更好地帮助客户,律师们不得不总结出"潜规则"或"真规则",他们宣称这些规则可以从司法行为模式中发现。规则怀疑论的代表人物卡尔·卢埃林宣称这些真规则称为"法院实践"更妥当[15],因为他认为法律就是"官员对纠纷干了什么"。[16]在社会法学理论中也可以追溯到一条类似线索,其中也有一些观点认为法律不仅是纸面上印刷的内容。尤金·埃利希(Eugene Ehrlich)建议我们的视野应超越"判决所用的规范"(例如成文法),要看到"活着的法律"(他指的是社会中公民实际遵循的社会规则)[17],而罗斯科·庞德(Roscoe Pound)则严格区分了"书本中的法律"和"运行中的法律"[18]。美国法律现实主义者和社会法律理论家无从知晓日后机器学习方法竟会提供工具,从司法和社会行为中识别出他们所指的模式来。

但这并不仅是理论。预测处在日常法律实务的中心。任何时候,尤其是遭遇疑难案件时,只要律师试图判断他们的客户有哪些合法权利和义务,他们经常会从法官会如何判决的角度去思考和探讨案件。当律师说他们无法想象法院会接受 X,或者任何法官都难以支持 Y,或者他们有信心相信任何合议庭都会判决 Z,律师们其实是在表达用预测的方式表述法律内容。这里至少有三个维度。第一,法律方面最终真正重要的是某个法律问题会如何被权威机关解决。第二，在为客户提供咨询时，律师真的会采取一种预测式推理的方式。因此在线上法院的情况下，如果任何系统能够比他们预测司法行为更加准确，律师们应该尤感兴趣。确实，可以设想到了未来，他们不采用这类系统会被看作过失，就好像医生如果没安排或审阅磁共振扫描结果来支持诊断结论，医生就有过失。[19]第三，我们有理由追问，法官们自己是否会觉得在判决之前用一遍预测工具也挺管用的。

预测即判决

不过，目前关于预测技术最有争议的用途在于用预测机器替代法官。在这种方式下，预测并不是用来作为一种ODR，也不是第二层调处的形式，而是作为工具用来生成具有完整权威性和约束力的判决结果。对大多数律师和法官来说，说好听点是难以想象，说难听点就是彻底亵渎正义。一定只有人类法官才能作出有约束力的法院判决。

当然，以往只有法官才能作出法院判决。但这是永恒不破的吗？我们能不能设想有份判决书是机器生成的，依然具备传统判决书的充分效力和执行力？还是别忘了结果思维。我在第4章中曾提过，病人并不想要神经外科医生；他们想要健康。同样，诉讼当事人可能不想要司法判决；换个角度看，他们想要权威机关（我们称之为法院）作出的有约束力的判决书。或者他们可能想要内心的安宁，或者摆脱问题，或仅是不拘用什么方法把纠纷解决掉。除了请人类法官坐堂审理，诉讼当事人寻求的结果或许还可以用其他方法实现，尽管历史上没有过其他可靠的方法。但是原则上，我们可以想象出能生成判决的机器，判决结果依法视为有权威性。例如，法院的规则可以明文规定，如果系统预测法院判决支持原告的概率高于比如95%，那么这种预测结果就成为法院的正式判决。这种情况可能会被认为是不受欢迎或不太可能实现的，但确实是一种可能性。

  也别忘了巴西法院里面已经堆积了1亿多宗案件待处理。我还是得提醒，这些积案靠传统法庭里的法官和律师，无论如何是永远都不可能处理完的。为了不原地踏步，拿到判决总比没有强，一些小额案件当事人（尤其是越来越熟练操作线上解决问题的年轻当事人）完全有可能说前文所述的那种系统会胜过不堪重负的传统法院。更正式点讲，他们可能会认为这种系统促进了比例正义（快速，廉价，易用，不激烈冲突，与待解决的问题十分匹配）；还促进了分配正义（因为这样公办纠纷解决服务就可以触达社会中的很多人，而不仅是一小撮）。他们或许还会说程序正义也实现了——他们理解相关程序和局限，他们上传文档或数据以支持诉求，他们也乐于接受类似案件的结果（可在数据中体现）。再有，我们可以从执行正义中获益（参见第 7 章），因为机器生成的判决和传统司法判决一样对双方当事人有约束力；强制执行和付款甚至可以自动植入，采用某种区块链技术。

不过这里也有一些质疑，其中两个质疑源自于不同的正义概念。一种是这类系统实现不了公开正义。此处问题所在不仅是缺失了可以一手监督司法过程的公开法庭，这种质疑实质上已经在第 19 章中讨论过了。质疑者认为情况更坏，根本就没有人类法官的参与，所以就没有比方说书面判决书可供分析，也没有法官履历可以审查。雪上加霜的是，大多数机器学习系统是不透明的。不像第一代法律人工智能，那些专家系统可以解释他们的推理路径，但机器学习系统或许整体上能很好地得出结论或完成任务，但却无法解释或合理说明他们的"黑盒"行为过程。在个案中，我们如何能认同这样明显缺乏透明度的系统？再往大了说，如果我们无法去评价算法和数据的运行有效性，而这些又成为了我们法院系统的核心，那该怎么办？[20]

另一种质疑是接受这类预测机器作出的判决可能会导致实体上不公正的结果，因为他们的基础数据或算法可能遭受偏见污染。如果以往的判决中蕴含了偏见或成见，那么表达这些判决的数据就被毒化了，从这些数据中生成的判决（高概率预测）会把这些不公正固化。同样，那些由软件工程师写的初始算法本身可能也反映和传播了他们的个人偏见，哪怕他们未必意识到了那些先入之见。换句话说，这些系统中的偏见会继续导致实体不正义。

这两种站在公开正义和实质正义角度的反对意见，体现了机器学习系统整体上的两大缺点——不透明，且依赖的数据和软件可能受污染。探讨这些话题的文献正不断涌现[21]，无数项目和研究机构也正致力于此。英格兰和威尔士律师会下属的技术与法律政策委员会已经在调研"司法体系中的算法"课题，他们的报告会在我提交本书初稿后数周内发布。我也已接到首席大法官的邀请，担任他的人工智能咨询小组的组长。小组成员包括资深法官和人工智能/法律专家。我确信我们一定会在某个阶段研究透明和偏见的问题。

要充分探讨这些问题，恐怕免不了要花几章的篇幅。很遗憾，流行文献中对质疑的一些回应，哪怕意图良好，仍流于肤浅了。例如，很多人提出我们应该"把伦理植入人工智能"，这到底所指为何，无论是技术上还是哲学上，都完全不清楚。还有人要求软件工程师应该"编程"让机器学习系统提供能让人搞懂的解释，但这到底是什么意思也非了然。这是误解了两种方式的差异：一方面是支持机器学习的归纳流程，另一方面则是当人们要求解释时所期待的演绎论证形式。[22]我理解人们希望尽快从技术上克服人工智能的缺点，但我估计还需要许多年的工作才行。[23]

具体到线上法院，有个问题值得讨论，也算一种对偏见的担心。有种想法是采用预测系统而不是法官决策，我想起了一种常见的反应：因为这类系统基于相对固定的历史数据集，他们会让法律僵化，失去增进或创造的空间。他们会把数据中表达的立场固化，扼杀了自由裁量的尺度或新司法思想的发展。

批评者们担忧过往数据中的偏见没有错，但是认为系统只会机械复制过往判决就往往幼稚了。借助大量数据点和赋予的不同权重，机器学习算法完全可能产出看上去有创造力和新鲜的结果（可以回想一下阿尔法围棋的例子——参见第 26 章）。这方面有件事总让我觉得好笑，有时反对者会继续挑战说这类系统的问题在于它们只能处理过往数据，所以有巨大局限性。我经常反驳这点，质问现在人类工作所依赖的数据——人类就能够获取未来的数据吗？我们人类所拥有的无非也就是过往数据和经验罢了，不同之处是机器读取的数据体量相比人类能分析的要超出很多数量级。另外，只要机器持续处理困难案件，那么数据体量还会不断刷新。

无论如何，我必须再次提一下伏尔泰洞见和巴西的 1 亿宗积案。我得知很多这些案件都是常规和小额的。哪怕采用最消极的分析,如果其中大多数案件可以借助不透明的预测系统处理掉,预测系统会忠实地根据以往法官的判决(包括其中任何偏见)来生成判决,不也改善了现状吗?如果不这样,当事人们只能去等待永远都无法到来的人类司法判决。

道德边界

针对人工智能取代法官是否可取的辩论经常沦为技术上做得到或做不到之争。为了直指问题要害,我觉得不妨为了道德辩论而假设机器确实能够完全取代法官了,技术上没有任何障碍了。然后我们会如何思考?

或许有人会说,在某些人类工作和活动里,人类参与是重要条件,我们永远不会心安理得地把这些事情分配给人工智能和自动化机器。比如,在医疗领域,我猜当今大多数人都相信,决定关闭生命支持系统并随后按下开关这件事不应该委托给无人参与的机器去做。或许这就是一个道德边界的例子,边界之外的事情不应该允许系统涉入。有时,道德触角不应该到机器人为止。这种观点还会继续说,要求一个自然人应该为这种生死攸关的决定负责,既正当也必要。在战争中也有类似情况,有很多人强烈反对自动化武器,反对强大系统可能在没有人类明示指令下杀人的观念。

秉承类似精神,还有一些人——或许是很多人——会说法官的决策也在道德边界之外。如果公民的自由、健康或财富要被国家裁减，那么应该有另一位人类为这样的决定负责。这或许是一种内心直觉。或许根植在某种更深的哲学立场上，例如关于"对人的尊重"。或许基于一切法官都必须能展示怜悯和仁慈的观点，而机器是无法模拟怜悯和仁慈的（注意这个观点犯了人工智能谬误，不顾结果思维，也忽视了现在法官展示怜悯或仁慈的同时可能也影响了公平，背后可能还藏着无意识的偏见）。再或许源自于某些对传统的热爱，相信事情只要以往运行良好本身就说明事情是正确的。不管怎么说，我们可以预料很多人会说电脑法官不会是好事。有些人可能会坚持机器无论如何不该接受任何司法工作。其他人可能承认为轻微纠纷采用电脑法官还是说得通的。确实他们可以说我们在道德上有义务接受这种安排，如果通过其他办法都实现不了正义。

在公众辩论和社会政策制定中，这些道德反对意见将需要和预期的好处进行权衡，好处既包括日常观念如费用、方便、速度等，也包括更重大的正义诸原则，尤其是分配正义。

这个问题上我的个人意见并不比其他任何人的更有价值。但我有几项观察或许对读者们有帮助。第一是如我在本章开头所说，我自己在这个话题上的观点已有过变化。20世纪80年代中期，我对电脑法官的想法真心感到惊恐。现在不会了。或许我在这个领域待了太久，已经戴着人工智能的有色眼镜看世界了，但我觉得不是这样。经过亲身见证明显的不正义，我现在认识到，只要是困难的道德问题，无一例外都需要在两个甚至更多令人不快的情境中抉择。我能看到针对电脑法官的道德批判，但在我的道德天平上，这些反对意见在原则上被另一些明显的不正义压倒，那些苦苦求诸国家解决法律问题却无门的不正义。

第 7 章中提到的相对主义观点也值得重新强调一下。我们应该预见到关于电脑法官的看法不仅会随着时间改变，也很可能会随着地点而改变。再提一次，我们的孙辈大概率将和我们的观点不同。这或许是因为他们的对错观念与我们不同，但更可能的是他们会生活在机器无所不在的时代，而且机器在诸多行业都不容争辩地比人更优秀。到了那种情况下，他们可能会觉得坚持让人类从事机器可以做得更好的重要工作，反而是道德上不可接受的了。那么和其他时候一样，我们需要保持开放的心态，也要记住那些希望维持现状的人并不必然站在道德高地上。若陷入保守，我们这代人恐怕就要犯下不作为、不改变的罪过了。

第 28 章
全球挑战

我恳请读者在作出线上法院是否可取的判断结论之前，不要纠结于它们现在的缺点，而是思考引入线上法院是否会意味着对传统法院体系的改善。用本书第一部分介绍的概念来说，我们应该首先问线上法院是否在处理合适的案件时比当今法院提供了更广泛的司法触达。这里的答案是确然无疑的——如本书描述的线上裁判，在权威纠纷解决方式中是廉价得多的方式，而扩展法院机制将以当下尚不可能实现的方式去帮助用户评估和控制纠纷。

我们还应该问什么样的系统，无论当下的还是未来的（如本书描绘），能更好促进本书推崇的七条正义原则；以及什么样的系统能更好克服目前法院引发的不正义。关于实质正义（判决结果的公正性）、程序正义（流程的公正性）、执行正义（判决结果得到国家力量支持的程度）和持续正义（法院是否具备充分资源），我的结论是在这些方面未来线上法院和传统法院之间没什么差别。我也期待这两类法院产出的结果上（实际结果和情感效果）不会有什么差别。

新旧系统之间最有冲击力的差别在于分配正义和比例正义。传统法院大体来说只有少数人能触及,而且也免不了耗费不合比例的费用和努力。线上法院设计和开发出来正是为了克服这些不正义。如果线上法院的承诺兑现了(早期案例研究让我们很有理由持乐观态度),那么公办纠纷解决作为社会公益在社会中的分配将广泛得多。触及这种公益所需的成本、时长和指导精神相比传统法院机制会明显与小额纠纷的金额和规模更加相称。

至于公开正义,起初和直觉的观点都是传统法院可以比线上法院实现更高的公开度,但这种观点经不起追问。传统法院(公开庭审)提供了更多"实时透明",但比线上法院的"信息透明"要少很多。不过在实际中,基本没有人会去旁观线上法院所针对的那种小案件,也没有什么理由值得旁观。平衡来看,我坚信线上法院可以比传统公开庭审提供**更高**的整体透明度。因此,在我看来线上法院对于合适案件带来的收益远远压过缺点。

即使读者对于这个结论在他们本国是否成立仍未确信,我也相信有强大理由支持在司法触达有限、法治尚未盛行的国家引入线上法院。在这最后一章中,我来谈谈全球面临的挑战。

国际情况

2015 年 9 月,在美国纽约一次庆祝联合国成立 70 周年的大会上，成员国通过了一份"可持续发展2030年议程"（2030 Agenda for Sustainable Development）。这份文件被描述为"从现在直至未来，为了人类与地球的和平与繁荣的共享蓝图"。这份蓝图的核心是"17项可持续发展目标"（17 Sustainable Development Goals，SDGs），敦促全体国家——无论是发达国家还是发展中国家——立即开展全球协作，采取行动。[1]其中第16项目标明确提到了司法触达。这项目标是：促进有利于可持续发展的和平和包容社会，为所有人提供触达司法的机会，在各层级建立有效、负责和包容的机构。[2]

但是很遗憾，这项目标的推进缓慢。到2018年，联合国的报告指出：

> 社会之间和国家内部的武装冲突和其他形式的暴力导致了世界上很多地区持续遭受难以形容的恶劣情况。促进法治和司法触达的进展也不均等。[3]

这种诊断也得到第2章所列数据的支持。经济合作与发展组织称仅有46%的世界人口生活在法律保护之下。[4]每年，有10亿人口需要"基本司法关怀"，但在"很多国家，遭遇问题的人中有接近30%甚至不采取行动"。[5]至于法律援助，在经过调查的106个国家中，发现大约有1/3"尚未就法律援助具体立法"，"民事案件法律援助的需求在大多数国家大多没有被满足"。[6]与此同时，在有些国家，法院积累了大量待处理案件——例如，巴西有1亿宗，印度有3 000万宗。

我们都对这些"难以形容的恶劣情况"太熟悉不过了。正如联合国委婉所述的，促进法治和司法触达的进展"不均等"——不公正的法律、无视人权、随意立法、带偏见的法官、腐败的官员、公民无法理解他们的权益、过于昂贵或复杂的维权制度、法院案件大量延误和积压、少数群体受压迫、实际掌权的罪恶统治者、过于缓慢和昂贵的法院、暴力和武装冲突、非司法官员裁决法律权利、未公开或不可理解的法律、不公平的程序以及无视国际法。不幸的是，法律缺失遍布全球。

互联网

能做什么呢？运用互联网的广泛触达去打击一些法律缺失的情况，会是一条有希望的路径。如第2章所言，现在互联网的活跃用户数（53%）已经超过了享有司法触达的人数（46%）。而53%这个数字在未来数年还会持续增长。对于那些目前尚不能实际触达司法或得到法律保护的人，互联网给了我们一个全球平台为他们提供一些帮助。这里的关键之一就是绝不止步于建立用意良好的网站（很多人认为这就是解决方案），在我们能实现的范围内尽可能广泛地引入线上法院。

普通网站在有些地方影响力有限，而线上法院却可能取得成功。要理解其中的原理和原因，我们需要回顾过去。在过去

10年间，旨在帮助人们应对法律的网站爆炸式增长。这类网站在很多国家都有，大多设立者是慈善机构、教育机构、活动家、学生，还有律师事务所的公益事业。很多这类项目令人印象深刻，致力于在法律问题上教育公众，帮助公民理解他们的权利和义务，对复杂的法律法规提供指导，提醒用户法律的变化，解释纠纷解决的方式选择，引领法院流程，等等。不过，往往这些服务本质上还是把传统的小册子搬到线上而已。有时表达的方式过于法言法语，导致用户难以接近。还有一些网站设计得好些——交互式，带有动画和图形，搭建时采用了一些设计思维方法，故而在提供服务时也优先考虑了日常用户的需求。

那问题在哪里呢？如果线上参与的人和优秀的系统都越来越多，那肯定听起来进步了。但恐怕目前提供的服务加在一起本身也还不够。首先，这种线上解答法律问题是分散零碎的。某些特定问题可能解决了，但大多数国家里这类系统的覆盖面既不系统也不完整。对于非专家的普通人来说，有哪些资源可用、哪些是可靠的都不清楚。一般来说，用户会在搜索引擎中随意搜索一些他们认为代表了问题的关键词。然后他们就会面对一大堆令人不知所措的网站，其中用户几乎看不到认得出来的标识。

症结

不过,即使线上资源很丰富、使用便捷、来源可靠,现实情况依然如第 9 章所述,对用户来说在知晓自身权利和实际维权之间存在巨大鸿沟。这条鸿沟之间正是腐败和丑恶实现不法目的还能免于被追究的空间。这条鸿沟也让有钱的机构能避免个体公民的追究,哪怕他们的诉求是正当的。

症结在此。如第 9 章所述,知晓法律却没有能力去应用和维权,就好像收到了医生诊断之后仍得不到药物或手术治疗。哪怕最完善和研究深入的法律解决方案也可能会等同废纸,除非解决方案中识别出来的当事人权利能落地实现——能获得某种救济或其他令人满意的结果。

让我重申一下第 9 章里的愿景。线上法院可以跨越人们知晓法律和有能力维权之间的鸿沟。线上法院不仅可以指导人们了解他们的合法权利,还带有制度力量,这种力量历史上只有请律师出马之后才产生。那么,线上法院将用两种方式在知法和救济之间创建一座桥梁、一段连接。第一,它们被赋予了权利力量,否则可能权利就实现不了,让不请律师的普通人也获得了一些请了律师才有的分量。第二,线上法院的出现让司法救济对于所有人都唾手可得,这会激励义务承担者们去实际履行。有些人原本倾向于无视法律,而一旦存在了快速、廉价和明了的法院服务，再配合强制执行机制，那些人的行为定然会有变化。对抗环境将变得对等，不平等会消除——在富人和穷人之间，在请得起律师和请不起的人之间，在那些熟习法院操作和那些感到被法院排斥的人之间。

不像民营网站，采用线上法院带着法律的权威，由国家强制力背书。线上法院提供了"执行正义"（参见第 7 章）。

这很重要

再次强调一下我在导言中所说的，我相信所有人——无论他们的能力、地位、财富，以及生活、工作所在地——都值得享有也应该享受平等的尊重和尊严。我将其视为所有人的一项普遍权利，本身就是目的，不管这项权利是否会让所有人的生活更加和谐、繁荣或幸福。我还坚持认为，这项享有尊重和尊严的权利，应该由法律来宣告神圣不可侵犯并确保执行。竟然尚有 54% 的人们被剥夺了种种保护和权益，而这些是法律可以也应该确保的，实属难以言表的悲剧。

全球共同努力

有些国家的传统法院体系内有大量积压案件，还有些国家遭受着严重的司法触达问题。我的结论是，我们现在需要一场全球的共同努力，致力于把线上法院引入这些国家。我们可以邀请他们以协议、条约、谅解备忘录等形式承诺引入和提供线上法院。

满足了第 7 章所列的 7 条正义原则,我畅想着一个新世界,那里更多国家会因此而拥有透明和资源充沛的法院体系,得到国家支持,妥善平衡,所有人都可触及,产出公平的结果,同时支持线上法院的程序规则是公正的,也能让用户感受到公正。宏观社会目标会是改善司法触达,至少在第 6 章所列的三重意义上——改善纠纷解决、纠纷控制和纠纷避免。

不过,除了仅仅邀请国家来签署引入线上法院,我们还可以做得更多。我们应该可以开发和提供**标准化**、**可改编**、**全球化的线上法院平台**,同时支持本书介绍的线上裁判和扩展法院功能。这个平台秉承开源精神提供,可以预置一套嵌入程序,并可根据具体法域进一步定制。一套标准的用户工具也可以包含其中,包括支持移动设备访问的应用软件,以及实际测试过的用户交互界面。

有时我遇到发展中国家的律师和政策制定者,他们急于了解英国法律体系的更多情况,也有计划套用一套类似的结果过去。我现在会提醒他们最好不要这么干。为什么要移植一套 19 世纪的制度呢?他们倒是不妨考虑跳过那些所谓的先进法域的现状,直接引入线上法院。他们当然会觉得这样容易许多。历史上,有一些政权决定实施法治,渴望快速引入一套全新或剧烈升级的独立司法体制，他们都面临了各种各样的严峻挑战——起草程序规则、建设合适的大楼、组织法律职业群体、招募训练得当的中立法官。如果一套标准的线上法院平台可以部署下去，那就可在一定程度上避免前面那些挑战。只要把已有操作系统适当定制，一套为不请律师的当事人提供线上裁判的体系几个月内就可以上线运行。至于司法能力建设方面，为了尽快让这套体系启动起来，在合适的当地法官团队组建完毕前，世界各地的法官都可以接受任命去远程主持和审理案件，他们只需针对大量、小额、相对直接的那些问题稍加培训即可上岗。这方面早有先例，现在不乏英国法官退休后受聘在外国审理案件。搭建扩展法院所需的各种机制则需要更长时间——同样这些一开始也可以不由国家来提供，而由慈善、教育和志愿者服务补充。

我从来没有幻想过引入线上法院之后就会鼓励独裁者和专制者改变行事方式。我也不指望线上法院对付犯罪团伙有多大效果。但是，线上法院可能多少能够助力那些正在努力奋斗、想把法治带到所在国家和社区的人们。线上法院可以对全球透明，也就是说公开正义的规模可以比现在所能实现的程度更高。世界各地的更多法院活动都可以受到监督。在某些法域，这或许还会增加他们司法体系的问责水平。这种透明本身就可以带来更好的审判实践。那些忽视法治的政权，如果游离在公众视野之外，就会更加恣意妄为。不过，几乎没有政权会大肆宣扬法律缺失。就算是最坏的那些人，口头上也得认可法治。当阳光可以直接和公开地照亮司法运行的道路，我们可以期待他们会越来越遵循法治和改善司法触达。说起来，这或许是为了错误的目的而做了正确的事情，但无妨将其作为起点。记住进步比完美更好；对比主义比超验主义更强——伏尔泰洞见。

我承认这是抱负高远的计划，势必要面对文化、技术、法律、政治上的种种障碍。但是我们应该一定能够下定决心、找到资金去设计和建设一套标准的全球平台，以解决线上法院里的小额民事诉讼。哪怕这套平台只被少数几个国家采用，那也可以改变许多人的生活了。朝着这个方向，我在十几个国家开展了早期调研，结果令人振奋，完全值得一试。对于那些深度关切如何改善司法触达的人们，对于法院技术专家，对于认真对待改变的法官和律师，对于关心和平和消除他人不幸遭遇的人们，这个平台很可能就是我们留下的贡献。

附　录
关键成功因素清单

多年以来，我积累了一张清单，列进去的因素我相信对于成功引入线上法院至关重要。内容如下，里面的项目大多都是过往发生过问题的。

领导

1. 顶层支持——主要政要、法官和官员的支持。
2. 清晰前景——司法体系以及技术将会呈现何种状态。
3. 积极管控——级别足够高的人主管整体工作。
4. 持续审视关键路径——极其重要，不能完全放手给项目管理人。

战略

5. 开发步骤——渐进式转型；不要"一步到位"。
6. 在可能的范围内，统合所有司法体系的流程、程序、用语。
7. 不只是"省钱省事"——通过技术去创新，而非把旧方式自动化。
8. 部署21世纪20年代的技术，不要使用21世纪10年代或更旧的技术。

专业知识和技能

9. 专业——深厚的设计和技术技能。
10. 流程分析——深厚的**法律流程**分析才能。
11. 项目管理——有经验、有资历的管理者。
12. 采购——有以往成功记录的资深人员。
13. 签约——资深（而不是初级）官员，并由一流律师支持。
14. 人员连续性——21世纪20年代之内应该还是需要人类参与。

用户

15. 参与——应该征询用户意见（但他们未必总是知道什么是最好的）。

16. 法官——需要他们全心全意支持（但他们未必总是知道什么是最好的）。

17. 用户预期管理——应该防止过度宣传。

18. 不请律师的诉讼当事人——一定不能忘了他们是一个主要用户群体。

系统规格

19. 易于掌握——一套面向主流用户的系统，而不是面向技术专家。

20. 过度工程设计——应不惜一切代价避免。

21. 务实——时间进度不应过度乐观。

采购

22. 实用主义——而不是纯粹主义（例如技术提供商的总数量应可控）。

23. 法律/合同——提前并持续寻求外部律师支持。

项目管理

24. 强有力的供应商管理——对于按时间、按预算交付至关重要。

25. 项目范围逐步拓宽——应不惜一切代价避免（哪怕新增需求来自法官）。

26. 坏消息——一定要尽早汇报给项目负责人（应当维持一套极为重要的"风险报备"机制）。

27. 语言——一定要避免专业黑话；清晰的沟通是关键。

技术

28. 新兴系统——远程呈现和人工智能很可能会广泛采用。

29. 基于互联网——法院系统一定要为数字时代而设计。

30. 专业人群——进步一定不能被保守派律师阻碍。

注 释

导言

1. Cited in Thomas Kuhn, *The Structure of Scientific Revolutions* (1996), p. 151.
2. *The Future of Law* (1996).
3. See Richard Susskind and Daniel Susskind, *The Future of the Professions* (2015).
4. 原话来自 2018 年 12 月在伦敦举办的第一届国际线上法院论坛上的欢迎致辞。参见 Richard Susskind,'Making the Case for Online Courts' (2018)。
5. See https://www.oecd.org/gov/delivering-access-to-justice-for-all.pdf (accessed 26 April 2019).
6. See http://data.worldjusticeproject.org/ (accessed 26 April 2019). 其中巴西在世界正义计划 (Word Jusfice Project) 的法治指数在 126 个国家中排名第 58 位。
7. See Clayton Christensen, *The Innovator's Dilemma* (1997).
8. 最知名的有, Joshua Rozenberg at 'The Online Court: Will IT Work?' (2019), 和 Roger Smith at https://law-tech-a2j.org/author/roger-smith/ (accessed 26 April 2019)。

第 1 章

1. Lord Bingham, *The Rule of Law* (2010), p. vii.
2. 我尤其借助了 Lord Bingham, *The Rule of Law* (2010); Hans Kelsen, *General Theory of Law and State* (1945); Herbert Hart, *The Concept of Law* (2012); Lon Fuller, *The Morality of Law* (1969); 和 Richard Posner, *How Judges Think* (2008)。世界正义计划的成果也给了我帮助, https://worldjusticeproject.org/our-work/wjp-rule-law-

index/wjp-rule-law-index-2017%E2%80%932018（accessed 26 April 2019）。

3. Hazel Genn, *Judging Civil Justice* (2010), pp. 115-16. Original emphasis.
4. Ibid., p. 117. Original emphasis.
5. Ronald Dworkin, *Law's Empire* (1986), p. 229.
6. 关于各种人类和"人类天性"的"不言而喻的道理"（truisms）带给法律的后果，有些重要的相关讨论可参见 Herbert Hart, *The Concept of Law* (2012) pp. 192-200。
7. Aristotle, *Nicomachean Ethics* (1999), Book VIII, Ch. 1, 120.
8. Hart, *The Concept of Law* (2012), pp. 125-6.

第 2 章

1. See https://www.oecd.org/gov/delivering-access-to-justice-for-all.pdf（accessed 26 April 2019）："世界各地有40亿人生活在法律保护之外。"此处所指为2016年，那时世界人口是74亿。
2. See https://www.internetworldstats.com/stats4.htm（accessed 26 April 2019）.
3. HiiL, *Understanding Justice Needs: The Elephant in the Courtroom* (2018), pp. 6 and 30.
4. United Nations Global Study of Legal Aid (2016), pp. 2-3, available at https://www.unodc.org/documents/justice-and-prison-reform/LegalAid/Global_Study_on_Legal_Aid_-_FINAL.pdf（accessed 26 April 2019）.
5. See, e.g., TheCityUK's report, 'Legal Excellence, Internationally Renowned: UK Legal Services 2018', available at https://www.thecityuk.com/research/legal-excellence-internationally-renowned-uk-legal-services-2018/（accessed 26 April 2019）.
6. Hazel Genn, *Judging Civil dustice* (2010), p. 51
7. Ministry of Justice, 'Post-Implementation Review of the Legal Aid, Sentencing and Punishment of Offenders Act 2012 (LASPO)' (February 2019), available at https://assets.publishing.service.gov.uk/government/uploads/system/uploads/attachment_data/file/777038/post-implementation-review-of-part-1-of-laspo.pdf（accessed 26 April 2019）.
8. Lord Bach, *Right to Justice: the Final Report of the Bach Commission* (September 2017), p. 12, available at http://www.fabians.org.uk/wp-

content/uploads/2017/09/Bach-Commission_Right-to-Justice-Report-WEB.pdf (accessed 26 April 2019).
9. Ethan Katsh and Orna Rabinovich-Einy, *Digital Justice: Technology and the Internet of Conflict* (2017), p. 67.
10. See https://www.statista.com/topics/2333/e-commerce-in-the-united-kingdom/ (accessed 26 April 2019).
11. See Richard Susskind, *The Future of Law* (1996), Ch. 1.

第3章

1. 在以前的书里,我曾把这叫作"创新"(innovation),但这个词现在用得过于泛滥,所以我暂时弃之不用了。参见,例如,Richard Susskind, *The End of Lawyers?* (2008); Richard Susskind, *Tomorrow's Lawyers* (2017); 和 Richard Susskind and Daniel Susskind, *The Future of the Professions* (2015)。
2. 关于"颠覆"(disruption,另一个滥用的词)的经典著作是 Clayton Christensen, *The Innovator's Dilemma* (1997).
3. See Richard Susskind and Daniel Susskind, *The Future of the Professions* (2015), Ch. 4.
4. See ibid.
5. Ray Kurzweil, *The Singularity is Near* (2005), p. 127.
6. Daniel Susskind, *A World Without Work* (2020), Ch. 5.
7. Marco Iansiti and Karim Lakhani, 'The Truth about Blockchain' (2017), p. 118.
8. See Jamie Susskind, *Future Politics* (2018), p. 43.
9. https://www.sermo.com and https://www.patientslikeme.com (accessed 26 April 2019).
10. https://www.linuxfoundation.org (accessed 26 April 2019).
11. Robert Gordon, *The Rise and Fall of American Growth* (2016), Ch. 17.
12. Ray Kurzweil, *The Singularity is Near* (2005), p. 9.
13. Richard Susskind, *The Future of Law* (1996), pp. 91-6.
14. Ibid., pp. 285-92.
15. See Richard Susskind and Daniel Susskind, *The Future of the Professions* (2015).

第 4 章

1. 自从第一次写到和思考结果思维后，我读到 Seth Godin, *This is Marketing*（2018），这本书让我把情感维度纳入了思考范围。该书的第 3 章尤其有帮助。
2. See Hazel Genn, 'Online Courts and the Future of Justice'（2017），p.8.
3. Adam Smith, *An Inquiry into the Nature and Causes of the Wealth of Nations*（1998），Book IV Ch.VIII, 49.
4. Cited in Daniel Susskind, *A World Without Work*（2020），Ch. 6.

第 5 章

1. Judith Resnik and Dennis Curtis, *Representing. Justice*（2011）.
2. See, e.g., Penelope Gibbs, 'Defendants on Video—Conveyor Belt Justice or a Revolution in Access'（October 2017）.
3. Oliver Wendell Holmes, 载 *Southern Pacific Company v Jensen*, 244 U. S. 205,222（1917）的判词（援引普通法）。
4. 关于异步诉讼程序，参见 Ayelet Sela, 'Streamlining Justice：How Online Courts Can Resolve the Challenges of Pro Se Litigation'（2016），p. 360。
5. 关于法律服务的拆解，在 Richard Susskind, *The End of Lawyers?*（2008），pp. 42－52 和 Richard Susskind, *Tomorrow's Lawyers*（2017），pp. 32-42 有更为充分的讨论。

第 6 章

1. Franz Kafka, *A Country Doctor*（1997），pp.29－33 and Franz Kafka, *The Trial*（1983），pp. 235-43.
2. Lord Woolf, *Access to Justice—Interim Report*（1995）and Lord Woolf, *Access to Justice—Final Report*（1996）.
3. See Richard Susskind, *The End of Lawyers?*（2008），Ch. 7.
4. Quoted by Jerome Frank, 'Some Reflections on Judge Learned Hand'（1957），p. 675.
5. Herbert Hart, *The Concept of Law*（2012），Ch.V.

第 7 章

1. Plato, *The Republic* (2007), p. 8.
2. Lord Devlin, *The Judge* (1981), p. 84. Original emphasis.
3. 这将我们带进了一场法学理论领域的长期争论之中,一方是"法律实证主义者",他们一般认为法律和道德之间没有必然联系,另一方是"自然法学家",他们认为任何法律如果要有效,就必须具备某些起码的道德内容。参见 Herbert Hart, 'Positivism and the Separation of Law and Morals' (1958)。
4. 关于伦理学和元伦理学(meta‐ethics)的简明介绍,参见 John Mackie, *Ethics* (1990)。
5. Richard Posner, *How Judges Think* (2008), p. 88.
6. 有关程序正义的更多分析,区分"完美程序正义""不完美程序正义""纯粹程序正义",参见 John Rawls, *A Theory of Justice*, (1972), Ch. II, Section 14,这里的方式最接近其"纯粹程序正义"概念。
7. Tom Tyler, 'Court Review: Volume 44, Issue 1/2 Procedural Justice and the Courts' (2007).
8. Michael Sandel, *Justice* (2009), p. 19.
9. 本书与 John Sorabji, *English Civil Justice after the Woolf and Jackson Reforms* (2014), pp. 136-7 所论比例正义有重合之处。

第 8 章

1. Tom Campbell, *Justice* (2001), p. 3. Original emphasis.
2. Lord Devlin, *The Judge* (1981), p. 3.
3. Amartya Sen, *The Idea of Justice* (2009), pp. 5-7. Emphasis added.

第 9 章

1. Civil Justice Council, *Online Dispute Resolution for Low Value Civil Claims* (2015)。除报告外,小组设立了一个发布相关材料的网站,网址为 https://www.judiciary.uk/reviews/online‐dispute‐resolution/ (accessed 26 April 2019)。
2. Civil Justice Council, *Online Dispute Resolution for Low Value Civil Claims* (2015), p. 5.

3. See Colin Rule, 'Designing a Global Online Dispute Resolution System: Lessons Learned from eBay' (2017).
4. Civil Justice Council, *Online Dispute Resolution for Low Value Civil Claims* (2015), p. 8.
5. Richard Susskind, 'Online Disputes: Is it Time to End the 'Day in Court'?' (26 February 2015).
6. JUSTICE, *Delivering Justice in an Age of Austerity* (2015).
7. Michael Gove, 'What does a one nation justice policy look like?' (23 June 2015), available at https://www.gov.uk/government/speeches/what-does-a-one-nation-justice-policy-look-like (accessed 26 April 2019).
8. Lord Thomas, 'Judicial Leadership' (22 June 2015).
9. HM Treasury, *Spending Review and Autumn Statement* (25 November 2015), available at https://www.gov.uk/government/publications/spending-review-and-autumn-statement-2015-documents (accessed 26 April 2019).
10. Lord Briggs, *Civil Courts Structure Review: Interim Report* (2015).
11. Lord Briggs, *Civil Courts Structure Review: Final Report* (2016).
12. Lord Chancellor et al., 'Transforming our Justice System' (2016).
13. 关于家事法工作,参见 Sir James Munby, 'The Family Bar in a Digital World' (2018)。关于裁判庭工作,参见 Sir Ernest Ryder, 'Modernisation of Access to Justice in Times of Austerity' (2016)。
14. See Lord Denning, 'Law and Life in our Time' (1967), p. 354.
15. See Richard Susskind, 'Lawyers and Coders Hack Away Dead Wood for Digital Courts' (2017).
16. See Richard Susskind, 'Making the Case for Online Courts' (2018).
17. Richard Susskind, *The Future of Law* (1996).
18. See, e.g., The Engine Room, 'Technology for Legal Empowerment: A Global Review' (2019), and https://justiceinnovation.law.stanford.edu/ (accessed 26 April 2019).

第 10 章

1. Legal Services Act 2007.

2. 在民事司法委员会报告中,我们采用"解决"一词来表述第三层中的决策。我现在更倾向于使用"裁决"而非"解决",因为"解决"可能与 ADR、ODR 混淆。另外,"解决"一词已被用来指代司法触达模型中的第四层了。参见 Civil Justice Council, *Online Dispute Resolution for Low Value Civil Claims*(2015)。

第 11 章

1. Lord Briggs, *Civil Courts Structure Review: Final Report* (2016), pp. 49-50.
2. 感谢罗杰·史密斯在这一语境中将"把一团乱麻转化为一个问题"这一短语介绍给我。
3. Tim Brown and Roger Martin, 'Design for Action' (2015).
4. See https://justiceinnovation.law.stanford.edu (accessed 26 April 2019)。另外,JUSTICE, *Understanding Courts* (2019)在这方面也很值得参考,尽管其并非从设计思维角度编写。
5. See Ayelet Sela, 'Streamlining Justice: How Online Courts Can Resolve the Challenges of Pro Se Litigation' (2016).
6. Atul Gawande, *The Checklist Manifesto* (2007).
7. See Phillip Capper and Richard Susskind, *Latent Damage Law—The Expert System* (1988).
8. Darin Thompson, 'Creating New Pathways to Justice Using Simple Artificial Intelligence and Online Dispute Resolution' (2015).
9. See https://www.resolver.co.uk (accessed 26 April 2019).
10. 参见,例如英国的这几套系统:https://www.advicenow.co.uk, https://www.citizensadvice.org.uk/和 https://england.shelter.org.uk/ (accessed 26 April 2019)。
11. https://www.patientslikeme.com (accessed 26 April 2019).
12. Richard Susskind, *The Future of Law* (1996), pp. 23-7.
13. Jeremy Bentham, *Of Laws in General* (1970), p. 71.

第 12 章

1. See https://www.financial-ombudsman.org.uk/publications/annual-review-2018/PDF/data-in-more-depth.pdf, p. 59 (accessed 26 April

2019).

2. See Graham Ross, 'First case in the Online Court to be Resolved by Algorithm' (2019).
3. Civil Justice Council, *Online Dispute Resolution for Low Value Civil Claims* (2015), p. 18.

第 13 章

1. Sir Ernest Ryder, 'The Modernisation of Access to Justice in Times of Austerity' (2016).
2. Richard Susskind, *Expert Systems in Law* (1987), pp. 245-51.
3. Jerome Frank, *Courts on Trial* (1949), pp. 221-4.
4. Jerome Frank, 'Cardozo and the Upper Court Myth' (1948), p. 386.
5. Richard Susskind, 'Management and Judges' (2003).

第 14 章

1. 什么构成疑难案件而什么构成简单案件,本身就是一个相当疑难的问题。参见 Richard Susskind, *Expert Systems in Law* (1987), pp. 245-51。
2. For example, in Richard Susskind, *Tomorrow's Lawyers* (2017), pp. 47-8.
3. 很遗憾,这项研究似乎湮没在了时间长河之中,不过我还清楚记得"18"这个数字。
4. https://www.resolver.co.uk (accessed 27 April 2019).

第 15 章

1. 我博士论文的修订版发表为 Richard Susskind, *Expert Systems in Law* (1987)。
2. Phillip Capper and Richard Susskind, *Latent Damage Law—The Expert System* (1988).
3. Lawrence Lessig, *Code Version 2.0* (2006). 其在"代码"方面工作的进一步阐表,参见 Jamie Susskind, *Future Politics* (2018), Ch. 5。

第 16 章

1. 我曾在三本书中引用了吉布森这段话。参见,例如 Richard

Susskind, *The End of Lawyers?* (2008), p. 145.
2. Eril Niller, 'Can AI be a Fair Judge in Court? Estonia Thinks So' (2019).
3. See, e.g., HMCTS, 'Reform Update' (Autumn 2018) — https://assets.publishing.service.gov.uk/government/uploads/system/uploads/attachment_data/file/772549/Reform_Update_issue_2_September_2018.pdf.
4. See Senior President of Tribunals, 'The Modernisation of Tribunals—Innovation Plan for 2019/2020' (2019), available at https://www.judiciary.uk/wp-content/uploads/2019/04/InnovationPlanFor2019-20Copy.pdf (accessed 27 April 2019).
5. https://civilresolutionbc.ca (accessed 27 April 2019).
6. Shannon Salter, 'Online Dispute Resolution and Justice System Integration: British Columbia's Civil Resolution Tribunal' (2017).
7. https://civilresolutionbc.ca/wp-content/uploads/2019/03/Technical-Briefing-March-29-2019.pdf (accessed 27 April 2019).
8. https://www.trafficpenaltytribunal.gov.uk/ (accessed 27 April 2019). Also see John Aitken, 'Lessons from aTrailblazer Model' (Autumn 2016).
9. https://www.netcourt.gov.cn/portal/main/en/index.htm (accessed 27 April 2019).
10. Xuhui Fang, 'Recent Development of Internet Courts in China' (2018).
11. The Supreme People's Court of the People's Republic of China, 'Court Reform in China', White Paper, (14 March 2017) — http://english.court.gov.cn/2017-03/14/content_28552928.htm (accessed 27 April 2019).
12. http://www.courts.justice.nsw.gov.au/Pages/cats/catscorporate online_services/onlinecourt.aspx (accessed 27 April 2019).
13. http://www.fedcourt.gov.au/online-services/ecourtroom (accessed 27 April 2019).
14. https://www.ncsc,org/2018survey (accessed 27 April 2019).
15. https://www.getmatterhorn.com (accessed 27 April 2019).

16. Maximillian Bulinski and J.J. Prescott,'Designing Legal Experiences: Online Communication and Resolution in Courts'(2019).
17. See, e.g., Avital Mentovich et al.,'Is Judicial Bias Inevitable? Courts, Technology, and the Future of Impartiality'(2019).
18. See Deno Himonas,'Utah's Online Dispute Resolution Program'(2018).
19. https://www.govtech.com/civic/SXSW-2019-Utah-Pajama-Court-and-Resolving-Cases-Online.html? AMP&_twitter_ impression=true(accessed 27 April 2019).

第17章

1. Richard Susskind, *The Future of Law* (1996), p. 27.
2. See, e.g., Hazel Genn,'Online Courts and the Future of Justice'(2017) and Natalie Byrom,'Developing the Detail: Evaluating the Impact of Court Reform in England and Wales on Access to Justice'(2019).

第18章

1. See Lord Briggs, *Civil Courts Structure Review: Interim Report* (2015), p. 84.
2. Aristotle, *Politics*, Part XI, available at http://classics.mit.edu/Aristotle/politics.3.three.html (accessed 27 April 2019).

第19章

1. 参见,例如民事纠纷裁判庭发布的数据,网址为 https://civilresolutionbc.ca (accessed 27 April 2019).
2. Joseph Hutcheson,'Judgment Intuitive: The Function of the Hunch in Judicial Decision'(1929).
3. Karl Llewellyn,'Some Realism about Realism: Responding to Dean Pound'(1931).
4. See Sue Prince,'"Fine Words Butter No Parsnips": Can the Principle of Open Justice Survive the Introduction of the Online Court?'(2019), p. 118.

第20章

1. Convention for the Protection of Human Rights and Fundamental Freedoms Rome, 4.XI.1950, available at https://www.echr.coe. int/Documents/Convention_ENG.pdf%23page=9（accessed 27 April 2019）.
2. European Court of Human Rights, *Guide on Article 6 of the European Convention on Human Rights：Right to a Fair Trial*（civil limb）（2018）, available at https://www.echr.coe.int/Documents/Guide_Art 6 ENG.pdf（accessed 27 April 2019）.
3. Susan Schiavetta,'The Relationship Between e-ADR and Article 6 of the European Convention of Human Rights pursuant to the Case Law of the European Court of Human Rights'（2004）.
4. European Court of Human Rights, *Guide on Article 6 of the European Convention on Human Rights：Right to a Fair Trial*（civil limb）（2018）, p. 72.
5. Susan Schiavetta,'The Relationship Between e-ADR and Article 6 of the European Convention of Human Rights pursuant to the Case Law of the European Court of Human Rights'（2004）, Section 5.
6. Andrew Langdon,'Inaugural Address'（2016）.
7. 在这一点上有说服力的论讨,参见 Mentovich et al.,'Is Judicial Bias Inevitable? Courts, Technology, and the Future of Impartiality'（2019）。
8. Lord Briggs, *Civil Courts Structure Review：Interim Report*（2015）, p. 4.
9. Andrew Langdon,'Inaugural Address'（2016）.
10. Irvin Yalom, *Becoming Myself*（2017）, p. 305.
11. Andrew Langdon,'Inaugural Address'（2016）.
12. Quoted by Lord Devlin, *The Judge*（1981）, p. 63.
13. *Gestmin SGPS SA v Credit Suisse（UK）Limited*［2013］EWHC 3560（Comm）, para. 22.
14. See Daniel Susskind, *A World Without Work*（2020）, Ch. 5.
15. Irvin Yalom, *Becoming Myself*（2017）, p. 306.
16. Ibid.

17. https://www.talkspace.com（accessed 27 April 2019）.
18. Irvin Yalom, *Becoming Myself*（2017）, p. 307.
19. Ibid., p. 308. Original emphasis.
20. Ibid., p. 309.

第21章

1. JUSTICE, *Preventing Digital Exclusion from Online Justice*（2018）, p. 4.
2. Ibid., p. 9.
3. William Dutton and Grant Blank, *Cultures of the Internet: The Internet in Britain*, Oxford Internet Study 2013 Report（2013）.
4. https://www.ons.gov.uk/businessindustryandtrade/itandinternetindustry/bulletins/internetusers/2018（accessed 27 April 2019）.
5. See Ofcom, 'Adults' Media Use and Attitudes Report'（25 April 2018）, p. 201, available at https://www.ofcom.org.uk/_data/assets/pdf_file/0011/113222/Adults-Media-Use-and-Attitudes-Report-2018.pdf（accessed 27 April 2019）.
6. 关于代理用户和互联网使用水平,参见 William Dutton and Grant Blank, *Cultures of the Internet: The Internet in Britain*, Oxford Internet Study 2013（2013）。
7. See Ofcom, 'Adults' Media Use and Attitudes Report'（25 April 2018）, p. 201, available at https://www.ofcom.org.uk/_data/assets/pdr_file/0011/113222/Adults-Media-Use-and-Attitudes-Report-2018.pdf（accessed 27 April 2019）.
8. 关于易受侵害问题的一个有价值讨论,参见 Natalie Byrom, 'Developing the Detail: Evaluating the Impact of Court Reform in England and Wales on Access to Justice'（2019）, pp. 9-12。
9. JUSTICE, *Preventing Digital Exclusion from Online Justice*（2018）, p. 9.
10. Ministry of Justice, 'Transforming Our Justice System: Summary of Reforms and Consultation'（September 2016）, 由大法官和司法部部长呈递给议会, pp. 13-14, available at https://consult.justice.gov.uk/digital-communications/transforming-our-courts-and-tribu-

nals/supporting_documents/consultationpaper.pdf(accessed 27 April 2019).

11. JUSTICE, *Preventing Digital Exctusion from Online Justice*(2018), p. 75.
12. https://barefootlaw.org/(accessed 27 April 2019).
13. https://wearesocial.com/us/blog/2018/01/global-digital-report-2018(accessed 27 April 2019).
14. https://www.scope.org.uk/media/disability-facts-figures(accessed 27 April 2019).

第 23 章

1. Lord Thomas,'The Judiciary within the State—The Relationship between the Branches of the State'(2017), p. 25.
2. Jerome Frank, *Courts on Trial*(1949), p. 102.
3. Lord Devlin, *The Judge*(1981), p. 54.
4. 被描述为"一套设计之始即为无律师当事人可理解的,自成体系的规则。"参见 Lord Briggs, *Civil Courts Structure Review: Interim Report*(2015), p. 79。
5. 在这一点上,我感谢厄尼斯特·莱德爵士。我是安德鲁·勒加特爵士领导的评估小组的成员,评估报告建议裁判庭的工作可以更加灵活,弱化形式。这是一个从改革提出到具体变化的好例子。参见'Tribunals for Users'(March 2001)—https://webarchive.nationalarchives.gov.uk/+/http://www.tribunals-review.org.uk/leggatthtm/leg-00.htm(accessed 27 April 2019)。
6. Lord Briggs, *Civil Courts Structure Review: Interim Report*(2015), p. 78.
7. See Richard Susskind and Daniel Susskind, *The Future of the Professions*(2015).
8. *Southern Pacific Co v Jensen*(1917) 244 us 205, 221.
9. See Practice Direction 51M, Financial Markets Test Case Scheme, available at https://www.justice.gov.uk/courts/procedure-rules/civil/rules/part51/practice-direction-51m-financial-markets-test-case-scheme(accessed 27 April 2019).

10. Cyril Harvey, 'A Job for Jurisprudence' (1944) and William Twining, 'Some Jobs for Jurisprudence' (1974), p. 149.
11. Richard Susskind, *Expert Systems in Law* (1987), p. 26.
12. Michael Freeman, *Lloyd's Introduction to Jurisprudence* (2014).
13. Lord Lloyd, *Introduction to Jurisprudence* (1979), pp. 468–72.
14. Jamie Susskind, *Future Politics* (2018).

第 24 章

1. 对于该系统的正式审计报告,参见 http://www.bsa.ca.gov/pdfs/reports/2010-102.pdf (accessed 27 April 2019).

第 25 章

1. See Lord Saville, 'Information Technology and a Public Inquiry' (2003).
2. Richard Susskind and Daniel Susskind, *The Future of the Professions* (2015), p. 63.
3. Arno Lodder and John Zeleznikoff, 'Developing an Online Dispute Resolution Environment: Dialogue Tools and Negotiation Support Systems in a Three-Step Model' (2005).
4. For example, https://www.resolver.co.uk and https://www.youstice.com/en/ (accessed 27 April 2019).
5. For example, https://www.crowdjustice.com (accessed 27 April 2019).
6. For example, https://www.ujuj.com/ (accessed 27 April 2019).
7. For example, https://www.tylertech.com/products/modria (accessed 27 April 2019).
8. Ethan Katsh and Orna Rabinovich-Einy, *Digital Justice* (2017), p. 47.

第 26 章

1. Nick Bostrom, *Superintelligence* (2014).
2. See Richard Susskind, *Expert Systems in Law* (1987).
3. Phillip Capper and Richard Susskind, *Latent Damage Law—The Expert System* (1988).

4. I have taken this example from Mike Lynch, at http://www.foundation.org.uk/Journal/pdf/fst_22 02.pdf (accessed 27 April 2019).
5. Richard Susskind and Daniel Susskind, *The Future of the Professions* (2015), Chs. 6 and 7.
6. For a definitive analysis of the impact of technology on the future of work, see Daniel Susskind, *A World Without Work* (2020).
7. See Richard Susskind and Daniel Susskind, *The Future of the Professions* (2015).

第27章

1. 近期关于这种可能性的煽动性讨论,参见 Eugene Volokh,'Chief Justice Robots'(2019)。
2. See Richard Susskind, 'Detmold's Refutation of Positivism and the Computer Judge'(1986), p. 133.
3. Jamie Susskind, *Future Politics* (2018), Part IV.
4. See Richard Susskind, *Expert Systems in Law* (1987).
5. See, e.g., the Introduction to Douglas Hofstadter and Daniel Dennett, *The Mind's Eye* (1982).
6. Reed Lawlor and Herman Oliphant, 'Excerpts from Fact Content of Cases and Precedent'(1972), p. 245.
7. See, e.g., Daniel Katz, Michael Bommarito, and Josh Blackman, 'A General Approach for Predicting the Behavior of the Supreme Court of the United States'(16 January 2017).
8. Nikolaos Aletras et al.,'Predicting Judicial Decisions of the European Court of Human Rights: A Natural Language Processing Perspective'(2016).
9. See, e.g., Glendon Schubert, *The Judicial Mind Revisited* (1974).
10. Richard and Daniel Susskind, *The Future of the Professions* (2015).
11. Abraham Maslow, *The Psychology of Science* (1966), p. 15.
12. Oliver Wendell Holmes,'The Path of Law'(1897), p. 4.
13. Cited by Daniel Kahneman, *Thinking, Fast and Slow* (2012), pp. 43-4.
14. See William Twining, *Karl Llewellyn and the Realist Movement* (1973) and Jerome Frank, *Courts on Trial* (1949).
15. Karl Llewellyn, Jurisprudence: *Realism in Theory and Practice*

(1962), p. 21.
16. Karl Llewellyn, *The Bramble Bush: Our Law and its Study* (1969), p. 12.
17. Eugene Ehrlich, *Fundamental Principles of the Sociology of Law* (1975).
18. Roscoe Pound, 'Law in Books and Law in Action' (1910).
19. See Jamie Susskind, Future Politics (2018), pp.108-10 and Anthony Casey and Anthony Niblett, 'The Death of Rules and Standards' (2017).
20. 关于算法决策反对意见的完全陈述,参见 Guido Noto La Diega, 'Against the Dehumanisation of Decision-Making—Algorithmic Decisions at the Crossroads of Intellectual Property, Data Protection, and Freedom of Information' (2018)。
21. See, e.g., CEPEJ, 'European Ethical Charter on the Use of Artificial Intelligence in Judicial Systems and their Environment' (2018).
22. 一篇解释人工智能的优质探讨,参见 Brent Mittelstadt et al., 'Explaining Explanations in AI' (2018)。
23. 对于这些问题的细致探讨,我推荐 Jamie Susskind, *Future Politics* (2018), Ch. 16。

第 28 章

1. https://sustainabledevelopment.un.org/? menu = 1300 (accessed 23 April 2019).
2. https://sustainabledevelopment.un.org/sdg16 (accessed 23 April 2019).
3. Ibid.
4. https://www.oecd.org/gov/delivering-access-to-justice-for-all.pdf (accessed 26 April 2019).
5. HiiL, *Understanding Justice Needs: The Elephant in the Courtroom* (2018), pp. 6 and 30.
6. United Nations Development Programme, 'Global Study of Legal Aid' (2016), pp. 2-3, available at https://www.unodc.org/documents/justice-and-prison-reform/LegalAid/Global_Study_on_Legal_Aid_-_FINAL.pdf (accessed 23 April 2019).

扩展阅读

关于线上法院这一话题的文献数量一直在持续增加。下面的列表中,我纳入了本书正文引用的书籍和已发表的文章,同时还有我遴选出来的其他出版物,推荐给想在本领域进一步探讨的读者们。我并没有把书中提到的所有公开报告和线上服务都列进去——根据注释中给出的链接,这些可以很容易地从网上找到。

Publications

Aitken, John, 'Lessons from a Trailblazer Model' (Autumn 2016), available at https://www.judiciary.uk/wp-content/uploads/2017/03/aitken-lessons-from-a-trailblazer-model-autumn-2016.pdf (accessed 27 April 2019).

Aletras Nikolaos, Dimitrios Tsarapatsanis, Daniel Preoţiuc-Pietro, and Vasileios Lampos, 'Predicting Judicial Decisions of the European Court Of Human Rights: A Natural Language Processing Perspective' (2016) *PeerJ Computer Science* 2: e93.

Aristotle, *Nicomachean Ethics*, 2nd edn, Irwin, T. (trans.) (Indianapolis: Hackett, 1999).

Baker, Stephen, *Final Jeopardy: Man vs. Machine and the Quest to Know Everything* (New York: Houghton Mifflin Harcourt, 2011).

Barnett, Jeremy and Philip Treleaven, 'Algorithmic Dispute Resolution—The Automation of Professional Dispute Resolution Using AI and Blockchain Technologies' (March 2018) *The Computer Journal* 61(3): 399.

Barton, Benjamin and Stephanos Bibas, *Rebooting Justice* (New York: Encounter, 2017).

Bentham, Jeremy, *Of Laws in General*, Hart, Herbert (ed.) (London: The Athlone Press, 1970).

Bingham, Lord, *The Rule of Law* (London: Penguin, 2010).

Bostrom, Nick, *Superintelligence* (Oxford: Oxford University Press, 2014).

Briggs, Lord, *Civil Courts Structure Review: Interim Report* (December 2015), available at https://www.judiciary.uk/wp-content/uploads/2016/01/CCSR-interim-report-dec-15-final-31.pdf (accessed 24 April 2019).

Briggs, Lord, *Civil Courts Structure Review: Final Report* (July 2016), available at https://www.judiciary.uk/wp-content/uploads/2016/07/civil-courts-structure-review-final-report-jul-16-final-1.pdf (accessed 24 April 2019).

Brown, Tim and Roger Martin, 'Design for Action' (September 2015) *Harvard Business Review* 56.

Bulinski, Maximillian and James Prescott, 'Designing Legal Experiences: Online Communication and Resolution in Courts', in Katz, Daniel, Michael J. Bommarito, and Ron Dolin, eds, *Legal Informatics* (Cambridge: Cambridge University Press, 2019, forthcoming).

Burnett, Lord, 'The Cutting Edge of Digital Reform' (3 December, 2018), Opening Address, First International Conference on Online Courts, available at https://www.judiciary.uk/wp-content/uploads/2018/12/speech-lcj-online-court.pdf (accessed 24 April 2019).

Byrom, Natalie, 'Developing the Detail: Evaluating the Impact of Court Reform in England and Wales on Access to Justice' (London: Legal Education Forum, 2019).

Campbell, Tom, *Justice*, 2nd edn (London: MacMillan, 2001).

Capper, Phillip and Richard Susskind, *Latent Damage Law—The Expert System* (London: Butterworths, 1988).

Casey, Anthony and Anthony Niblett, 'The Death of Rules and Standards' (2017) *Indiana Law Journal* 92(4): 1401.

CEPEJ, 'European Ethical Charter on the Use of Artificial Intelligence in Judicial Systems and their Environment' (2018), available at https://rm.coe.int/ethical-charter-en-for-publication-4-december-2018/16808f699c (accessed 24 April 2019).

Christensen, Clayton, *The Innovator's Dilemma* (Boston: Harvard Business School Press, 1997).

Citizens Advice, 'Responsive Justice' (November, 2015), available at https://www.citizensadvice.org.uk/Global/CitizensAdvice/Crime%20and%20Justice%20Publications/Responsivejustice.pdf (accessed 24 April 2019).

Civil Justice Council, Online Dispute Resolution Advisory Group, *Online Dispute Resolution for Low Value Civil Claims* (February 2015), available at https://www.judiciary.uk/wp-content/uploads/2015/02/Online-Dispute-Resolution-Final-Web-Version1.pdf (accessed 24 April 2019).

Denning, Lord, 'Law and Life in our Time', 1967 Turner Memorial Lecture (1967) *University of Tasmania Law Review* 2: 349.

Devlin, Lord, *The Judge* (Oxford: Oxford University Press, 1981).

Donoghue, Jane, 'The Rise of Digital Justice: Courtroom Technology, Public Participation and Access to Justice' (2017) *Modern Law Review* 80(6): 995.

Dutton, William and Grant Blank, *Cultures of the Internet: The Internet in Britain*, Oxford Internet Study 2013 (Oxford: Oxford Internet Institute, 2013).

Dworkin, Ronald, *Law's Empire* (London: Fontana, 1986).

Ehrlich, Eugene, *Fundamental Principles of the Sociology of Law*, reprint edn (New York: Arno Press, 1975).

Fang Xuhui, 'Recent Development of Internet Courts in China' (2018) *International Journal of Online Dispute Resolution* 5: 49.

Frank, Jerome, 'Cardozo and the Upper Court Myth' (1948) *Law and Contemporary Problems* 13: 386.

Frank, Jerome, *Courts on Trial* (Princeton: Princeton University Press, 1949).

Frank, Jerome, 'Some Reflections on Judge Learned Hand' (1957) *The University of Chicago Law* . 24: 666.

Freeman, Michael, *Lloyd's Introduction to Jurisprudence*, 9th edn (London: Sweet & Maxwell, 2014).

Fuller, Lon, *The Morality of Law* (New Haven: Yale University Press, 1969).

Gawande, Atul, *The Checklist Manifesto* (London: Profile Books, 2007).

Genn, Hazel, *Judging Civil Justice* (Cambridge: Cambridge University Press, 2010).

Genn, Hazel, *Paths to Justice* (Oxford: Hart Publishing, 1999).

Genn, Hazel, 'Online Courts and the Future of Justice' (16 October 2017), The Tenth Birkenhead Lecture, Gray's Inn, available at https://www.ucl.ac.uk/laws/sites/laws/files/birkenhead_lecture_2017_professor_dame_hazel_genn_final_version.pdf (accessed 24 April 2019).

Gibbs, Penelope, 'Defendants on Video—Conveyor Belt Justice or a Revolution in Access' (October 2017), available at http://www.transformjustice.org.uk/wp-content/uploads/2017/10/Disconnected-Thumbnail-2.pdf (accessed 24 April 2019).

Godin, Seth, *This is Marketing* (London: Penguin, 2018).

Gordon, Robert, *The Rise and Fall of American Growth* (Princeton: Princeton University Press, 2016).

Grossman, Maura and Gordon Cormack, 'Technology-Assisted Review in E-Discovery Can be More Effective and More Efficient Than Exhaustive Manual Review' (2011) *Richmond Journal of Law and Technology* XVII(3): 1.

Hart, Herbert, 'Positivism and the Separation of Law and Morals' (1958) *Harvard Law Review* 71(4): 593.

Hart, Herbert *The Concept of Law*, 3rd edn (Oxford: Oxford University Press, 2012).

Harvey, Cyril, 'A Job for Jurisprudence' (1944) *The Modern Law Review* 7: 42.

HiiL, *Understanding Justice Needs: The Elephant in the Courtroom* (The Hague: HiiL, 2018)

Himonas, Deno, 'Utah's Online Dispute Resolution Program' (2018) *Dickinson Law Review* 122: 875. HM Courts & Tribunals Service, 'Reform Update, Autumn 2018' available at https://assets.publishing.service.gov.uk/government/uploads/system/uploads/attachment_data/file/772549/Reform_Update_issue_2_September_2018.pdf (accessed 26 April 2019).

HM Treasury, *Spending Review and Autumn Statement* (25 November 2015), available at https://www.gov.uk/government/publications/spending-review-and-autumn-statement-2015-documents (accessed 26 April 2019)

Hofstadter, Douglas and Daniel Dennett, eds, *The Mind's Eye* (London: Penguin, 1982).

Holmes, Oliver, W., 'The Path of Law' (1897) *Harvard Law Review* 10: 457.

Hutcheson, Joseph, 'Judgment Intuitive: The Function of the Hunch in Judicial Decision' (April 1929) *Cornell Law Review* 14(3): 274.

Iansiti, Marco and Karim Lakhani, 'The Truth about Blockchain' (Jan–Feb, 2017) *Harvard Business Review* 118.

JUSTICE, *Delivering Justice in an Age of Austerity* (London: JUSTICE, 2015).

JUSTICE, *Preventing Digital Exclusion from Online Justice* (London: JUSTICE, 2018).

JUSTICE, *Understanding Courts* (London: JUSTICE, 2019).

Kafka, Franz, 'Before the Law', in *A Country Doctor* (Prague: Twisted Spoon Press, 1997).

Kafka, Franz, *The Trial* (Harmondsworth: Penguin, 1983).

Kahneman, Daniel, *Thinking, Fast and Slow* (London: Penguin, 2012).

Katsh, Ethan and Janet Rifkin, *Online Dispute Resolution* (San Francisco: Jossey-Bass, 2001).

Katsh, Ethan and Orna Rabinovich-Einy, *Digital Justice: Technology and the Internet of Conflict* (New York: Oxford University Press, 2017).

Katz, Daniel, Michael Bommarito, and Josh Blackman, 'A General Approach for Predicting the Behavior of the Supreme Court of the United States' (16 January 2017), available at https://ssrn.com/abstract=2463244 (accessed 24 April 2019).

Kelsen, Hans, *General Theory of Law and State* (New York: Russell & Russell, 1965).

Kuhn, Thomas, *The Structure of Scientific Revolutions*, 3rd edn (Chicago: University of Chicago Press, 1996).

Kurzweil, Ray, *The Singularity is Near* (New York: Viking, 2005).

Langdon, Andrew, 'Inaugural Address' (14 December 2016), Chairman of the Bar 2017, Middle Temple Hall, London, available at http://www.barristermagazine.com/inaugural-address-by-andrew-langdon-qc-chairman-of-the-bar-2017-delivered-in-middle-temple-hall-london-on-14-december-2016 (accessed 27 April 2019).

Lanier, Jaron, *Dawn of the New Everything: A Journey Through Virtual Reality* (London: Penguin, 2017).

Lawlor, Reed and Herman Oliphant, 'Excerpts from Fact Content of Cases and Precedent' (1972) *Jurimetrics Journal* 12: 245.

Lessig, Lawrence, *Code: Version 2.0* (New York: Basic Books, 2006).

Levitt, Ted., *Marketing Myopia* (Boston: Harvard Business School Publishing Corporation, 2008).

Llewellyn, Karl, *Jurisprudence: Realism in Theory and Practice* (London: University of Chicago Press, 1962).

Llewellyn, Karl, 'Some Realism about Realism: Responding to Dean Pound' (1931) *Harvard Law Review* 44(8): 1222.

Llewellyn, Karl, *The Bramble Bush: Our Law and its Study* (New York: Oceana, 1969).

Lloyd, Lord, *Introduction to Jurisprudence*, 4th edn (London: Stevens, 1979).

Lodder, Arno and John Zeleznikoff, 'Developing an Online Dispute Resolution Environment: Dialogue Tools and Negotiation Support Systems in a Three-Step Model' (Spring 2005) *Harvard Negotiation Law Review* 10: 287.

Lord Chancellor, the Lord Chief Justice, and the Senior President of Tribunals, 'Transforming Our Justice System' (September 2016), available at https://assets.publishing.service.gov.uk/government/uploads/system/uploads/attachment_data/file/553261/joint-vision-statement.pdf (accessed 24 April 2019).

Mackie, John, *Ethics* (London: Penguin 1990).

Maslow, Abraham, *The Psychology of Science* (Chapel Hill, NC: Maurice Bassett, 1966).

Mason, Stephen, '"Artificial Intelligence" Oh Really? And Why Judges and Lawyers are Central to the Way we Live Now—But they Don't Know it' (2017) *Computer and Telecommunications Law Review* 8: 213.

Mentovich, Avital, James Prescott, and Orna Rabinovich-Einy, 'Is Judicial Bias Inevitable? Courts, Technology, and the Future of Impartiality' (2019) *Alabama Law Review* 73 (forthcoming).

Ministry of Justice, *Virtual Court Pilot: Outcome Evaluation* (London: Ministry of Justice, 2010), available at http://www.justice.gov.uk/ (accessed 24 April 2019).

Mittelstadt, Brent, Chris Russell, and Sandra Wachter, 'Explaining Explanations in AI' (19 January 2019), FAT* 2019 Proceedings, available at https://arxiv.org/pdf/1811.01439.pdf (accessed 24 April 2019).

Munby, James, 'The Family Bar in a Digital World' (12 May 2018), Family Law Bar Association conference, available at https://www.judiciary.uk/wp-content/uploads/2018/05/2018-flba-cumberlan-lodge.pdf (accessed 26 April 2019).

Niller, Eril, 'Can AI be a Fair Judge in Court? Estonia Thinks So' (2019), available at https://www.wired.com/story/can-ai-be-fair-judge-court-estonia-thinks-so/ (accessed 27 April 2019).

Noto La Diega, Guido, 'Against the Dehumanisation of Decision-Making—Algorithmic Decisions at the Crossroads of Intellectual

Property, Data Protection, and Freedom of Information' (2018) *JIPITEC* 9: 3.

Plato, *The Republic*, 3rd edn (London: Penguin, 2007).

Posner, Richard, *How Judges Think* (London: Harvard University Press, 2008).

Pound, Roscoe, 'Law in Books and Law in Action' (1910) *American Law Review* 44: 12.

Prince, Sue, '"Fine Words Butter No Parsnips": Can the Principle of Open Justice Survive the Introduction of the Online Court?' (2019) *Civil Justice Quarterly* 38(1): 111.

Rabinovich-Einy, Orna and Ethan Katsh, 'The New New Courts' (2017) *American University Law Review* 7: 165.

Rawls, J., *A Theory of Justice* (Oxford: Oxford University Press, 1972).

Resnik, Judith and Dennis Curtis, *Representing Justice* (New Haven: Yale University Press, 2011).

Rossner, Meredith and Martha McCurdy, 'Implementing Video Hearings (Party-to-State): A Process Evaluation' (London: Ministry of Justice, 2018), available at http://www.lse.ac.uk/business-and-consultancy/consulting/assets/documents/implementing-video-hearings.pdf (accessed 24 April 2019).

Ross, Graham, 'First case in the Online Court To Be Resolved by Algorithm' (15 February 2019), available at https://www.themediationroom.com/single-post/2019/02/15/First-Case-in-The-Online-Court-To-Be-Resolved-by-Algorithm.

Rozenberg, Joshua, 'The Online Court: Will IT Work?' (2019), available at https://long-reads.thelegaleducationfoundation.org/ (accessed 26 April 2019).

Rule, Colin, 'Designing a Global Online Dispute Resolution System: Lessons Learned from eBay' (2017) *University of St. Thomas Law Journal* 13: 354.

Ryder, Ernest, 'The Modernisation of Access to Justice in Times of Austerity' (3 March 2016), 5th Annual Ryder Lecture: the University of Bolton, available at https://www.judiciary.uk/wp-content/uploads/2016/03/20160303-ryder-lecture2.pdf (accessed 24 April 2019).

Ryder, Ernest, 'What's Happening in Justice: A View from England & Wales' (14 May 2018), The Future of Justice, UCL Laws, available at https://www.judiciary.uk/wp-content/uploads/2018/05/speech-ryder-spt-ucl-may-2018.pdf (accessed 24 April 2019).

Salter, Shannon, 'Online Dispute Resolution and Justice System Integration: British Columbia's Civil Resolution Tribunal' (2017) *Windsor Yearbook of Access to Justice* 34: 112.

Sandel, Michael, *Justice* (London: Penguin, 2009).

Saville, Lord, 'Information Technology and a Public Inquiry', in M. Saville and R. Susskind, eds, *Essays in Honour of Sir Brian Neill: The Quintessential Judge* (London: Lexis-Nexis, 2003).

Schiavetta, Susan, 'The Relationship Between e-ADR and Article 6 of the European Convention of Human Rights pursuant to the Case Law of the European Court of Human Rights' (2004) *The Journal of Information, Law and Technology* (1), available at http://www2.warwick.ac.uk/fac/soc/law/elj/jilt/2004_1/schiavetta/ (accessed 24 April 2019).

Schubert, Glendon, *The Judicial Mind Revisited* (New York: Oxford University Press, 1974).

Scla, Ayelet, 'Streamlining Justice: How Online Courts Can Resolve the Challenges of Pro Se Litigation' (2016) *Cornell Journal of Law and Public Policy* 6(2): 331.

Sen, Amartya, *The Idea of Justice* (London: Penguin, 2009).

Smith, Adam, *An Inquiry into the Nature and Causes of the Wealth of Nations*, paperback edn (Oxford: Oxford University Press, 1998).

Sorabji, John, *English Civil Justice after the Woolf and Jackson Reforms* (Cambridge: Cambridge University Press, 2014).

Sorabji, John, 'The Online Solutions Court—A Multi-door Courthouse for the 21st Century' (2017) *Civil Justice Quarterly* 36(1): 51.

Susskind, Daniel, *A World Without Work* (London: Allen Lane, 2020, forthcoming).

Susskind, Jamie, *Future Politics* (Oxford: Oxford University Press, 2018).

Susskind, Richard, 'Detmold's Refutation of Positivism and the Computer Judge' (1986) *The Modern Law Review* 49: 125.

Susskind, Richard, *Expert Systems in Law* (Oxford: Oxford University Press, 1987; paperback edn, 1989).

Susskind, Richard, 'Lawyers and Coders Hack Away Dead Wood for Digital Courts' (6 July 2017), *The Times*, available at https://www.thetimes.co.uk/article/lawyers-and-coders-hack-away-dead-wood-for-digital-courts-5qgxbwdd0 (accessed 24 April 2019).

Susskind, Richard, 'Making the Case for Online Courts' (6 December 2018), *The Times*, available at https://www.thetimes.co.uk/article/making-the-case-for-online-courts-gtsrgcwq2 (accessed 24 April 2019).

Susskind, Richard, 'Management and Judges', in Lord Saville and Richard Susskind, eds, *Essays in Honour of Sir Brian Neill* (London: Lexis-Nexis, 2003).

Susskind, Richard, 'Online Disputes: Is it Time to End the 'Day in Court'?' (26 February 2015), *The Times*, available at https://www.thetimes.co.uk/article/online-disputes-is-it-time-to-end-the-day-in-court-6rpxjbtx0x8 (accessed 26 April 2019).

Susskind, Richard, *The End of Lawyers?* (Oxford: Oxford University Press, 2008; paperback edn, 2010).

Susskind, Richard, *The Future of Law* (Oxford: Oxford University Press, 1996; paperback edn, 1998).

Susskind, Richard, *Tomorrow's Lawyers*, 2nd edn (Oxford: Oxford University Press, 2017).

Susskind, Richard, *Transforming the Law* (Oxford: Oxford University Press, 2000; paperback edn, 2003).

Susskind, Richard and Daniel Susskind, *The Future of the Professions* (Oxford: Oxford University Press, 2015).

The Engine Room, *Technology for Legal Empowerment: A Global Review* (2019), available at https://www.theengineroom.org/wp-content/uploads/2019/01/Tech-for-Legal-Empowerment-The-Engine-Room.pdf (accessed 24 April 2019).

Thompson, Darin, 'Creating New Pathways to Justice Using Simple Artificial Intelligence and Online Dispute Resolution' (2015) *Osgoode Legal Studies Research Paper Series* 152, available at http://digitalcommons.osgoode.yorku.ca/olsrps/152 (accessed 26 April 2019).

Thomas, Lord, 'Judicial Leadership' (22 June 2015), Conference on the Paradox of Judicial Independence, UCL Constitution Unit, available at https://www.judiciary.uk/wp-content/uploads/2015/06/ucl-judicial-independence-speech-june-2015.pdf (accessed 24 April 2019).

Thomas, Lord, 'The Judiciary with the State—The Relationship between the Branches of the State' (15 June 2017), Michael Ryle Memorial Lecture, available at https://www.judiciary.uk/wp-content/uploads/2017/06/lcj-michael-ryle-memorial-lecture-20170616.pdf (accessed 24 April 2019).

Twining, William, *Karl Llewellyn and the Realist Movement* (London: Weidenfeld & Nicolson, 1973).

Twining, William, 'Some Jobs for Jurisprudence' (1974) *British Journal of Law and Society* 1: 149.

Tyler, Tom R., 'Court Review: Volume 44, Issue 1/2—Procedural Justice and the Courts' (2007) *Court Review: The Journal of the American Judges Association* 217.

Volokh, Eugene, 'Chief Justice Robots' (2019) *Duke Law Journal* 68: 1135.

Vos, Geoffrey, 'Judicial Diversity and LawTech: Do We Need to Change the Way We Litigate Business and Property Disputes?' (18 January, 2018), Chancery Bar Association Annual Conference, available at https://www.judiciary.uk/wp-content/uploads/2019/01/Speech-to-Chancery-Bar-Association-Annual-Conference.pdf (accessed 24 April 2019).

Vos, Geoffrey, 'The Foundation for Science and Technology Debate on How the Adoption of New Technology can be Accelerated to Improve the Efficiency of the Justice System' (20 June 2018), available at https://www.judiciary.uk/wp-content/uploads/2018/06/speech-chc-the-foundation-for-science-and-technology.pdf (accessed 24 April 2019).

Wahab, Mohamed, Ethan Katsh, and Daniel Rainey, (eds), *Online Dispute Resolution: Theory and Practice* (The Hague: Eleven International, 2012).

Weizenbaum, Joseph, *Computer Power and Human Reason*, edn with new preface (Harmondworth: Penguin, 1984).

Woolf, Lord, *Access to Justice—Interim Report* (London: HMSO, 1995).

Woolf, Lord, *Access to Justice—Final Report* (London: HMSO, 1996).

Yalom, Irvin, *Becoming Myself* (London: Piatkus, 2017).

著作权合同登记号　图字:01-2020-2633
图书在版编目(CIP)数据

线上法院与未来司法/(英)理查德·萨斯坎德著;何广越译.—北京:北京大学出版社,2021.5
ISBN 978-7-301-32085-3

Ⅰ.①线… Ⅱ.①理… ②何… Ⅲ.①司法—工作—研究 Ⅳ.①D916

中国版本图书馆 CIP 数据核字(2021)第 059478 号

ONLINE COURTS AND THE FUTURE OF JUSTICE, FIRST EDITION was originally published in English in 2019.
This translation is published by arrangement with Oxford University Press.
Peking University Press is solely responsible for this translation from the original work and Oxford University Press shall have no liability for any errors, omissions or inaccuracies or ambiguities in such translation or for any losses caused by reliance thereon.
ⓒRichard Susskind 2019.
本书英文版由牛津大学出版社于 2019 年出版。本书中文版经其授权翻译出版。
北京大学出版社对原文的译文负责,牛津大学出版社对译文中的任何错误、疏漏、不准确或歧义不承担责任,也不对因翻译而造成的任何损失负责。

书　　　名	线上法院与未来司法 XIANSHANG FAYUAN YU WEILAI SIFA
著作责任者	〔英〕理查德·萨斯坎德　著　何广越　译
责 任 编 辑	杨玉洁　王欣彤
标 准 书 号	ISBN 978-7-301-32085-3
出 版 发 行	北京大学出版社
地　　　址	北京市海淀区成府路 205 号　100871
网　　　址	http://www.pup.cn　http://www.yandayuanzhao.com
电 子 信 箱	yandayuanzhao@163.com
新 浪 微 博	@北京大学出版社　@北大出版社燕大元照法律图书
电　　　话	邮购部 010-62752015　发行部 010-62750672 编辑部 010-62117788
印　刷　者	涿州市星河印刷有限公司
经　销　者	新华书店 880 毫米×1230 毫米　32 开本　11.25 印张　203 千字 2021 年 5 月第 1 版　2022 年 4 月第 2 次印刷
定　　　价	59.00 元

未经许可,不得以任何方式复制或抄袭本书之部分或全部内容。
版权所有,侵权必究
举报电话:010-62752024　电子信箱:fd@pup.pku.edu.cn
图书如有印装质量问题,请与出版部联系,电话:010-62756370